本研究得到浙江理工大学科研启动基金资助（项目编号：21192115-Y）

感知价值
与品牌采纳

基于扎根理论的
服装品牌消费研究

章依凌 ◎ 著

中国财经出版传媒集团
经济科学出版社
Economic Science Press

图书在版编目（CIP）数据

感知价值与品牌采纳：基于扎根理论的服装品牌消
费研究/章依凌著．－－北京：经济科学出版社，
2023.4
ISBN 978－7－5218－4214－2

Ⅰ．①感… Ⅱ．①章… Ⅲ．①服装工业－商业品牌－
关系－消费者－行为分析－研究－中国 Ⅳ.
①F426.86 F713.55

中国版本图书馆 CIP 数据核字（2022）第 209648 号

责任编辑：周国强
责任校对：刘 昕
责任印制：张佳裕

感知价值与品牌采纳：基于扎根理论的服装品牌消费研究
章依凌 著
经济科学出版社出版、发行 新华书店经销
社址：北京市海淀区阜成路甲 28 号 邮编：100142
总编部电话：010－88191217 发行部电话：010－88191522
网址：www.esp.com.cn
电子邮箱：esp@esp.com.cn
天猫网店：经济科学出版社旗舰店
网址：http://jjkxcbs.tmall.com
固安华明印业有限公司印装
710×1000 16 开 15.5 印张 250000 字
2023 年 4 月第 1 版 2023 年 4 月第 1 次印刷
ISBN 978－7－5218－4214－2 定价：86.00 元
（图书出现印装问题，本社负责调换。电话：010－88191545）
（版权所有 侵权必究 打击盗版 举报热线：010－88191661
QQ：2242791300 营销中心电话：010－88191537
电子邮箱：dbts@esp.com.cn）

前　　言

　　本研究从感知价值角度出发，主要运用了文献研究法、深度访谈法、描述性统计、聚类分析、相关分析、结构方程模型分析等研究方法，旨在分析服装品牌消费的特点及其品牌采纳形成的动因。研究调查样本选取了具有代表性的"80后"知识女性，通过质化研究与量化实证，揭示了感知价值与品牌采纳之间的关系，探讨了参照群体、自我概念、品牌信任在消费者品牌采纳中所起的作用，丰富了相关领域的理论成果，并提出了如何提高消费者品牌采纳的建议，为服装企业经营与品牌管理提供了一定的理论指导。

　　完成主要内容如下：针对"80后"杭州知识女性群体进行深度访谈、问卷调查，得到了服装品牌采纳中感知价值体系；通过选择性编码得到服装品牌采纳的动因，据此构建了"基于感知价值的服装品牌采纳模型"，并展开论证；通过聚类分析，提取出社交型、自我表达型、情感型和实用型等四类群体；比较分析了被调查群体在服装品牌采纳上存在的一致性和差异性；继而分析服装品牌采纳特点及形成原因。

得到的主要结论有：

（1）服装品牌采纳中的感知价值体系可以细致地划分为 5 个层级。该体系由 1 个目标（服装品牌感知价值）、2 个系统（感知收益和感知付出）、7 个维度（功能价值、审美价值、象征性价值、情感价值、认知价值、支付成本、使用成本）、21 个变量（品质属性、舒适性、可选性、安全性、服务属性、产品设计、整体形象设计、文化象征属性、自我展示属性、社会象征属性、情境属性、心理偏好、符合期望感、品牌归属感、时尚感、独特感、货币成本、风险成本、购买便利性、保养便利性、洗涤便利性）、38 个指标构成。

（2）感知价值 7 个维度的相对重要性程度从高到低依次为：感知支付成本、功能价值、审美价值、认知价值、象征性价值、情感价值和使用成本。可见，"80 后"杭州知识女性在服装品牌采纳上，主要表现出以下特征：相对理性，注重价格和实用性；在普遍"求美"的同时，表现出对"时尚性""独特性"的渴望；注重服装品牌所承载的象征性价值；对品牌的情感价值表现态度不明确；较少考虑到服装的使用成本。

（3）个人特征（年龄、文化、收入）与感知价值各维度存在不同程度的相关性。在服装品牌采纳中，随着年龄的增长，她们对服装品牌的态度趋于理性，而对时尚流行的敏感度减弱。随着文化水平的提升，她们对服装品牌象征的社会形象要求增加，而对时尚流行的需求反而减弱。随着收入的增长，她们在服装品牌采纳上更为自由，愿意付出更高的费用，购买溢价的商品，但也希望得到更多、更好的服务。

（4）参照群体、品牌信任与自我契合度共同影响感知价值，进而影响品牌采纳。消费者在参照群体"信息性"作用下，形成对品牌"积极或消极"的初始印象；在"功利性"和"价值表达性"作用下，表现出"求同"的从众心理，这些都影响她们对服装品牌的感知价值与采纳。品牌信任对感知支付成本的影响是负面的，即品牌信任越高，她们感知到的支付成本就越低；对其他维度的影响是正向的，其中对情感价值的影响最大，对认知价值的影响最小。自我契合度对象征性价值的影响最大，对功能价值和支付成本的影响最小，对使用成本无显著影响。感知价值是权衡感知收益和感知付出的结果，影响消费者对服装品牌的采纳。研究显示，感知价值各维度对服装品牌采纳有影响，其中，感知支付成本的效应较大，感知使用成本的效应最小。参照群体、自我概念、品牌信任对消费者服装品牌采纳有直接影响，影响效用从大到小分别为：自我契合度、参照群体、品牌信任。

（5）以价值需求为动机，可以将被调查群体分为社交型、自我表达型、情感型和实用型四类群体。相似的成长和生活环境，使她们在服装品牌采纳上表现出一定程度的共性：由于受"传统价值观"影响和"新兴价值观"冲击，她们表现出"传统、理性"和"享受、感性"并存的特点；由于受"求美""求异"心理影响，她们表现出既要满足"审美标准"，又要满足"追逐流行与独特性"的特点；她们关注"品牌服装的情境化展示"，在意"特定情境中的自我表达"，会依据情境挑选适合的服装；受到"物质主义、自我实现"影响，她们表现出"不盲目追求品牌"，注重"有态度的消费"的特点。

（6）由于受不同的个人性格、消费态度、生活方式、所处"人际圈"、自我意识和社会角色等影响，社交型、自我表达型、情感型、实用型四类群体在服装品牌采纳上，表现出明显差异性：社交型群体，在品牌的社会象征属性上表现得较为敏感，除了注重品牌服装、服务、形象、地位所流露出的社会性，还强调品牌是否能得到社会的认可；自我表达型群体对产品的外观、代言形象，以及品牌所传达的时尚理念较敏感，讲究着装效果、品牌风格和形象、品牌的文化内涵与自我的一致性；情感型群体对服务比较敏感，注重卖场和店员的形象，对品牌有一定的情感依赖，追求"服务、形象、情感依态上的感性体验"；实用型群体对服装品牌功能性、性价比、便利性的关注度较高，在感知品牌价值的过程中希望收益最大化，追求"高品质、高收益的心理满足"。

综上所述，本书分别从感知价值出发，提出了提高消费者服装品牌采纳的建议，具体如下：提高服装品牌性价比，重视服装的功能性价值；多角度、全方位提升服装品牌形象，重点打造审美价值；创造具有识别度和价值感的品牌，提升服装品牌的象征性价值；增加消费者参与度和信任感，提高服装品牌的情感价值；全面持续创新，提高服装品牌的认知价值；不断激发、引导和满足消费者对服装品牌的心理需求；充分利用媒体，营造有利于服装品牌发展的氛围；重视参照群体的作用，利用交互圈进行合理引导；加强消费者感知能力，使其准确感知服装品牌价值；增加品牌信任，建立对服装品牌的情感依赖；注重用户实感体验，帮助她们找到最契合的服装品牌。

目　录

概　　述

　　服装是根植于时代文化模式中的社会活动的
一种表现形式，与每个人的生活息息相关。关于
服装品牌采纳的研究涉及多学科、多领域：如在
人类学领域，消费者对品牌的采纳并不是出于本
能，而是在一定文化背景下表现出的"感知、习
得"。同时，消费者最终选择某个品牌，除了出
于个人的偏好外，还有其他多种理由，如"为了
展示身份，凸显地位，真正地或者想象地美化或
者炫耀自我"（Hoebel，1966），或者出于某种特
定的需要。在心理学领域，服装品牌采纳本身就
是个体对服装品牌感知作出的心理层面的反应，
或出于心理的需求，或源于外界的刺激。个体对
某一服装品牌的采纳，不仅能从服装上得以展示，
还能从品牌上得以衍生，即服装品牌的采纳是个
体需要和愿景的表征。在社会学领域，服装品牌
所具备的品牌形象、品牌价值一定程度上代表了
着装者的社会地位、经济能力、所处阶层、思想

境界。个体会有意或无意地选择"与自我角色、群体期望相符"的品牌。在艺术学领域，服装品牌流露出的形象、风格、文化，无不展示着个体对"美"的追求，这表现的不仅是视觉上的"美"的享受，更是精神上对"美"的捕捉。因此，本研究以服装社会心理学理论为基础，立足感知价值与品牌采纳，就消费者在购买品牌服装时的心理问题，综合多学科领域的相关理论展开探讨与分析。

本章明确了研究的背景、意义与目的；提出了本研究关注的问题，包括本研究的关键性内容、创新点和总体结构安排；并针对研究内容阐明了研究思路、方法与技术手段；之后，对感知价值、品牌采纳的研究现状进行梳理与分析；最后，介绍了研究范围与对象，并对研究中各关键性概念进行界定与说明。

1.1 研究背景、意义与目的

1.1.1 研究背景

1.1.1.1 服装市场危机与挑战并存，品牌发展注重价值体现

互联网技术飞速发展，加速了全球化市场的形成，使得品牌竞争愈发激烈。在激烈的市场角逐中，不断有品牌被取代，甚至淘汰，也不断有品牌凭借产品创新、技术创新、管理创新、渠道创新等手段脱颖而出。在这种背景下，服装品牌只有不断创造"吸睛点"，才能立足不败之地。但无论是哪种手段、哪种经营策略都离不开一个宗旨，就是围绕"目标群体需求"，提高品牌"附加值"。

目前，学术界对于品牌的研究，绝大多数是从企业角度出发讨论品牌建设和发展的战略性问题，比如品牌资产价值的衡量、品牌的建立和管理、品牌战略选择（曾敏，2008）等，从消费者视角出发加以考虑的研究近年来也

有所突破。但直接针对消费者服装品牌价值感知及采纳形成的理论研究却较为少见。而在面临信息化、全球化带来的危机与挑战时，服装企业不仅要从自身出发提升品牌价值，更应该从消费者出发，考虑消费者如何感知品牌价值以及他们需要品牌提供什么样的价值。此外，品牌价值的提升是一个循序渐进的"演化、质变"过程，需要立足于"长期、稳步"，通过不断缩短消费者期望价值、感知价值与企业提供的品牌三者之间的差距，最终实现品牌价值的有效兑现。

1.1.1.2　服装品牌价值提升，强调以"顾客"为中心

20世纪七八十年代，"品牌""需求"这些概念很少被人提及，而今却被广泛关注。改革开放以前，中国处于计划经济、物资短缺状态，商品"供不应求""只要能产就能销"。那时，企业几乎都在乎产量，忽略市场需求。而当今社会，"供远大于求"，国内外服装品牌大量涌现，产品丰富多样，但同质化明显，品牌间差异性低。在这样的情境下，消费者有无限的选择，在品牌熟悉度和忠诚度较低的情况下，他们往往游离于各个同类品牌之间，依据个人需求和喜好，选购心仪的商品。此时，面对新的竞争环境和多变的消费市场，服装企业无不希望自家品牌能赢得顾客青睐。众所周知，抓住"消费者心理"就等于把握了品牌竞争的关键，是品牌能够决胜千里的保障。那么，服装企业只有准确把握"消费动向"，深度分析目标群体对品牌价值的感知和采纳，以及它们受哪些因素影响，才能使品牌长盛不衰。

1.1.1.3　服装消费诉求不断转变，品牌内隐价值越发凸显

在消费社会里，越来越多的民众在决策时会兼顾品牌的因素。鲍德里亚（Baudrillard，1970）的消费社会理论曾指出，消费者需求瞄准的"不是物，而是价值"。也就是说，在消费社会中，吸引顾客的不仅仅是商品本身，而是附着在商品上的无形的符号意义。特别是现阶段，中国已进入消费社会时代，顾客的消费观念、价值取向、购买习惯，都发生了深刻的、前所未有的变化。在消费观念方面，从追求"实用、耐用"到"求新求异、追求时尚"，越来越多的人开始关注服装对身份、角色的构建，符号化消费观逐渐增强。

而服装，作为人类第二皮肤，作为传递一系列复杂信息的"符号语言"（Horn，1975），其内隐性价值在当今社会越发受到人们的重视。正如霍恩（Horn，1975）曾认为，"也许没有比服装更能鲜明地反映某一个体的价值取向和生活方式"。因为，服装品牌消费不仅满足了人们的生理需要，而且更多地实现了心理上的满足。人们一方面通过服装实现自我，或是对个性化的追求，利用品牌与产品来实现自我形象的外化；另一方面力求借助服装品牌进行身份构建，维系和强化自身所认同的某种社会身份，抑或是与某一群体进行区隔，这也许就是人们愿意接受溢价服装的原因。

1.1.2 研究意义

国内外学者针对品牌决策中消费者心理和行为方面的研究，已经取得一系列富有价值的研究成果，这对基于感知价值的品牌采纳研究具有重要的参考价值。但是以往研究都是从宏观的品牌角度出发，缺乏对典型群体、典型类型品牌的细化研究。本研究以"80 后"知识女性这一特殊群体为实证对象，具有现实意义。通过理论梳理与实证论证相结合的方法，深入研究该群体服装品牌的采纳动因、不同群体采纳一致性与差异性表现、采纳内在规律，进一步掌握该群体服装品牌消费中的心理和行为，为服装社会心理学、认知理论、品牌学理论、消费行为学的研究添砖加瓦，也为服装企业的品牌建设提供理论建议。

本研究从感知价值角度，对服装品牌采纳展开研究，具有以下四方面意义：

（1）研究了服装品牌采纳中的感知价值构成体系，丰富了感知价值理论。关于感知价值作用的研究，早在 40 多年前就有研究已经发现消费者在购物活动中除了获得实质的商品之外，还感觉到愉悦、快乐、自信以及满足（Downs，1961）。也有很多学者提出感知价值是消费者购买意愿的重要影响变量，并广泛地证实了其中介作用。但在服装采纳形成过程中，感知价值表现在哪些方面、它们对采纳起到什么样的作用，却少有研究者进行实证论证。本书将质化研究和量化分析相结合，对国内外已有变量量表进行合理修订，并以此为工具收集大量的调研数据，对服装品牌感知价值体系进行构建、实证，希望为后续的研究提供理论参考。

（2）分析了品牌采纳中"动因""感知价值""采纳"的关系，揭示了内在互动关系。由于生活方式、消费观念的不断改变，越来越多的消费者开始追求精神享受、文化消费，在生活方式上体现出对低调奢华的追寻，在消费观念上更是表现出对高层次服装品牌的渴望。除了出于自身因素的考虑，还有一些研究者认为购物的满足感还来自在购物的过程中与朋友、家人甚至是陌生人的社交互动（Tauber，1972；Westbrook & Black，1985）。因此，本书在前人研究结论的基础上，借助深度访谈和问卷调研，从社会（参照群体）和个人（品牌信任和自我概念）层面出发，综合运用服装社会心理学理论的观点，全面地、系统地分析三者对服装品牌感知价值的作用，进而分析它们对服装品牌采纳的影响，以期为国内的服装社会心理学研究奉献一份绵薄之力。

（3）从对服装品牌感知需求出发，将被调查群体分成社交型、自我表达型、情感型与实用型，对比了四类群体对线索的感知情况，分析了不同群体的服装品牌采纳特点，为品牌价值的传达指明了方向。通过四类群体对各指标对应线索的感知情况对比，得到四类群体服装品牌采纳上存在的一致性与差异性，发现社交型对服装品牌"品质""服务"，以及"提供的社会价值""价格"的关注度较高；自我表达型对服装品牌"品质""舒适""美观""表达、展现生活态度与自我""独特性"的关注度较高；情感型对服装品牌"品质""舒适""品类""服务""自我展示""价格"的关注度较高；实用型对服装品牌"功能性价值""性价比""便利性"的关注度较高。个体之间存在的感知及采纳上的共性、差异性，这些都为品牌价值的传达指明了方向。

（4）从感知价值角度，分析服装品牌采纳的动因及特点，为对应服装企业的品牌建设与推广提供理论支撑。提高顾客感知价值是提升品牌竞争的关键，它直接影响企业的效益。那么，顾客在品牌采纳时究竟追求什么样的价值，如何感知？受哪些影响因素的左右？价值感知与采纳有什么样的特点？本研究就是基于以上关注点，围绕"服装品牌消费"这一主题，以感知价值为切入点，客观地分析了服装品牌采纳的形成动因及消费心理，为服装品牌企业应从哪些方面提升顾客感知价值提供较为全面的理论参考；也为服装品牌的价值建设指明方向。

1.1.3 研究目的

国内外学者针对品牌决策中消费者心理和行为方面的研究，已经取得一系列富有价值的研究成果，这为从感知价值角度研究服装品牌采纳形成与特点提供了重要的参考价值。本书深入研究消费者服装品牌消费时的采纳态度和动因，进一步掌握消费者服装品牌采纳时的心理和行为特点，并在此基础上，以期为服装社会心理学、认知理论、品牌学理论、消费行为学的研究添砖加瓦，为服装企业的品牌建设、市场营销活动提供策略借鉴。

1.2 研究内容与创新点

1.2.1 关键性研究内容

笔者在查阅大量相关文献资料基础上，结合已掌握的知识，通过文献、访谈、问卷调查等手段，研究的主要内容有：

研究关键点一：提炼服装品牌采纳各主范畴及关系。通过质化研究方案设计与实施、一手资料的分析、提炼与编码，最后得到服装品牌采纳中各主范畴关系。

研究关键点二：量化构建服装品牌采纳中的感知价值体系。问卷调查形式，考察在服装品牌采纳形成过程中，该群体对服装品牌价值的感知由哪几个维度构成，通过因子分析，完成服装品牌感知价值构成体系构建与量化分析。

研究关键点三：基于感知价值的服装品牌采纳模型构建。从社会层面

（参照群体）和个人层面（品牌信任和自我契合度）出发，分析它们对该群体服装品牌感知价值和采纳的影响。①完成相关变量量表的修订；②构建基于感知价值的品牌采纳模型，并通过实证进行模型的拟合、修正，根据实证结果分析探究各变量之间的互动机理；③根据所得实证结论及研究分析，分析各个动因通过感知价值对服装品牌采纳的作用。

研究关键点四：四类群体感知对比与采纳特点分析。依据对服装品牌的价值需求动机不同进行人群细分，得到社交型、自我表达型、情感型、实用型四类群体。比较四类群体在各服装品牌采纳上表现出的一致性和差异性，分析四类群体的服装品牌价值诉求及采纳特点。

1.2.2　创新点

在文献梳理之后，本书通过访谈、问卷调查、对比分析，对服装品牌价值与采纳形成进行了深入的研究。主要的创新点如下：

（1）研究角度的创新：以往学者们基本是从社会或个体层面单方面出发，研究它们对感知价值的直接作用和对品牌采纳的间接作用。而在实际消费决策中，顾客的感知是一个复杂心理交织的过程，是内外部因素互动的结果，因此，本研究基于感知价值理论、服装社会心理学、消费决策理论的相关研究，重点考虑社会层面（参照群体影响）和个人层面（品牌信任和自我契合度）对服装品牌价值感知与采纳的影响，研究角度上有所创新。

（2）研究内容的创新：①虽然感知价值对决策的中介作用已被学者们广泛证实，但在服装采纳研究中，感知价值各个维度在哪些方面、如何促进品牌采纳，却很少有学者对其开展实证，更多是局限于理论上的分析；②以往研究提出的感知价值维度（功能、情感、社会）基本上适用于各种类型的品牌，缺乏针对性，而本书则是聚焦服装品牌，在普适性的感知价值维度基础上，提出消费者品牌采纳时如何兼顾服装的流行，以及服装品牌作为象征符号所体现出的社会性与文化性等方方面面，对应地提出服装品牌感知价值构成体系，使品牌感知价值研究更加细化，形成的价值构成体系也更具有针对性；③在构建感知价值体系的基础上，通过大样本调查，对比分析该群体女性是如何感知服装品牌价值，如何形成服装品牌采纳态度，对主要因素进行举证分析，将有利于营销人员对品牌更有针对性地提升与推广。

（3）研究方法的创新：以往诸多研究主要是通过梳理前人文献，提出假设并验证。而本书对感知价值角度的服装品牌采纳研究则采用质化、量化相结合的方法展开——运用访谈、编码、饱和度检验形成初始模型，然后再量化、实证得到服装品牌感知价值体系和采纳模型。

1.2.3 结构安排

围绕4个研究关键点，本书主体共分为概述、相关理论及研究方法、质化研究、感知体系量化构建、"基于感知价值的服装品牌采纳模型"模型的验证、感知线索对比与采纳特点分析、研究结论与展望几个部分，共7个章节。具体内容框架如下：

第1章为概述部分。本章阐述了本研究的背景、意义与目的；提出本书关注的问题，包括本研究的关键性内容、创新点和总体结构安排；阐明了研究思路、方法与技术手段；就感知价值、品牌采纳的研究现状进行梳理与分析；明确了研究范围与对象，界定了研究中各关键性概念。

第2章为相关理论及研究方法论述部分。本章主要就感知价值理论、服装社会心理学范畴和消费行为学范畴的相关理论进行回顾，为基于感知价值的品牌采纳研究提供理论指导，指明研究方向；其次，围绕研究主题，对主要研究方法、实验方案、数据统计方法进行了说明。

第3章是本书从感知价值角度出发的关于服装品牌采纳的范畴分析。通过质化研究方案的设计与实施、服装品牌价值感知一手资料的分析、提炼与编码，梳理出服装品牌采纳中各相关变量之间的关系。

第4章为服装品牌消费中的感知价值体系构建。初始体系的提出、问卷设计、数据收集整理与分析，最终完成感知价值体系的量化构建。在本章中，通过量表设计、净化，形成正式问卷。之后，采取大规模调查，获得1620份有效问卷，进一步量化论证服装品牌感知价值体系，分析了消费者对服装品牌价值各维度重要性的感知，并揭示了个人特征（年龄、文化水平、收入）

与感知价值的相关性。

第 5 章为"基于感知价值的服装品牌采纳模型"的假设验证部分。在第 3 章中根据选择性编码，得到了"动因""感知价值""品牌采纳"三者之间的典型性关系，其中动因变量为参照群体、品牌信任、自我契合度，中介变量为感知价值的 7 个维度，结果变量为品牌采纳。在本章中，通过量表设计、净化，因子分析、假设检验，实证了"基于感知价值的服装品牌采纳模型"及对应路径。依据实证结果，对模型展开说明，并分析服装品牌采纳形成的原因。

第 6 章为不同类型群体对服装品牌价值感知对比与采纳特点分析。首先从价值需求动机进行群体细分，分为了社交型、自我表达型、情感型和实用型。考察各类群体通过哪些线索感知服装品牌价值，并分析各类群体服装品牌采纳的特点，以及采纳一致性和差异性存在的原因。

第 7 章为针对提高服装品牌采纳的构思，依据前文分析所得结果，分别从感知价值、外源动因、内生动因出发，提出相对应的策略。

第 8 章为研究结论与展望部分。本章对全文的论证过程进行概括总结，汇总并分析了本书的主要研究结论，指出了本研究在理论和方法上存在的局限性，为后续进行更深入细致的研究提出了展望。

1.3　研究思路、方法和技术手段

本研究围绕研究主题，以理论分析与实证检验相互佐证，质化研究与量化研究相结合的方式为原则，通过对大量已有的中外相关文献进行了阅读、梳理与分析，严格按照实证研究的步骤：提出问题→基本理论与文献梳理→实验方案设计与实施→数据采集与分析→服装品牌感知价值体系构建、服装品牌采纳模型构建、不同群体采纳对比→服装品牌价值采纳特点与形成原因分析→研究总结（见图 1-1）。从相关学科交叉的角度，以感知价值为切入点，服装品牌采纳进行较为全面、系统的研究。

在研究中，本书综合运用了服装社会心理学、消费行为学的理论、统计学等的原理与方法，对服装品牌采纳行为展开深度剖析。在数据采集上，采用了深度访谈、问卷调查两种形式；在数据分析上，通过 NVivo 11.0、SPSS 19.0、AMOS 21.0 三个统计软件进行数据分析，最后为本研究的结论提供依据。

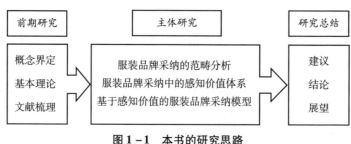

图 1-1　本书的研究思路

另外，由于本书的实验性较强，涉及的学科较多，运用的理论也较为丰富，研究方法与研究步骤相对重要，所以笔者特地把研究方法与相关理论编为一章，因此概述部分对此研究方法和实验步骤内容仅为简述，详细内容见本书的第2章"相关理论及研究方法"。

1.4　相关研究现状分析

为了对感知价值、服装品牌采纳有关的研究有更加全面、深入的了解，笔者借助东华大学和哈佛大学图书馆平台查阅相关文献资料，并进行梳理、分析。国内文献选取的数据库主要有中国知网数据库（CNKI）、中国万方数据库、中国教育部科技发展中心数据库，国外文献选取的数据库主要有 E.I Village 2、Scopus、EBSCO、ISI、First Search、Wiley Online Library、Springer link、Science Direct、Emerald、Derwent Innovation Abstracts、ProQuest 学位论文全文检索平台，检索的关键词为服装（clothing；fashion；dress；apparel；garment），顾客感知价值（perception；customer perceived value；perceived value），品牌价值（brand value；brand equity），品牌采纳（brand adoption；

brand choice），按照前述的主题词或关键词进行多种逻辑组配，在前面所列的国内外相关数据库和相对于时段内（数据截至 2019 年 4 月），采用计算机检索和人工检索结合的方法进行检索，共检索到相关性较强的国内外文献14000 余篇，其中国外文献 9000 余篇。

通过对相关性较强文献的梳理与分析，笔者发现目前对于感知价值、品牌采纳的相关研究，主要集中在以下方面。

1.4.1　关于品牌感知价值构成的研究

谢斯、纽曼和格罗斯（Sheth，Newman & Gross，1991）提出了 5 个维度价值模型：功能价值（functional value）、社会价值（social value）、情感价值（emotional value）、情境价值（conditional value）、认知价值（epistemic value）。拉莎、米塔尔和谢玛（Lassar，Mittal & Shaima，1995）定量地将感知价值分为五个方面：绩效、价值、社会形象、信任和承诺。霍尔布鲁克（Holbrook，1996）将感知价值分为 3 个层面："外在和内在"价值；"个人导向和他人导向"价值；"主动性和反应性"价值。帕拉休拉曼（Parasuraman，1997）将感知价值细分为获取价值、交易价值、使用价值、赎回价值 4 个类型。斯威尼和苏塔（Sweeney & Soutar，2001）根据谢斯等（Sheth et al.，1991）的感知价值框架，实证了感知价值的 4 个方面：情感价值、社会价值、成本价值及质量价值。利欧和斯特拉（Leo & Stella，2001）的研究，沿用并实证了谢斯对感知价值的划分，还挖掘了第 6 种价值维度（审美价值）。彼得里克（Petrick，2002）以服务业为背景，制订了感知价值五维度量表。国内有学者采用了谢斯等（Sheth et al.，1991）消费价值中的"实用价值、社会价值、情感价值和尝鲜价值"分析了中国消费者的消费价值取向，也有学者对化妆品牌的实证研究中，强调了消费者在选购时除了考虑常规价值外，还注重绿色价值。沈蕾等（2010）对中国 153 个服装品牌进行了价值比较，构建了服装品牌价值评价指标体系。白慧春（2013）将其划分为功能价值、经济价值、精神价值、体验价值四个方面。

表 1-1 为国内外学者对感知价值维度划分的代表性研究，是笔者在梳理

相关文献的基础上整理所得。

表 1 – 1　　　　　　　　感知价值维度划分的代表性研究

文献	感知价值维度
Sheth et al. , 1991	功能价值、认知价值、社会价值、情感价值和条件价值
Holbrook, 1999	利益价值、体验性价值、象征性价值
Parasuraman & Grewal, 2000	购买价值、交易价值、使用价值、折旧价值
Sweeney & Soutar, 2001	质量、情感、价格、社会因素
Flint & Woodruff, 2002	属性及表现价值、使用价值、对目标的贡献度
吴菁馨，2010	功能价值、社会价值、情感价值、绿色价值、感知牺牲
张涛，2007	便利价值、服务价值、感知价值、美感价值、社会价值、玩乐价值
白慧春，2013	功能价值、经济价值、精神价值、体验价值

资料来源：根据参考文献整理。

1.4.2　关于品牌感知价值影响因素的研究

感知价值理论认为，消费者对众多产品和品牌的决策过程，实际上是在寻求一组价值的集合（Sheth & Gross, 1991；Woodruff, 1997）；同时，学者们普遍认为感知价值受产品、服务、价格等因素影响（Indrajit & Wayne, 1998）。而伍德赛德（Woodside, 1974）认为当消费者缺乏产品信息时，感知质量只与价格相关。霍尔斯丘斯和帕尔奇克（Holstius & Paltschik, 1983）在其研究中发现感知质量和价格已经成为是否具有品牌的标签，消费者愿意支付较高的价格去购买有品牌、有设计感的服装。但是，具有时尚意识的消费者并不在意选择的服装是否是有品牌的，因为他们更愿意高价购买与自身身份一致的服装。这说明消费者在专业水平低下时，更愿意相信品牌的价值，而当他的专业水平高时，则比较自信地选择自己觉得合适的服装，并不特别在乎品牌。格罗路斯（Gronroos, 2000）将"顾客关系"视为感知价值的重要驱动要素。霍利等（Hawley et al. , 2009）探讨了在中国服装市场，店铺形象、名人代言、网络广告、非价格促销、经常性的价格促销等营销活动对品牌价值的影响。同时，也有学者分别研究了"产品涉入程度与感知价值的关系"（Kim et al.，2009）；消费者对于"服装服务质量水平→感知质量、感知服务质量、感知价值、满意度→消费行为"之间的关系（Kim et al.，2005）；独特性需求对品牌感知价值的影响（Kim et al.，2010）；团队认同感对感知价值的影响（Knight et al.，2007）。

国内学者饶婷婷（2012）从消费者体验角度，构建并论证了品牌体验、互动体验、购物体验对感知价值（感知成本、信息价值、心理价值、社会价值、情感价值、安全价值）的影响模型。郝媛媛（2010）引入接受者认知水平，讨论了正面、负面评论对消费者感知的影响。此外，国内也有学者认为品牌权益（范秀成，2000）和体验性（刘文波，2008）对感知价值意义重大。

本书在杜曼（Duman，2002）的基础上，整理了影响感知价值的因素的实证研究文献，如表1-2所示。

表1-2　　　　　　　　感知价值影响因素研究的文献汇总

文献	发现的显著性关系（直接或间接的）	研究方法及范围	研究产品（行业）
Kim，2005	产品涉入程度→感知价值	问卷调查	服装
Knight Kim，2007	独特性需求→品牌感知价值、购买意愿	日本调查	服装
Harry et al.，2007	群体认同→感知价值→购买意愿	美国调查	服装
Kim，Knight & Pelton，2009	感知质量、声望形象、情感价值、感知价值、购买意愿	韩国调查	美国服装品牌
Kim et al.，2010	服务质量水平→感知质量、感知服务质量、感知价值、满意度→行为意向	网络调查	服装
Bhardwaj Kumar & Kim，2010	品牌形象、品牌意识、情感价值、感知质量→品牌忠诚度、购买意愿；满意度→感知质量，情感价值，品牌忠诚度	印度调查	国际品牌与印度本土品牌

文献	发现的显著性关系（直接或间接的）	研究方法及范围	研究产品（行业）
Mittal & Aggarwal，2012	情感或理性诉求、人口特征、消费心理→品牌服装感知→购买决策	斋浦尔调查	服装品牌
Wong Low，2013	品牌可信度、感知质量、感知价值→顾客满意度	马来西亚调查	进口服装
Esmaeilpour，2015	自我一致性→感知质量→品牌忠诚，品牌信誉→感知质量、态度→品牌忠诚，品牌关系→态度→忠诚度	定点调查	奢侈品

资料来源：本研究整理。

1.4.3 关于感知价值与消费者决策、品牌忠诚度、购买意愿等的关系研究

蒙瑞和施南（Monroe & Shnan，1985）研究了价格、质量、感知价值和购买意愿之间的关系，发现消费者根据感知到的价值大小决定"是否购买"。巴德瓦杰等（Bhardwaj et. al.，2010）研究了国际品牌与印度本土品牌，比较其在品牌形象、品牌意识、情感价值、感知质量方面对品牌忠诚度和购买意愿的影响；奥里埃和拉纳泽（Aurier & Lanauze，2011）研究了超级大卖场的顾客感知价值、顾客关系质量对卖场自有品牌忠诚度的影响；巴德瓦杰等（Bhardwaj et. al.，2011）研究了印度顾客对美国国际品牌的满意度，分析了满意度如何影响品牌感知质量、情感价值、品牌忠诚度；哈利等（Harry et. al.，2007）研究了马来西亚进口服装消费过程中，品牌可信度、感知质量、感知价值对满意度的影响；埃斯迈尔普尔（Esmaeilpour，2015）进行了美国服装品牌在韩国的消费调查调查，探究了品牌感知质量、品牌声望形象、情感价值与感知价值、购买意愿等的关系。

同时，国内学者白慧春（2013）从品牌感知价值出发，针对特定品牌（Lenovo）展开实证研究。龙晓翔（2009）针对 E 世代消费者，从价值观出发，对其品牌选择行为开展实证研究。王业静（2007）就产品消费价值

对消费者国际品牌选择做出了实证研究。尹盛焕（2005）针对中国消费群体在对韩国产品进行选择时的影响因素进行了调查分析。铁翠香（2012）关注网络口碑效应对购买意愿的影响，以说服理论为基础，从来源、信息内容和接收者三方面验证影响网络口碑效应的因素，其中，信任和感知价值是中介变量，而消费者涉入度是调节变量。潘广锋（2013）的研究，验证了功能价值、情感价值和社会价值与互联网品牌忠诚的关系，很好地解释了网站的哪些特征要素为什么会对网站品牌的态度忠诚和行为忠诚起到关键影响作用。姚倩（2015）以"刺激—机体—反应"模型为基础，针对在线购物环境，提出一个包含"价格、卖家信誉"的在线购买机制模型。该模型重点研究诱发用户机体变化的刺激因素 S（价格及卖家信誉线索），对用户机体 O 的价值感知的影响，进而如何影响用户的行为反应 R（在线购买意愿）。

1.4.4　关于品牌采纳的研究

消费者品牌采纳的形成是一个极为复杂过程，是消费动机和影响消费者决策的外界因素在消费者思维中不断博弈、综合、权衡后妥协的结果。对于消费者品牌采纳的研究，主要分为微观视角、全局视角、企业视角与消费者视角。

（1）微观视角：关于品牌采纳和消费行为的微观研究主要是效用函数理论（传统的效用函数理论、有边际效用理论和总效用最大化、等边际理论、品牌效用函数），该理论认为人们倾向于选择那种能带来主观上满足程度最大的品牌。本书对各个效用函数理论进行汇总分析（见表 1 - 3）。

表 1 - 3　　　　　　　　　　各效用函数理论汇总

效用函数理论	说明	公式
传统的效用函数理论	没有进一步对效用进行必要的探讨，只是形成了基数效用理论与序数效用理论，为后期研究打下基础	—

续表

效用函数理论	说明	公式
有边际效用理论	追求商品带来的最大满意是人们消费商品的目的和愿望。随着消费商品数量的增加，给消费者带来的总的满意度也在增加。而在消费者的满意度增加的同时，每一单位商品给消费者带来的满意度却在减少，即边际效用降低	边际效用＝效用的增加量/消费的增加量 公式（2-4）
总效用最大化	消费者必须确切地知道商品的用途、价格等信息，在自身需要、爱好和有限收入的基础上，把商品效用最大化作为标准，来选择购买何种商品	—
等边际理论	原理是使购买多个种类、不同数量的各种商品所花费的单位货币所能提供的边际效用相等，保证货币总量能够实现总效用的最大化。 其中，A 分别表示所消费的不同商品，P_A、P_B 表示相应的商品价格，Q_A、Q_B 表示 A、B 等不同商品的实际消费者，M 表示货币总收入，MU_A、MU_B 表示购买 A、B 两种商品的边际效用	$P_A \cdot Q_A + P_B \cdot Q_B + \cdots = M$ 公式（2-5） $MU_A/P_A = MU_B/P_B$ 公式（2-6）
品牌效用函数	人们倾向于选择能给消费者最大功能效用和最大情感效用的品牌。 其中，同类商品中的多个不同的品牌 $i(i=1,2,\cdots,n)$；U_i 是品牌 i 给消费者带来的品牌效用；U_I^M 是品牌 i 给消费者带来的物质效用或功能效用；U_I^P 是品牌 i 给消费者带来的情感效用；C_I 是消费者选择品牌 i 过程中的成本或风险；$U(C_I)$ 是成本与风险给消费者带来的效用。同时，$\partial U_i/U_I^M > 0$，$\partial U_i/U_I^P > 0$，$\partial U_i/\partial C_I < 0$	$U_i = f(U_I^M, U_I^P) - U(C_I)$ 公式（2-7）

资料来源：笔者整理。

　　此类研究，通常首先提出消费者在选择过程中遵循一定决策策略的假设，如追求效用最大化或逐个消除等。在此基础上，学者们构建与决策策略对应的数学模型，从而对消费者品牌决策行为进行预测。简单来说，建立消费者品牌决策数学模型的目标是把消费者对品牌评价和决策的过程建模。这些模型中使用最多的评价标准就是效用最大化，然而，消费者在很多特点上都存在显著差异（性格、偏好、收入、性别等），这意味着一个适合描述某一单个消费者行为的过程与模型，不一定能够正确解释另一个消费者的行为；另外，由于产品本身存在固有的特点差异（类别、属性、符号性、实用性等），同样意味着消费者在选择不同产品时，表现出的行为决策模型也会存在差异性。

（2）全局视角：全局视角的品牌采纳研究，侧重于从宏观角度出发，从整体上探讨各行业的消费现状和趋势，很少从消费者角度出发加以考虑。总的来说，基于全局视角研究消费者品牌决策行为更多的是描述性研究，往往由政府或各种市场研究机构组织完成。这些研究一般从宏观出发，采用定量的方法，如运用大数据进行数据统计，并以此作为依据，描述出消费市场的现状，挖掘背后的原因，预测未来的发展趋势。这些研究报告的作用主要在于：第一，反映消费市场的健康、有序；第二，分析产品需求状况，考察品牌发展趋势，为企业发展提供重要的信息参考；第三，从宏观出发，对品牌的评价和比较，为消费者决策提供参考。

（3）企业视角：对于企业而言，消费者的品牌采纳与行为决策研究异常重要，正如艾克（Aaker，1991）所强调的，品牌是企业的"一项关键的战略性资产"。从企业角度出发，研究消费者的消费特点与品牌决策，旨在为消费者创造对路的品牌价值，从而保证品牌的长远、稳健发展。然而，随着互联网经济的推进与发展，民众面临越来越多的新产品、新品牌、新选择，他们的消费表现出"游离"状态，经常游离于各种品牌之间，追求"新事物"带来的刺激。在这样的市场环境下，以科特勒（Kotler，2003）为首，提出了有助于塑造品牌竞争力，使得更多消费者选择品牌，获得更多品牌市场份额的持续的企业营销模型。

（4）消费者视角：对消费者品牌决策进行深入的理论研究，进而构建品牌决策理论模型，一直是学术界的关注对象之一。总的来说，这种针对消费者行为的一般特征和规律提出的各种假设和描述性范式，就是所谓理论模型。从消费者品牌决策角度来看，效用理论的研究前提是"消费理性"，然而在实际决策中消费者行为却是"有限理性的"，其品牌采纳和决策受诸多心理因素的影响，据此，现有学者对它们的研究更多地从心理学角度加以考虑，审视影响消费者的主观、客观因素。

关于企业视角和微观视角的决策模型，详见第 2 章。

另外，根据研究思路和侧重点不同，关于品牌决策的研究，大致可以划分为两大研究主线：

第一，关于消费者品牌决策的影响因素研究。此类研究又包含两种思路，一种是指单纯的影响因素研究（包含直接影响和间接影响），从多个角度发现、分析、验证各相关变量对决策的作用。另一种则是针对特定的产品类别或品牌，分析影响决策的因素。此类研究成果众多，学者们利用各种定性、定量的方法，考察了多种影响因素对品牌决策的影响。但是，现有影响因素研究并没有全面涵盖各影响因素，这说明目前学者们对影响因素的研究存在考察不全面和结论不一致的问题。当然，也有很多学者是为了避免研究问题的复杂性，特地从某一个或几个角度出发来考虑，深层次系统地分析影响因子。

第二，关于消费者品牌决策行为的研究。此类研究主要针对消费者品牌决策中的一般特征、规律进行深入剖析，包括行为视角、关系视角、认知视角等。其中，最复杂、最难以诠释的就是消费者品牌决策中的认知研究。消费者在选择新产品的时候，需要了解产品许多的相关知识，并且在完成对该产品的多次购买任务后，会不断提高品牌选择的速度，从而产生习惯性购买等情形。因此，消费者品牌决策过程也是逐步熟悉的学习过程。现在已有少部分理论试图解释消费者类似动态学习过程，但还是无法较好地诠释。

在关于"感知价值""品牌采纳或决策"的文献资料中，与本研究相关性特别强的代表性论文有：郑在希和宋恩英（Jung & Sung，2008）研究了三种人群（美国人、在美国的韩国人和韩国人），比较分析他们对服装品牌价值评价，同时研究了交叉文化对品牌价值中的购买意愿的影响。研究得到，美国群体对感知质量、知晓度、品牌联想较高；对于韩国人和在美国的韩国群体，品牌忠诚度是所有因素中最高的；同时，研究指出品牌价值和购买意愿、品牌忠诚呈现出显著正相关。金恩英、戴克·奈特和佩尔顿（Kim，Knight & Pelton，2009）研究了韩国"Y世代"消费者对美国服装品牌的感知评价，将他们对美国服装品牌的感知分为质量、品牌形象和情感三方面展开讨论，研究还指出品牌形象对价值感知的影响最为显著。米塔尔和阿加瓦尔（Mittal & Aggarwal，2012）试图从消费者对品牌服装的感知层面出发，分析他们的情感与理性诉求，并证实了情感或理性诉求与购买决策之间存在直接的联系，它们推动购买决策；还证实了某些人口变量与消费者心理也一定程度影响购买决策。杨江娜（2008）《中档女性服装顾客感知价值研究》一文从服务、价格、归属、产品内在属性、广告、品牌口碑和产品外在属性出发，构建了中档女性服装顾客感知价值构成体系，但是该体系不够全面，有待进一步完善。赵文斌（2008）的硕士论文《服装定制的顾客价值构成要素研究》，以雅戈尔为例，采用顾客价值曲线评价法，设计了服装定制顾客价值三层次体系。其中，一级感知要素4个（产品、服务、关系、成本）、二级要素10个（定制化、品质、品牌、形象、技术、便利性、合作、信誉、货币成本和非货币成本）、三级要素涵盖了34个指标，是对二级要素的展开。该文对感知价值构成进行了细致划分，并实证了该体系的合理性。但是，该体系的制订是针对定制服装，实证是针对雅戈尔品牌，因此该感知价值体系的适用性存在一定局限性，同时还缺乏对4个构成要素权重的量化考量。吴菁馨（2010）的硕士论文《消费者对绿色服装感知价值维度的研究》，从顾客感知价值的角度，分析了消费者对绿色服装价值的感知，将感知价值分解为"功能价值、审美价值、情感价值、社会价值、绿色价值和感知牺牲"六个维度，并实证分析了各个维度对绿色服装购买意愿的影响。研究得出情感价值的作用高于其他五个维度。可见，消费者对绿色服装的选择偏向于非理性，表现出对无形价值的追求；而在对绿色服装的购买意愿中，绿色价值的作用位于第二，之后才是感知牺牲、社会价值和功能价值；对于审美价值的作用，在该文中没有得到证实。白慧春（2013）在其论文《基于品牌感知价值的消费者Lenovo品牌选择实证研究》中，将感知价值分为"功能价值、经济价值、精神价值、体验价值"，实证了感知价值的四个方面对消费者Lenovo品牌选择的影响，还证实了在品牌决策中消费者注重品牌给自己的精神价值，而经济价值和体验价值次之，功能价值影响不显著。该感知价值体系的构建及模型验证都是基于Lenovo品牌，而对于其他产品、其他品牌，是否适用有待商榷。黄蓉（2013）在《外部线索视角下服装顾客感知价值的变量模型研究》一文中研究了品牌、产品外部特征、价格、广告外部特征、店面陈列和服务六大外部要素对服装消费者感知质量、感知价值的影响。李浩、朱伟明（2015）研究了传统模式和O2O模式下服装定制品牌顾客感知价值差异性，并论证了 O2O 模式下感知价值 4 个维度（情感、社会、价值、价格）正向相关，且相关性较强。侯威（2018）的硕士论文《产品属性对快时尚服装品牌顾客感知价值的影响研究》基于快时尚服装品牌的产品属性，研究了消费者对品牌的感知价值。研究中，对于产品属性这一动因，归纳提炼出"整体设计、时尚元素与更新、经济性与尺码标识、消费体验"五个维度；将感知价值简单地划分为"质量价值、审美价值、价格价值"；并验证了产品属性对感知价值各个维度的显著性作用。该研究表明，"消费体验"对质量价值有正向影响；"消费体验、经济性与尺码标识、时尚元素与更新"分别显著作用于审美价值，"经济与尺码标识、时尚元素与更新、整体设计"对价格价值均有显著正向影响，但是"材料与工艺品质"对感知价值的三个维度均无显著相关。该文中对于动因"产品属性"的细分主要源于文献的整理，缺乏对于快时尚品牌一手资料的获取；其次，对于"产品属性""快时尚品牌感知价值"的维度划分缺乏系统，不够全面。

总的来讲，以往关于感知价值、品牌采纳的文献资料既给本课题的研究提供了良好的理论依据，又为此次研究指明了方向。通过梳理与比较，笔者发现：①感知价值构成要素的分析：多数学者研究中的构成要素主要是通过文献梳理得到的，缺乏一手数据支撑，同时对各要素权重的量化分析也较少；②感知价值影响因素的分析：集中在对品牌因素和外部因素分析，而考虑自我与品牌一致性对感知价值起作用的研究资料较少；③兼顾服装品牌感知价值和采纳的交叉研究：以往兼顾两者的研究较少。

1.5 研究范围及术语界定

1.5.1 实证对象说明

本研究将调查对象限定为"80 后"杭州知识女性，是因为：首先"80后"已经成为服装消费的主力之一，其中的知识女性作为受教育程度比较高的群体，她们在选择服装品牌上更注重品牌代表的文化内涵、传达的符号价值，是极具代表性的群体，甚是值得研究。其次，杭州是一座文化底蕴丰厚的城市，整个城市的人文、社会环境对她们的着装观念有着潜移默化的影响，形成了她们特有的"自我构建""价值追求"态度。最后，杭州还是一座在国内女装界享誉盛名的城市，杭派女装独具格调与情怀。生活在杭州浓郁服装气息下的"80后"杭州女性，深受杭派女装着装风尚的影响，使得她们对服装品牌有着独特的价值态度。同时，对研究对象在年龄、地域、文化水平上的限定，也使得本研究更具有针对性、更细致深入。

1.5.2　感知价值及各维度

价值感知是行为，感知价值是结果。瑟摩尔（Zeithaml，1988）曾指出感知价值是顾客在对感知"利得"与感知"利失"权衡的基础上，形成的产品效用的整体评价。之后对于消费者感知价值，虽然界定的角度不同，但绝大多数学者都是基于瑟摩尔的观点进一步定义。因此，在本研究中，笔者沿用瑟摩尔对感知价值的定义，将其分为感知收益和感知成本两大类。

感知收益是消费者对品牌产品的物理属性、服务属性、可获得的技术支持等的感知，包含功能价值、审美价值、象征性价值、情感价值和认知价值。其中，功能价值，强调的是服装品牌所具有的实体价值；审美价值，指服装品牌能在审美上满足消费主体的审美需要、引起主体审美感受的属性；象征性价值，又被称作社会价值，是服装品牌具有的"使消费者与其他社会群体连结或区隔"的价值；情感价值，是指消费者的选择可能取决于品牌产品带来的心理上的感受，如喜欢、愉快、满足等；认知价值，又被称作尝鲜价值，意指消费者决策时会考虑品牌是否具备满足其"追求新鲜、追求流行、追求时尚"的心理需求。

感知成本，分为感知支付成本和感知使用成本，指的是消费者在购买、使用时所产生的全部成本，如购买成本、因购买产生的额外支出、购买产生的风险，以及使用中产生的洗涤、维护、保养等成本。

1.5.3　品牌采纳

品牌采纳是消费者在认知、决策中形成的对品牌的态度，隶属于消费行为学范畴。本书主要讨论的是消费行为中基于感知价值的品牌采纳。对于品牌采纳的界定，沿用芬内尔等（Fennell et al.，2003）、宋雪雁（2010）对"品牌采纳"及"采纳"的定义：假定消费者已决定购买某款产品，该款产品市场上的若干个品牌构成的品牌集作为备选品牌集，消费者在面临品牌集中诸多品牌时，通过感知、识别品牌，并根据自身的偏好、主观意志，最终表现出对某一理想品牌的态度倾向即为品牌采纳，它是消费者权衡品牌方方面面的结果。

对于"品牌采纳"的操作性定义，需要说明的是：

第一，品牌采纳不等同于品牌选择，品牌选择是动态的、极其复杂的过程，而采纳是大量变数之间彼此作用的结果，是消费者表现出的一种态度倾向和意愿。它作为消费者决策的一部分，同样伴随需求、认知、价值评估、决策与信息反馈等一系列心理活动而存在。在不同的品牌选择阶段，消费者对品牌价值的感知会依据个人认知程度、自我监控程度以及社会情境等发生改变，但是最终消费者会综合考虑品牌价值与需求的关系，形成对理想品牌的采纳，从而引导其决策行为。

第二，品牌采纳是选择的结果，不等同于消费者决策（消费决策中除了涵盖品牌选择、产品选择，还包括对购物地点、时间、频率、数量等的选择），也不等同于实际购买，它只是消费者决策的一部分。芬内尔等（Fennell et al.，2003）指出"在同某一类似款服装的若干个品牌构成的品牌集中，消费者会通过对品牌作出感知、识别、评估与比较，然后选择符合自身偏好、与自身形象较为吻合的品牌。当然此时消费者表现出的是对品牌价值的态度，而非实际意义上的购买行为"。因为，消费者在决策时，不仅仅考虑品牌上的选择，还会兼顾产品选择、购买地点、买入时机、渠道选择等相关因素。因此，本研究中，采纳并不意味着实际购买和使用，它是一种先于品牌购买行为的态度。也可以将其认定为品牌选择的意愿或者倾向，但并不同于品牌购买。

1.6　相　关　说　明

需要强调本书研究的重点在于从感知价值角度消费者对服装品牌的采纳，虽然"消费者"和"顾客"概念在本质上存在不同但本书并不对其进行严格区分。

另外，质化研究中提到的"主范畴""子范畴"与量化分析中的"变量"有相似之处，但不能等同，它们属于不同分析方法中的规范性用语。所以，本书在质化研究部分用"主范畴""子范畴"表述感知价值、氛围、参照群体、感知能力、品牌信任、自我概念等，在量化研究部分用"变量"表述感知价值、参照群体、品牌信任、自我概念等。

相关理论及研究方法

本书以服装社会心理学理论为基础，结合感知价值理论、消费行为学的理论与研究方法，借助文献分析、访谈、焦点小组、问卷等方法，通过目的性非重复随机抽样，从感知价值角度研究消费者的服装品牌采纳的形成及特点。第 2 章主要就感知价值理论、服装社会心理学范畴的相关理论、消费行为学范畴的相关理论进行回顾，为基于感知价值的品牌采纳研究提供理论指导，指明研究方向；其次，围绕研究主题，阐明主要研究方法的选择和实验方案的设计。

2.1 相关基础理论

本研究是一项跨学科研究，涉及服装社会心理学、消费行为学等多个领域，在后续研究中将综合运用这些理论展开分析与讨论。因此，在研究开展之前，笔者就相关的理论展开论述，并分析这些理论对本研究的指导性意义。

2.1.1　感知价值理论

1954 年，彼得·德鲁克（Peter F. Drucker）首次提出顾客购买和消费的"绝不仅仅是产品，而是价值"。利维（Levy，1959）曾写到，"当代民众不是一个简单的经济型个体，他们通常对购买消费品所付出的价格模糊不清，也很少去衡量、判断商品的质量"，更多的是凭借对商品的整体感知作出某一行为决策。瑟摩尔（Zeithaml，1988）认为感知价值是顾客权衡感知"利得"（perceived benefits）与感知"利失"（perceived sacrifices）基础上，对产品效用的整体评价。虽然感知价值通常被等同于满意，但它们在本质上却截然不同。感知价值可以发生在购买过程的不同阶段，包括购买前的阶段；而满意则是购买后或使用后的评价。霍尔布鲁克（Holbrook，1996）认为感知价值不是极度主观，也不是极度客观，而是存在于消费者与产品的互动中；相对不同的产品、顾客或情境，感知价值是不同的；它是一系列带有个人偏好的价值判断。到了 20 世纪 90 年代，科特勒（Kotler，2001）正式提出了消费者感知价值（customer perceived value，CPV）的概念，认为感知价值是消费者对"所能感知到的利益与其在获取产品或服务时所付出的成本"进行权衡后，而产生的对产品或服务效用的总体评价。它源自消费者的主观认知，有别于产品和服务的客观价值，这个观点得到了学术界的广泛认同。

另外，绝大多数学者对感知价值的特点也达成了共识：①受消费者自身感知，但受外界影响。②感知价值提供者为企业，其主体为顾客。③感知载体是企业提供的产品或服务。④核心是"感知收益与感知付出"之间的权衡。其中，感知收益涵盖产品功能、服务价值、信息价值、消费者剩余等；感知付出包括经济成本、时间成本、精力成本、获取成本、维修成本等在购买、使用及维修中的付出。⑤其受诸多因素的影响。⑥感知程度"因时而异""因人而异""因物而异"。

对感知价值构成，绝大多数学者只将其分为"利得"和"利失"两个维度，但近年来也有不少学者对感知价值进行了更加具体的维度研究和划分。

当然，在感知价值理论发展早期，以往学者们对品牌价值构成体系的构建，往往是建立在逻辑推断的基础上。但随着感知价值的重要性越发凸显，越来越多的学者对其进行量化。

与本研究较为相关的感知价值构成模型如下：

2.1.1.1 帕克（Park）提出的三类型学说

帕克（Park，1986）依据消费者的需求，提出的关于感知价值的三类型学说，将感知价值分为功能性价值、象征性价值和体验性价值，得到了学术界广泛的认同，之后许多国内外学者都是在此基础上来分析消费者诉求。

2.1.1.2 瑟摩尔（Zeithaml）的顾客感知价值权衡理论

瑟摩尔（Zeithaml，1988）提出了感知价值模型（见图2-1），并认为感知价值是消费者感知"所得与所失"后，对某一产品或品牌作出的整体评价。研究将感知价值分成两个维度：感知效用和感知成本；认为感知效用主要体现在对产品本质属性感知、外在属性感知以及产品以外的高层次利益感知三方面。其中，本质属性的感知是对产品或服务的质量等内部特征进行感知，是最基本的感知；外在属性的感知包括产品包装、服务过程等外在的感知；抽象利益的感知包括企业信誉、形象等。而感知成本主要体现在货币成本（指产品价格）和非货币成本（指为获得产品或服务所花费的时间成本和精力成本等）两个方面。

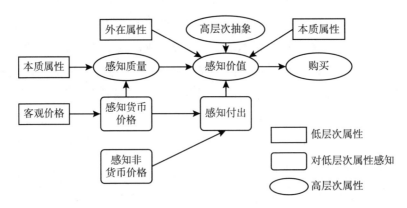

图2-1 瑟摩尔（Zeithmal，1988）的顾客感知价值权衡模型

2.1.1.3 谢斯（Sheth）的五维度模型

谢斯、纽曼和格罗斯（Sheth，Newman & Gross，1991）提出了 5 个维度模型（见图 2 - 2）：功能价值（functional value）、社会价值（social value）、情感价值（emotional value）、情境价值（conditional value）、认知价值（epistemic value）。功能价值，是以满足效用或功能为目的的实体属性，如价格、品质；社会价值，是与特定社会群体相关的效用；情感价值，是消费者对特定产品情感上的反应，如怀旧、兴奋、恐惧、生气；情境价值，是指在某些特定的情况下，品牌或产品能暂时提供较大的社会性或功能性价值，如婚礼上的婚纱、酒会上的礼服；认知价值，指一个产品或品牌能满足消费者的猎奇、追求时尚、新知的能力。该五维度模型同样得到了学术界的广泛认可，后续很多研究者都是以此模型为依据，开展了适当的调整与实证研究。

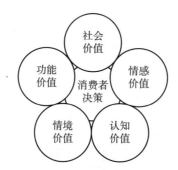

图 2 - 2 谢斯、纽曼和罗斯（Sheth，Newman & Gross，1991）的消费者感知价值维度模型

2.1.1.4 霍尔布鲁克（Holbrook）的三构面理论

霍尔布鲁克（Holbrook，1996）将感知价值分为 3 组对应的价值层面。第一组，外在与内在价值：外在价值体现在消费被视为一种实现功能性、实用性目的的手段；而内在价值是以消费体验作为目的。第二组，自我导向与他人导向价值：自我导向价值是指消费者对产品和服务的喜爱是出于个人的原因；他人导向价值是指消费者认为产品和服务的价值来源于其他人（家人、朋友、邻居、同事）的原因。第三组，主动与被动价值：主动性价值是指消费者对产品和服务的物理上或情绪上的操作；被动价值，来源于消费者对产品的理解或他人反应的结果。

2.1.1.5 科特勒（Kotler）的顾客让渡模型

科特勒（Kotler，1999）从顾客让渡价值和顾客满意的角度，提出了顾客让渡价值的构成要素（见图2－3），指出在既定的搜寻成本和有限的知识、灵活性和收入等因素的限定下，顾客会依据"是否符合既定期望"来行动。科特勒虽然在模型中对各构成进行解释和说明，但是对指标缺乏进一步深入量化。

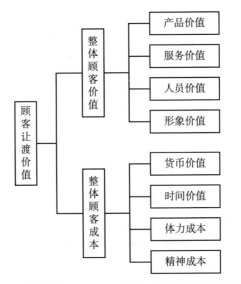

图2－3　科特勒（Kotler，1999）的顾客让渡价值模型

2.1.1.6 伍德拉夫（Woodruff）的偏好评价说

伍德拉夫（Woodruff，2002）在实证研究的基础上，强调"特定情境""满足消费者需求""感知偏好"，提出"顾客价值是顾客在特定使用情境下，有助于或有碍于实现自己目标的产品属性及其使用结果的感知偏好与评价"。

在商品同质化严重的今天，服装产品区分已经不是很明显，而品牌成了同类产品相互区分的主要标志。无论是盖璞（GAP）的自由休闲，还是飒拉（ZARA）的时尚流行，或者是 H&M 的物美价廉，还是香奈儿（CHANEL）的奢华，消费者都会依据对品牌价值的感知来作出理想的决策。那么，在服装品牌价值感知时，看重服装品牌价值的哪些方面？各个感知构成要素对于整体感知价值又起到怎样的作用？因此，感知价值理论及帕克（Park）等六种对感知价值的划分均为本研究提供了较好的理论参考。特别是谢斯、纽曼和罗斯（Sheth，Newman & Gross，1991）的五维度感知价值观点和瑟摩尔（Zeithaml，1988）的顾客感知价值权衡理论，作为本书服装品牌感知价值构建的重点理论基础，为本书研究群体的服装品牌价值感知行为提供了借鉴与参考。

2.1.2 服装社会心理学范畴的理论

服装社会心理学是一门以社会心理学的基本理论与方法为基础，并与社会学、人类学、艺术学、消费心理学等学科密切相连的综合性学科。它涉及探讨外观的意义以及如何探究这些意义，并试图回答人为何穿衣，又演变到如何在各种文化及历史情境中利用服装进行外观管理的问题。同时，它还讨论导致个体进行外观管理的各种社会或心理动力。

在凯瑟（Kaiser，1990）的《服装社会心理学》中，把有关服装与外观的研究放在复杂的社会情境中加以解释，创造性地提出关于服装的情境观点。凯瑟用心理学的认知观点、社会学的符号互动观点和跨学科的文化观点来解释服装与外观研究的情境观点。这些观点皆遵循一条基本假设，"人们会利用诸如服装等文化物件，赋予日常生活各种意义"。通过这一假设，各种观点可以用来解释不同的"关于服装与外观的问题"。同样，对于服装品牌价值感知与采纳的问题，也可以通过这三个观点得以解决，详见表 2 - 1。

表2-1   三个观点的比较及与本书的联系

观点	认知观点	文化观点	符号互动论
对谁而言	知觉者	共享文化的个体	互动的个体
如何产生	用其认知结构解释	社会关系和意识形态的表现	从社会活动中领会
如何转变	当知觉者的认知无法解释时	文化与流行的变迁	通过不同个体的解释、再解释过程
相对优点	隐含的知觉历程与处理外观线索的基本机制	了解社会关系与外观符号间关联的文化境况	社会互动的施予与接受；人类管理与知觉外观的创造力
方法论	量的研究；实验	人种的研究；文化形式的批评	质的研究；针对日常生活
基本假设 人类如何利用外观赋予日常生活各种意义	从知觉者尝试利用某种程度的结构化思考历程简化现实的角度加以解释	用我们视为理所当然的文化符号加以解释	从双方协调行动计划以进行沟通的角度加以解释
与本研究问题的联系	用以讨论知觉者对服装品牌的感知，知觉者会利用自己的认知结构来感知服装品牌价值	用以讨论服装品牌对文化身份的构建，分析服装品牌所具有的象征性外观	用以讨论服装品牌的"自我的表达与他人的评论"
对应本研究内容	用以构建服装品牌采纳中的感知价值体系		用以分析感知价值和采纳形成的原因

　　采用情境中的认知观点和文化观点，主要用于构建服装品牌感知价值体系，讨论消费者从哪些线索、指标和维度形成对服装价值的感知。从认知的角度来看，个体在日常社会活动中，由于身份原因，她们扮演着多个角色时往往会借助服装，使自己符合角色扮演。因此，她们往往会有意识或者无意识地对服装品牌作出感知评判，并倾向于选择感知利益最大化的服装符号来表达自己。而对于服装符号的理解，需要用文化的观点加以解释。文化观点认为：服装的符号化包含两个层面，一个是"能指"，一个是"所指"（详见图2-4）。能指是肉眼看得见的人造产物（服装）或形象（外观），所指则

是能指所涉及的概念或者想法。而某个符号所代表的意义，是在一定社会情境下才能得以解释。在本书中，采用文化的观点，看待新情境下消费者的服装品牌感知价值与采纳问题。

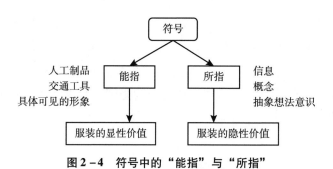

图 2 - 4　符号中的"能指"与"所指"

采用情境中的符号互动论观点，从社会层面和个体层面出发，讨论服装品牌对文化身份构建的影响。"外观管理是一种非语言的双向沟通历程"，凯瑟（Kaiser，1990）在《服装社会心理学》一书中，详细论述了"外观与自我表现、他人评价"之间的关系。她在书中指出，自我呈现是个体在社会情境中对其他人展现自己身份的过程，通过外观管理来实现。在外观管理时，人们不仅仅从物理层面考虑服装是否合身，依照桑塔格和施莱特（Sontag & Schlater，1982）的看法，合不合身的问题还有心理层面的意义。其研究表明，44%的被调查者认为服装与自我两者存在某种程度的契合性。而在当今社会，服装和品牌是互相依附而存在的一种形式，因此，在考虑服装与品牌的契合度时，包含了两个层面的意思，一是服装作为"物"层面的有形装扮，二是服装品牌"精神"层面的无形装扮。从符号互动论的观点来看，个体对"服装与自我契合度"的看法，体现了个体对"真实自我"和"理想自我"间的协调，与"自我的既定思考模式""他人如何看我""我想成为什么样的人"有关。因此，在服装品牌感知价值和采纳形成过程中，"符合我的服装品牌"与"我喜欢的服装品牌"两者是不一定保持统一的，换句话说，"我喜欢的服装品牌不一定适合我"或者"适合我的服装品牌不一定是我喜欢的"。但是在实际行为中，消费者往往希望找到这两者之间的平衡点，

"既是我喜欢的，又是适合我的"。同时，身处流行中的着装者在外观管理时，既有"个性追求、自我表现"的一面，也有"趋同从众"的一面（赵平，2003）。例如，当周围人都开始追随某服装品牌时，便会产生一种心理暗示，如果不接受该品牌就会被视为"土气""落伍""不合群"。这样的从众心理，一方面反映了"人们企求与优越于己的人在行动与外表上保持一致，使自己获得某种精神上的满足"，另一方面反映了"人们的归属意识"。在归属意识的支配下，产生随从的行为。在本书的质化研究和量化研究中，个体在服装品牌价值感知和采纳形成时，均受到来自群体和自我的影响，而且表现突出。

2.1.3　消费行为学范畴的理论

2.1.3.1　需求层次理论

1943 年，美国著名心理学家马斯洛在《人类激励理论》中，首次提出人类需求层次理论，将人类需求由低到高归纳为生理需求（physiological needs）、安全需求（safety needs）、爱和归属感（love and belonging）、尊重（esteem）和自我实现（self-actualization）五个层次。不同的消费者选择服装产品和品牌时，大体上都是基于需求层次理论，可以简单地认为低层次的生理与安全需求体现的是消费者对服装产品的实质性需求，而高层次的社会需求、尊重需求，以及自我超越皆是消费者对品牌的精神需求。因此，服装品牌除了在产品设计上符合目标群体的需求，品牌定位上必须做到引导目标消费群的生活方式，体现目标顾客的社会地位和身份，符合其个人风格的穿着需求（杨大筠，2009）。图 2 - 5 为马斯洛需求层次理论。

需求是人们行为的导向，同样，服装品牌价值的感知、采纳的形成都与人们的需求密切相关。人们不仅通过满足服装基本的生理需求，还希望借由服装表达归属、自尊和自我，在人际交往中实现"有效传达"。因此，需求层次理论恰好为解释消费者在服装品牌行为中价值感知和采纳形成提供了一个可供参考的架构。她们对服装品牌价值的感知和采纳反映了她们对服装生理需求、安全需求、社会需求、尊重需求和自我实现需求等的取舍态度。她们对品牌价值的感知正是源于需求，而对服装品牌的采纳则是在价值感知、权衡的基础上形成的。

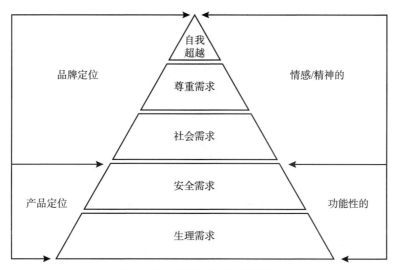

图2－5　马斯洛需求层次理论

2.1.3.2　品牌决策理论

品牌采纳是一种态度，也是品牌决策中密不可分的一部分，与消费者心理有着密切的关系。以往单独对品牌采纳的研究较少，绝大多数文献都是讨论品牌决策。因此，此处针对品牌决策进行理论回顾。

1. 品牌决策的过程。

余明阳（2008）认为消费者对某一品牌商品从"未知"到"购买"和"使用"，其心理一般都经历以下三个阶段（见图2－6）：①品牌认知，属于认知的范畴，消费者对品牌的认知包含（有关品牌的各种信息及其属性），它是品牌决策的前提和基础。当然，消费者对品牌认知的层次有深浅之分。浅层次的品牌认知（即感知）是对品牌直观形象的了解，是通过感官来实现，据研究表明，有80%以上认知信息是通过视觉得到的。而深层次的知晓阶段，包括记忆、联想、想象等多种心理活动。②品牌验析，即对商品、服务是否符合期望的分析。③品牌决策，即经历了品牌认知和品牌验析之后，消费者对品牌有了深层次的了解，此时，他们会综合考虑购买的理由、时间、地点、数量及运送货物的方式等。另外，也有部分学者将品牌决策过程分为品牌认知、品牌态度、品牌信任和购买意向四个步骤。

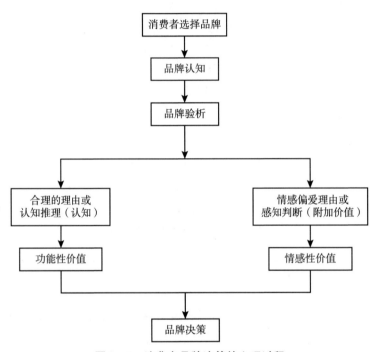

图 2 - 6 消费者品牌决策的心理过程

2. 品牌决策的影响因素。

对于影响消费者决策的因素，迄今为止，学术界已经进行了大量的探讨，由于品牌采纳是品牌决策的一部分，因此，影响品牌决策的因素基本就是影响服装品牌采纳的因素。本书在梳理学者们提出的影响因素基础上，从品牌因素、商品属性因素、个人因素、环境因素四个方面对影响因素加以整理、汇总（见图 2 - 7）。

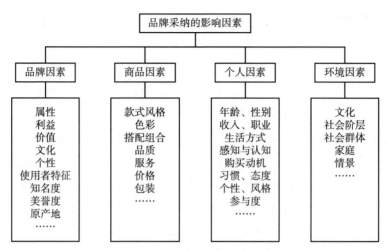

图 2 - 7　品牌采纳的影响因素

资料来源：根据参考文献整理。

3. 品牌决策的代表性模型。

此外，与本研究较为相关的消费者决策模型如下：

（1）科特勒（Kotler）的"刺激-反应"模型。刺激-反应模型是著名营销学者菲利普·科特勒（Philip Kotler）在其《营销管理》（*Marketing Management*）中提出的。科特勒认为消费者的行为模型由三部分组成：第一，来自品牌企业和环境的刺激；第二，个性特征及动态的决策过程；第三，决策反应，包含产品选择、品牌选择、渠道选择、购买时间、购买数量等（见图 2 - 8）。

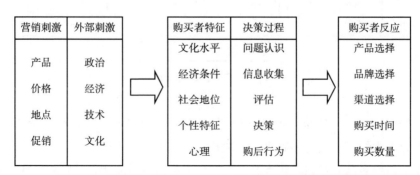

图 2 - 8　科特勒（Kotler，2001）的"刺激-反应"购买模型

科特勒的模型简洁而又形象地描述了影响消费者决策的各种因素及决策过程，由于品牌采纳就是购买者反应的一部分，因此，科特勒模型也为本研究提供了较完善的理论支持。但是该模型也存在缺点，既没有深入探讨各因素内部之间是如何相互联系、相互作用，也没有针对性地、量化地、深入探索刺激的作用。

（2）霍华德、谢斯模型。1969 年，霍华德和谢斯（Howard & Sheth，1969）在著作《购买者理论》一书中正式提出了消费者进行品牌选择时的决策模型。该模型主要借助于输入、感觉、学习和输出 4 个变量来描述消费者对产品的品牌选择过程（见图 2-9）。该研究有效补充了单一影响因素研究无法全面体现消费者在决策过程中的不足，但是在模型中，"感觉与学习"过程均是暗箱内进行，同时经过暗箱心理向外输出变量，而在输入阶段，消费者如何选择变量、认知和学习的影响因素起何种作用，以及输入信息的知识表征，均没有深入探讨。

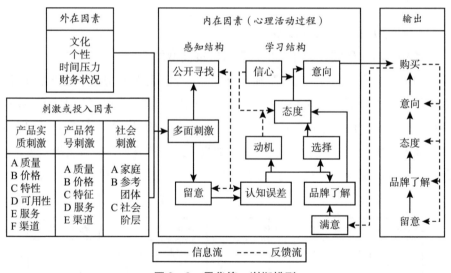

图 2-9　霍华德、谢斯模型

（3）消费者一般决策模型（CDM）。霍华德（Howard，1989）提出了一个较为简化的"消费者品牌决策一般模型（CDM）"（见图 2-10）。在此模型中，各种来自品牌或者环境的信息都会引起消费者注意，并影响品牌识别、消费者态度和自信水平，最终引发购买动机，左右消费者的购买决策。但是该模型过于简单化，缺乏对客观因素的把握。

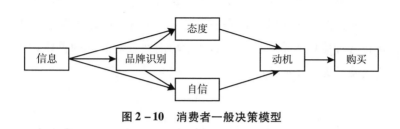

图 2 - 10　消费者一般决策模型

（4）巴文的信息加工模型。贝特曼（Bettman，1979）提出的巴文模型认为，消费者对选择品牌时所处理的信息是有限的。消费者会使用从外部获得的信息来评价自己记忆中的信息是否为正确，然后，评估外来信息的可用性。消费者如果认为自己的已有信息已经足够了，或者当获得额外信息的代价是花费更多的金钱、时间和精力时，便会停止。所以，消费者决策过程中，没有固定的规律。在巴文模型中（见图 2 - 11），主要强调了消费者动机的影响作用，却没有考虑其他影响因素对消费者品牌选择决策的作用。另外，该模型也没有进一步探讨品牌相关信息的认知结构。但是值得注意的是，该模型提出了消费者在选择过程中要经历学习行为，这是非常具有意义的，但并没有对消费者的学习行为进行深入的分析与研究。

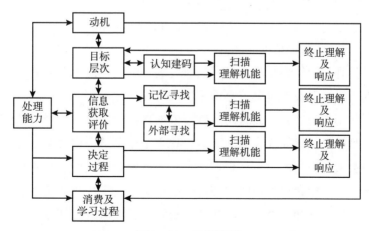

图 2 -11　巴文模型

（5）EKB 模型。又称 Engel 模型（Engel，1986），是目前消费者行为中较为完整、清晰的一个理论。该模型主要包含信息输入、处理、决策、过程变量 4 个部分，将人的大脑看作是一个"中央控制器"，在这个"中央控制器"内进行各种信息的整合处理，最终影响消费者对品牌的整体评价，并作出相应的决策（见图 2 - 12）。

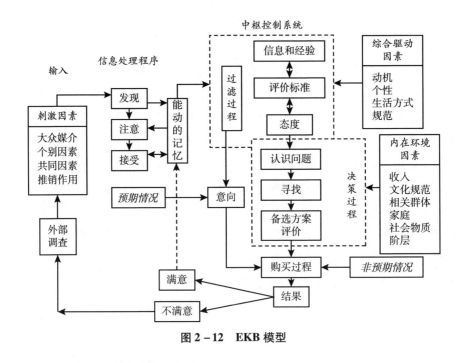

图 2 - 12　EKB 模型

服装品牌采纳作为品牌决策理论研究的一部分，离不开品牌决策理论对本研究的指导。消费者对服装品牌采纳的形成可以解释为：品牌、环境作为外部刺激作用于消费者，此时消费者会依据自身的需求对品牌价值进行感知和权衡，品牌价值感知权衡的结果会表现为是否采纳，而采纳是后续行为的先导，对决策行为有着决定性作用。当然，消费者购买服装品牌后，在使用或者体验的过程中会形成新的感知，这些信息又会作用于大脑，影响消费者对品牌新一轮的感知。可见，消费者对服装品牌价值的感知与采纳形成同样遵循品牌决策的一般行为流程，并影响他们的品牌决策。

2.2 本书的研究方法

2.2.1 质化研究

质化研究，又称定性分析，指的是通过发掘问题、理解事件现象、分析人类的行为与观点，以及回答提问来获取研究的基本信息，是社会科学领域的一种基本研究范式。采用质化研究，从原始语句中总结、提炼出能够说明服装品牌采纳的相关范畴，从而产生一种关于新情境下"基于感知价值的服装品牌采纳"新的理论，从感知价值出发，分析服装品牌采纳形成的深层次归因。质化研究在本书中的流程设计，如图 2 – 13 所示。

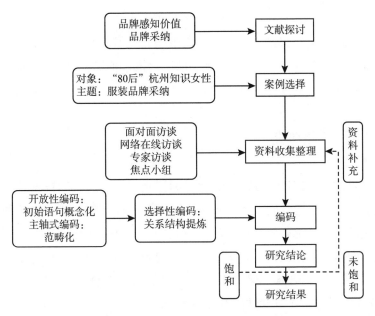

图 2 – 13　本书质化研究的流程设计

本书在质化研究中所采用的方法有：

2.2.1.1　文献研究法

文献研究是本研究工作得以开展的基础。首先，本书追踪顾客感知及品牌行为等相关研究的最新动态，结合现实背景，确定了本书的选题。其次，对本研究所涉及的相关研究（如期刊、学位论文等资料）进行梳理、总结，对感知价值理论、服装社会心理学范畴相关理论、消费行为学范畴相关理论进行深入分析，为后期探索服装品牌采纳问题打好基础。最后，在文献研究的基础上，参考学者们对各个变量的测量量表设计，结合质化研究得到的关键词和范畴，设计了用于本研究问卷调查的测量量表。因此，文献研究法在本研究中发挥了基础性作用。

2.2.1.2　深度访谈法

深度访谈法，包含了一对一访谈和焦点小组访谈，主要用于本研究的质化研究环节。通过一对一深度访谈、焦点小组、专家访谈来完善研究中的内容，解决"服装品牌采纳中，感知价值由哪几个维度构成""服装品牌采纳中，她们通过哪些途径感知服装品牌价值""影响服装品牌采纳的驱动因素"这三个主体问题。深度半开放式访谈，是本研究收集原始资料的关键步骤。

2.2.2　量化研究

量化研究，又称定量分析，是指借助调查问卷所收集的数据进行量表的信度和效度检验、变量间关系的检验、模型的检验与修订以及所有的假设检验。量化研究部分主要包括：在质化研究的基础上，量化地构建服装品牌感知价值构成体系；在提出"基于感知价值的服装品牌采纳"理论模型后，通过问卷设计、样本选择，预调研、正式调研和数据分析等几个步骤，运用SPSS 19.0统计分析工具和结构方程模型分析方法（AMOS 21.0）检验模型和相关假设。在实证数据收集方法方面，采用的是以自我填答式问卷调查为主（线上和线下两种方式），并参考了深度访谈的数据，力争保证研究方法的科学性，从而为获得深入而详尽的研究结论提供保障；描述性统计，比较分析不同群体对各线索的感知度，从而分析四类群体服装品牌采纳特点及形成原因。

2.3 实验方案设计

在实验中，采取目的性抽样，即通过事先确立的研究目的来确定适合研究对象范围，然后再在该指定范围中随机抽取。

2.3.1 深度访谈的实验设计

2.3.1.1 访谈的对象

深度访谈对象为"80 后"杭州知识女性和服装行业、企业专家。

2.3.1.2 深度访谈的目的

围绕服装品牌采纳中的感知价值构成、感知线索及采纳动因展开调查，编码形成服装品牌感知价值构成体系，梳理出"动因、感知价值、品牌采纳"之间的关系。

2.3.1.3 深度访谈的形式

采取"一对一"形式（面对面访谈、网络在线访谈、电话访谈及专家访谈）与焦点小组访谈两种形式展开。

深度访谈有利于受访者深入、详细地叙述她们在服装品牌采纳形成过程中是如何获取品牌信息，受哪些因素影响，其感知价值又是如何形成等。访谈过程中，调研人员对访谈主要内容进行录音并记录，然后经过归纳整理建立访谈备忘。整个访谈过程，以"面对面"形式为主：面对面访谈除了可以记录、聆听受访者原始语言外，还能够记录受访者的面部表情，洞察其内心微妙的变化。除了面对面访谈外，还采用了在线语言访谈、电话访谈的形式，使得本研究采取的访谈形式更加灵活。

此外，为了更多地激发受访者最真实的想法，本研究采用焦点小组访谈的形式。在调研者的引导作用下进行焦点小组访谈，有利于被访人员互相交流、充分讨论，从而使得调研者能够全面地了解该群体对服装品牌价值的感知情况。每次焦点小组访谈，邀请4~6位被调查者，围绕访谈设计的题项（见表2-2）展开讨论，并将讨论内容记录在案。进行访谈调研时，要求调查者紧扣题项进行追踪式提问，尽可能把握受访者的内在心理，强调不仅要记录被访者说出来的内容，而且要能够细致地观察她们的面部表情和肢体语言。

表2-2 本研究的深度访谈提纲

样本基本特征问项	内容
关于服装消费情况调查	（1）您经常购买哪些服装品牌？（包括网红品牌、小众设计师品牌等） （2）您通常是通过什么渠道购买品牌服装？（为什么）
关于服装品牌价值感知调查	（1）您购买服装的主要原因？那您为什么选择有品牌的服装？ （2）哪些品牌特质最能吸引您选择或者购买？（您熟悉的服装品牌，它一般具备哪些特质？） （3）您对目前市场上服装品牌的大体印象怎么样？ （4）您认为目前比较成功的服装品牌它应该具备什么样的特质？
关于影响服装品牌采纳的因素调查	（1）您一般是通过什么方式获取服装品牌信息？ （2）您觉得怎么做才能更好地宣传、展示和销售品牌服装？ （3）选择服装品牌时，除了考虑品牌的因素，您还会考虑哪些因素呢？（您的选择会受哪些因素的影响？知识女性或者是职业女性身份对您的服装品牌选择有什么影响吗？）

2.3.1.4 深度访谈的内容

围绕"服装消费情况调查""服装品牌价值感知情况""影响采纳的因素"这三个主题，让受访者自由发表意见，根据本次研究的主题和对相关文献整理总结归纳基础上，本次调研设计访谈提纲如表2-2所示。

在正式访谈之前，笔者会对本次访谈的目的做简要介绍；在实际访谈过程中，围绕预先设计的题项展开；但是，当发现特别或者有价值的信息时，及时调整访谈问题，适时追问，以捕捉新的概念范畴。为了便于分析与整理访谈资料，本研究对每一位受访者的访谈内容进行编号排序。

2.3.2　服装品牌采纳的问卷设计

2.3.2.1　问卷调查的目的

实验目的：完成服装品牌采纳中感知价值构成体系的量化分析；对不同群体进行感知比较，分析她们服装品牌采纳的特点；以及服装品牌采纳模型的实证分析。

2.3.2.2　问卷设计原则

为了保证问卷所反映问题的真实、有效，整个问卷设计针对服装品牌"价值感知和采纳形成"进行问项设计，且遵循以下规范（马庆国，2002）：①围绕研究主题设计题项；②选择成熟度较高且有效的测量条款作为题项设计的参考依据；③对译条款，以保证设计的问项能够反映原始量表的内涵；④以访谈中获得的受访者对各维度的描述作为基础，修改、补充、完善条款，一方面求助于导师和相关领域专家，另一方面要求问项语句表达"精练、通俗易懂"；⑤小样本问卷测试，净化题项。

2.3.2.3　问卷发放的形式

问卷发放采用线上和线下两种形式。

2.3.2.4　调查问卷的内容

采用 Likert 7 级量表设计问卷（该量表分为 1 ~ 7 级别，测量量表从"完全不重要"到"很重要"，分值越高评价指标就越重要），调查问卷分为四部分：

第一部分——被测者基本情况调查，包含消费者服装消费信息和人口统计学部分的内容，包含 14 个问项。

第二部分——关于服装品牌价值感知体系的调查。根据以往学者提出的成熟量表，以及第 3 章中对于各主范畴的归纳与分析，调查问卷应该包括感知价值——功能价值、审美价值、象征性价值、情感价值、认知价值、支付成本、使用成本等 7 个变量的内容，得到 44 个测量题项，形成初始量表；之后，通过净化得到 38 个题项，形成服装品牌感知价值量表；并从感知收益、感知付出两个大方向测量被调查者对服装品牌各价值维度的看重程度。

第三部分——关于"基于感知价值的服装采纳模型"的实证。参照群体、品牌信任和自我契合度 3 个动因变量，得到 20 个测量题项；服装品牌采纳 1 个结果变量，得到 3 个测量题项。

第四部分——四类群体的感知对比与采纳特点分析。对于服装品牌感知线索调查问卷的内容设计，主要依据访谈所得、相关文献、服装企业、行业专家意见，共设计 91 条。

2.3.3　样本量和抽样设计

减少误差、提高抽样精度，是保证调查结果更加准确、有效的前提，通常研究者们会通过调整样本量或者改进抽样技术以得到更好的实验结果。对于样本容量的选取一般有两种方式，一种是经验法，另一种是依据有效样本容量的公式计算所得，两种皆被广泛使用。本研究采用简单随机不重复的抽样方法，样本容量用公式法确定（董海军，2009），具体如下：

$$n = Nt^2\sigma^2 / N\Delta^2 + t^2\sigma^2 \text{ 或 } n = Nt^2P(1-P) / N\Delta^2 + t^2P(1-P) \qquad (2-1)$$

在式（2-1）中，n 代表样本容量，N 代表样本总数，t 代表概率度 $Z_{a/2}$，Δ 代表极限误差，δ^2 代表总体方差，$P(1-P)$ 表示成数方差。

本书误差选取范围为 5%，置信水平 95%，转化为 Z 值是 1.96，$p = 0.5$ 计算得到最保险样本量 $n = 668$，为保证有效样本量达到 668 且在能力所及范围内力求更大的样本量，笔者在正式调研时，发放了 1800 份调查问卷。

2.4 数据统计方法

2.4.1 深度访谈资料的实质性编码

对于深度访谈所得资料，采用 NVivo 11.0 对样本数据进行编码和分析。

实质性编码，是质化研究中对原始资料进行数据分析的过程。编码数据的目的就是把数据从书面文字或收集的资料中净化抽取，以便研究者发现数据背后的深层含义。它允许研究人员将数据中形成概念联系在一起以形成理论（Charmaz，2006）。实质性编码的三个阶段如表 2-3 所示。

表 2-3　　　　　　　　　实质性的三个阶段

	编码	原理	基本环节	在本研究中的作用
1	开放式编码（open coding）	指认现象、界定概念、发现范畴、聚敛问题	为现象命名（贴上概念标签）→发现类属→命名类属→发现类属的属性和维度	提炼与服装品牌采纳有关的关键词
2	主轴性编码（axial coding）	识别并构建研究目标下的各个概念范畴间的相互作用关系，展示出原始数据资料中每部分间的相互联系	A 因果条件→B 现象→C 情境（脉络）→中介条件→行动/互动策略→结果，将类属和此类属重新组合	通过聚类、整合与分析进一步归纳出与服装品牌价值采纳有关的主范畴、子范畴
3	选择编码（selection coding）	核心类属能够把其他所有的类属串联成一个完整的整体，有概括总结的效果	确立核心概念，寻找主范畴之间的关系理论	梳理出服装品牌采纳与各变量之间的关系

编码的过程是循环往复进行的，一开始得出的概念零散而且非常的具象，通过质化研究的步骤不断地发展、完善，才能从中找到关联点，使具体的概念抽象化、理论化。整个编码过程可以细分为开放式编码、主轴式编码和选

择性编码三个阶段。首先，将原始资料离散化、重新组织，通过逐段逐句逐字分析将每一个语句概念化（可以理解为找"主题词"）；其次，将各个概念分类、初步范畴化①；最后，确定核心范畴（出现频率高或者影响大的范畴），并寻找核心范畴与其他主范畴之间的典型性关系，以梳理出故事线，形成相关理论。对原始资料进行数据处理的过程可以归结为"概念化（即提取关键词）→范畴化（对关键词进行分类）→找出核心范畴（出现频率高或影响力大的范畴）→建立理论架构（即范畴间的理论关系）"。而在实际操作中，开放式编码和主轴性编码有时可以同时发生，因为在编码过程中需要用剩余的数据对构建的理论进行饱和度检验，以便所得理论更加贴合实际。

2.4.2　服装品牌采纳的数据统计

本书主要使用的数据分析方法包括描述性统计分析、信度和效度检验、因子分析、相关分析，以及结构方程、聚类分析等。

采用 SPSS 19.0、AMOS 21.0 对样本数据进行数据统计和分析。

2.4.2.1　描述性统计

问卷中的服装消费基本情况（购买频次、单件平均金额、购买方式、品牌服装占比、品牌服装类型、购买时段、主要原因、获取品牌信息的方式）和人口统计变量（年龄、在杭州生活年限、学历、职业、月收入），采用百分比进行分析，描述样本总体分布情况。

2.4.2.2　信度分析

信度是指测量工作所得结果的可信程度。信度分析用来检测量表内部一致性的手段。本书参照 Cronbach's α 系数、CITC 两个指标对题项进行信度检测。①在初始量表净化的前后，都要对 α 系数进行计算，α 系数超过 0.70，则表示量表的信度符合要求。量表的信度系数达到 0.8 以上，说明可以接受

---

① 范畴化，部分文献资料称"类属化"。

的；如果达到 0.9 以上，则说明测量结果的信度非常好。Cronbach's α 系数和可信度的关系，详见表 2 - 4。②当 CITC < 0.3 时应剔除该题项；当 CITC > 0.3，删除该题项后，α 系数提高，则也应剔除该题项，而 α 系数没有增加的题项符合研究要求。

表 2 - 4   Cronbach's α 系数和可信度的关系

Cronbach's α 系数	可信度
0.9 ≤ Cronbach's α	非常理想（信度非常好）
0.8 ≤ Cronbach's α < 0.9	理想（甚佳，信度很好）
0.7 ≤ Cronbach's α < 0.8	佳
0.6 ≤ Cronbach's α < 0.7	尚佳
0.5 ≤ Cronbach's α < 0.6	可以接受，增加题项或修改语句
Cronbach's α < 0.5	不理想，舍弃不用

2.4.2.3 效度分析

效度即有效性，是指测量工具或手段能够准确测出所需测量的事物的程度。本书从内容效度和结构效度出发，保证整体量化研究的真实、有效。

（1）测量量表的内容效度。为保证研究量表的信度、效度，本书的所有测量量表均根据访谈中受访者对各动因变量的描述及国内外学者已使用的成熟度较高的量表，进行了改编、修正和完善。

（2）测量量表的结构效度。对调查所得数据进行 KMO 样本测度和巴特莱特球形检验，判断作因子分析的有效性。一般而言，KMO 在 0.9 以上非常适合；在 0.8 ~ 0.9 间很适合；在 0.7 ~ 0.8 间适合；在 0.6 ~ 0.7 间不太适合；在 0.5 ~ 0.6 间很勉强；在 0.5 以下则不适合。同时，要求巴特莱特球形检验 P 值（Sig.）为 0.000（小于 0.05）时，数据才适合做因子分析（马庆国，2002）。

2.4.2.4 因子分析法

因子分析是指从变量群中提取共性因子的统计技术。它可以减少变量的数目，将相同本质的变量归入一个因子，找出具有代表性的因子，还可以检验变量之间的假设关系。根据研究的性质不同，因子分析可分为探索性和验证性两种。

（1）探索性因子分析法：它是一种在没有先验信息的情况下，通过降维技术找出影响观测变量的公因子。本书在对小样本数据进行探索性因子分析从而精简题项；对大样本的数据继续进行探索性因子分析，以分析和提高测量量表的效度。在因子分析之前，首先需要进行 KMO 和巴特莱特球形检验来考察"是否适合进行因子分析"。

（2）验证性因子分析法：是检验一个因子与对应测量条款之间的关系是否符合研究者的理论设想的一种统计方法，一般用结构方程建模来检验。

值得注意的是，本书对服装品牌感知价值各维度采取验证因子分析，要求各维度对应的验证性模型同时满足条件 1、2、3；而对服装品牌采纳模型中动因变量、中介变量和结果变量之间的效应进行检验时只要满足条件 1、2 即可（见表 2 - 5）。

表 2 - 5　　　　　　　　　　验证性分析需要满足的条件

条件	检验目的	条件说明
条件 1	测量模型具有较好的聚合效度	为了提高研究结果的信度和效度，此处采用结构方程模型，使用 AMOS 21.0 软件，对各变量进行验证性因子分析。通常情况下，当各个测量指标的因子载荷系数在 0.5 ~ 0.95 之间，说明该测量模型有较好的聚合效度，可接受；如果因子载荷系数低于 0.5 或高于 0.95，则应该删除此项测量指标重新验证，直到各指标的因子负荷系数达到心理学测量要求
条件 2	测量模型具有明显的识别度	在此各维度测量模型中，满足模型被识别的条件（即 t 规则）时，才能说明该测量模型具有较好的区别度，即满足自由度 $df = [(p+q)(p+q+1)/2] - t \geq 0$（其中 p 为外生观测变量，q 为内生观测变量，t 为自由参数）
条件 3	测量模型和数据间有较好的拟合度	应用结构方差模型做二阶验证性因子分析，验证各测量模型与观测数据之间的拟合程度，是否具有高度的一致性。通常使用 χ^2/df、RMSEA、GFI、AGFI、IFI、CFI 等六个指标对结构模型的拟合情况进行衡量，各拟合指标的数值范围及评价标准如表 2 - 6 所示

其中，条件3中的各个拟合指标参照值如表2-6所示。

表2-6   拟合指标参照值

拟合指标	数值范围	评价标准
卡方值（χ^2）/自由度（df）	0以上	<5
近似误差均方根（RMSEA）	0以上	<0.1，好的拟合， <0.05，非常好的拟合， <0.01，非常出色的拟合
拟合优度指数（GFI）	0~1之间， 但也可能出现负值	>0.9，但是，当CFI≥0.90时，AGFI≥ 0.85就可认为模型具有满意的拟合程度。 （Bentler，1990）指数越接近1，模型拟 合越好（侯杰泰等，2004）
调整后拟合优度指数（AGFI）	0~1之间， 但也可能出现负值	
增值拟合优度指数（IFI）	0以上， 大多在0~1之间	
比较拟合指标（CFI）	0~1之间	

2.4.2.5 相关性分析

相关性分析主要用于描述变量之间关系的紧密程度，用关系强度和显著性水平可以初步检查变量之间是否存在依存关系及各自变量之间是否存在多重共线性。此处，参考Pearson相关系数对两两变量之间的相关性进行分析，评判标准参照表2-7。

除了Pearson相关系数外，还需要做显著性差异检验，即T-test，才能检验两组数据是否显著相关。P值说明了两个变量之间是否相关，相关系数说明的是两个变量关系的强弱，参照标准如表2-7所示。

表2-7   相关性分析的参照值

Pearson相关系数	变量之间的相关性
0<r<0.09	没有相关性
0.1<r<0.3	弱相关
0.3<r<0.5	中等相关
r>0.5	强相关

续表

T-test 所得到的 P 值	变量之间的差异性
P＜0.05	有统计学差异
P＜0.01	有显著统计学差异
P＜0.001	有极其显著的统计学差异

2.4.2.6 聚类分析

聚类分析的目标就是在相似的基础上收集数据来分类。聚类就是将数据分类到不同类别或者簇的一个过程，所以一个类别中的对象有很大的相似性，而不同簇中的对象有很大的差异性，通过 SPSS 19.0 所得数据进行聚类。

2.4.3 各类群体感知对比的数据统计

为了便于对调查所得数据开展统计学分析，根据被调查者对各线索的感知作用程度"很不重要""非常不重要""不重要""一般""重要""非常重要""很重要"，分别以1、2、3、4、5、6、7给予赋值，从而得出受访者 i 对每一项线索 j 的感知得分 S_{ij}，计算个体感知度 S_i 以及全部样本的平均单项感知度 MS_j，公式如下：

$$S_i = \sum_{j=1}^{5} S_{ij} \qquad\qquad (2-2)$$

$$MS_j = \frac{1}{n} \sum_{i=1}^{n} S_{ij} \qquad\qquad (2-3)$$

本 章 小 结

本章是对本研究所相关的基础理论、采用的研究方法、实验方案的汇总。主要包含以下内容：

（1）阐述了本书所涉及的研究理论，包括感知价值理论，服装社会心理学中的认知观点、文化观点、符号互动论观点，以及消费行为学中的需求层次理论、品牌决策理论。

（2）阐明了本书的研究方法，包括质化研究中的文献研究法、深度访谈法和量化研究的调查问卷法。

（3）详细介绍了本书的实验方案，包括深度访谈、问卷调查、访谈提纲、调查问卷的内容，以及样本量确定。

（4）简要介绍了处理采集数据的方法，包括访谈资料的编码、描述性统计、信度分析、效度分析、因子分析、相关分析、聚类分析，以及感知度计算方法。

（5）根据研究思路，制订了详细的技术路线。

服装消费中品牌采纳的范畴分析

感知价值是个体在消费过程中依据对所得与所失的感性认识而形成的对产品或者服务的总体评价。不同消费者因需求差异对同一品牌的价值感知是不同的，从而导致了服装品牌采纳态度上的差异。研究从感知价值角度，针对服装品牌采纳形成展开调查。本章将采用质化研究的方法，利用深度访谈获取服装品牌采纳的一手资料，然后通过分析、提炼与编码，梳理出服装品牌采纳与各相关范畴之间的关系。

3.1　深度访谈的实施

本次访谈通过对15位本科生进行质化研究基本方法的培训，让每位同学以服装市场调研及参与项目的形式协助本研究的访谈工作，每位学生访谈样本不少于10个；要求根据受访者的回答进行不同程度的互动和追问，以获得有价值的资料。在 10 个月的访谈历程中，共有 237 名随机抽取的"80 后"杭州知识女性和 26 名服装行业从业人员、资深专家。每人访谈时间控制在 20～40 分钟，在获得受访者同意的前提下，对访谈过程全程录音，总访谈累计时间约为 105 小时，人均访谈时间约为 24 分钟。访谈结束后，及时整理资料。

3.2 访谈资料的整理

3.2.1 访谈资料基本情况

真实有效的原始资料是质化研究的基础，但是，烦琐的文字资料必定增加数据分析的难度。为了确保访谈所获信息的有效性、典型性，在数据编码前剔除了个别不符合条件的文本资料，最终确定"一对一"访谈记录 156 份、焦点小组座谈记录 8 份（共 41 人参加，占消费者访谈人数的 26.28%）、服装行业专家访谈记录 26 份，合计 190 份。其中，随机抽取三分之二的"一对一"（126 份）访谈资料进行编码分析，其余三分之一的"一对一"（30 份）、焦点小组座谈（8 份）、服装行业专家（26 份）的访谈记录用作饱和度检验。

最终筛选出的受访者个人资料（仅统计"一对一"访谈数据）如表 3－1 所示。由受访者个人信息汇总情况可以看出，被调查者的文化水平分布情况为专科占 39.10%、本科占 49.36%、研究生及以上占 11.54%。从整体学历分布来看，符合我国居民学历分布基本情况。在月收入上，不同收入区间的占比情况呈现正态分布，与杭州居民的收入情况保持一致。职业上，被访谈者以事业单位和企业白领居多。被查者中购买单件服装的均价、在杭生活的年限占比也都呈正态分布。这些样本信息，说明被访者分布合理，具有代表性。

表 3 - 1　　　　　　　　　　受访者个人资料汇总（总计 156 人）

参数		人数（人）	百分比（%）	参数		人数（人）	百分比（%）
学历	专科	61	39.10	单件均价	200 元以下	21	13.7
	本科	77	49.36		201~500 元	32	20.55
	研究生及以上	18	11.54		501~1000 元	76	50.68
收入	8000 元/月以下	18	11.54		1001~2000 元	19	12.33
	8001~12000 元/月	69	44.23		2000 元以上	8	2.74
	12001~20000 元/月	54	34.62	在杭州生活年限	3~5 年	42	26.95
	20001~35000 元/月	10	6.41		6~10 年	52	33.60
	35000 元/月以上	5	3.21		11~20 年	47	30.08
职业	事业单位	54	34.62		20 年以上	15	9.38
	企业白领	72	46.15	访谈方式	面对面访谈	85	54.49
	私营业主	15	9.62		在线访谈	26	16.67
	自由职业者	15	9.62		电话访谈	45	28.85

注：在"访谈方式"一栏，在针对156位被访者有效深度访谈中，有41人既参与了焦点小组座谈，也参与了"一对一"访谈。

另外，依据调查结果显示，大部分的被访者表示一般都会选择有品牌的服装，因为品质感强，而且符合自己的需求。其中，对奢侈品牌服装购买率较低，很多人表示自己会买奢侈品，但是主要集中在首饰、包包、围巾、化妆品等。在访谈中，还发现像 MaxMara、MAXCO 等的轻奢品牌，EP、哥弟、Lily 这样较为正统但又带点时尚设计的品牌，ZARA、H&M、UNIQLO、MANGO 等快时尚品牌，密扇、地素、JNBY 等特色品牌，以及一些网红品牌（如南瓜谷、柒柒家、于 MOMO 等）都备受喜欢。

而在购买渠道上，大部分被调查者表示自己会通过以下渠道购买：大型购物中心（如银泰百货、龙湖天街、宝龙广场、星光大道……）、各类专卖店、品牌官方网站和各类购物平台（如天猫、淘宝、唯品会、网易优选……）。还有一部分被访者提到，"通过哪种渠道购物主要还是要看有没有时间，如果时间允许，还是喜欢去实体店购物"。

3.2.2　提取服装品牌采纳的关键词

开放式编码，指用概念来描述原始资料中的社会现象。简言之，编码就是用简要的语句理解"社会情境中的社会过程"。在开放式编码中，获取的原始资料被分解、检视、比较，最后被概念、进行类属。简言之，开放式编码就是将原始资料概念化和范畴化。开放式编码参照以下原则：第一，强调数据有效性，访谈采用录音形式，事后详细整理，注意校检；第二，编码的自由节点尽量贴近原始内容，暂不考虑命名的合理性，可以采用受访者的原始语言、词语初步命名代码；第三，避免遗漏重要信息，逐句逐词分析访谈资料；第四，快速分析与资料相关的概念维度，将其重新划分、归属或者补充新的案例、资料，直到数据饱和。在这一过程中，研究者需要采用完全开放的态度，放下原有的个人偏见及固定思维，立足原始数据，从中识别、提取各概念类属，将其命名，并找出每个类属的维度和指标的目的。同时，开放编码还允许研究人员对数据进行分类并勾勒出新概念，逐行检查数据，建立新代码并反映新数据适合现有代码的方式（科宾和施特劳斯，2015）。

通过开放式编码提取关键词。在开放式编码过程中，针对每一个可以衡量或者评价的服装品牌采纳的语句贴标签，形成关键词。但是，这些概念在意义上有一定程度的交叉重叠，根据关键词之间存在的因果、属种、相关、质同等逻辑关系，对各个概念进行归纳、分类、整理，根据科学性、合理性及本土化等原则对访谈资料记录进行归纳整理，经过确认现象、界定概念、形成范畴等程序及仔细筛选分析，剔除出现频率少于3次的关键词，从而进一步提炼出裁剪、工艺、设计、偏好、信任、认同等400余个关键词，开放式编码分析示例如表3-2所示，由于篇幅有限，只选取了部分原始语句及其关键词对原始数据的开放式编码。

表 3-2　　　　　　　　　　　　开放式编码分析示例

代表性原始语句	代表性关键词	子范畴
C 客服姐姐态度好好呢，非常耐心解答我各种问题，还提醒我有优惠券可以领，好喜欢，赞…… A04 当然选有品牌的服装了，因为服务好、专业，衣服也好看。 A18 我对于品牌服装比较多的感觉还是能让我觉得服务到位吧，换衣服时帮忙找鞋子搭配，俯身提鞋，微笑和我交流，让人很舒服。 A33 我去一些品牌服装店买衣服的时候就觉得好热情，从服务员到收银，都是有礼貌的微笑，还有周到的服务，让人感觉很舒服。 A36 每次遇见很温柔的店员，真是想把真个店都包下来呢，温柔的店员真好。 A50 店员的服务会很大程度上影响我，品牌服装做得挺细致的。 A74 品牌服装店的导购有些专业素养的，能和顾客探讨面料成分、洗涤、设计元素等内容，交流比较愉快。 A62 品牌店的服务那没的说，非常"sweet"，有些专卖店里还有顾客休息区，免费提供茶水的。 A91 服务是好啊，不过我不喜欢。我偏向一个人逛，挑选，安安静静的。 A128 买衣服，有时候款式啊、尺寸啊，自己拿不定主意，特别是搭配，还是希望导购或者客服给点专业的建议。 A146 无论我买不买，试穿多少件，品牌店的导购都是微笑服务，没有不耐烦的，这种态度很重要，有时候我都不好意思了	导购：专业、有素养、热情、周到、贴心细致、有效建议	服务属性

3.2.3　关键词提取有效性分析

采用博亚特兹（Boyatzis，2000）提出的质性数据分析的编码信度计算公式进行信度检验，如下：

$$相互满意度 = 2M/(N_1 + \cdots + N_n) \tag{3-1}$$

$$信度 = (n \times 相互满意度)/[1 + (n-1) \times 相互满意度] \tag{3-2}$$

其中，n 为编码人数，由于访谈资料冗杂，另邀请了两位同学协助编码，因此，$n = 3$；M 为编码人员相同的编码数，本研究中三人编码一致的数量为 537，因此，$M = 537$；N_n 为第 n 位编码人员的编码参考数，本研究中 $N_1 = 618$，$N_2 = 579$，$N_3 = 596$。由此计算得出，数据编码信度 $= 0.818$（> 0.70），说明编码信度较高。

3.2.4　归纳服装品牌采纳中的主范畴和子范畴

主轴式编码是编码的第二个环节，是对前一环节中形成的初始范畴进行精练与区分。科宾和施特劳斯（2015）将其描述为在研究过程中创建更有包容性的类别给关键词进行范畴化。从关键词的范畴化中，通过聚类、整合与分析进一步归纳出主范畴；同时，思考分析数据发生的条件、不同范畴之间的相互关系、参与者在现象中的行为，以及各范畴相互作用的后果。其具体过程如下：①分析归纳开放式编码过程中得到的各个自由节点，提炼出主范畴。②借助软件 NVivo11.0，将主范畴编码为"树节点"——每个"树节点"包含多个"自由节点"。③分析各主范畴间潜在的因果关系。

通过对开放式编码所形成的 27 个子范畴分别展开分析，围绕每一范畴寻找彼此之间的关系，重新归类，最终形成了 10 个主范畴，为后面理论创造做准备。

由主轴式编码可知，与消费者服装品牌感知价值相关的 10 个因素分别为：功能价值、审美价值、象征性价值、情感价值、认知价值、支付成本、使用成本、个人层面的内生因子（包含认知能力、品牌信任、自我契合度），以及环境层面的外源因子（包含氛围、参照群体影响）和品牌采纳，10 个主范畴对应的子范畴及关键词如表 3-3 所示，各对应子范畴内涵及感知线索如表 3-4 所示。

表 3－3　　　　　　　　　　主范畴对应的子范畴及关键词

类别	主范畴	子范畴	关键词举例
感知收益	功能价值	品质属性	整体品质感：服装面料、配件、裁剪、制作、包装等品质感强；实用性：耐用性（色牢度好、不易变形、不缩水、不易开缝、使用寿命）、穿着便利性；满足功用需求
		舒适性	服装：宽松适宜、穿着舒适；面料服用性：吸湿透气、手感好
		可选性	品类色系齐全、便于搭配、可以一站选购、多样、组合合理
		安全性	天然、绿色、环保；符合国家、行业标准
		服务属性	导购：专业、素养、热情、周到、贴心细致、有效建议；售后：有保障、满足特殊要求、投诉处理及时；个性化定制；购物环境：舒适、有档次、配套齐全
	审美价值	产品设计	服装：外观设计（面料、图案、色彩、造型、配件、配饰、细节等有设计感，搭配合理，不容易过时）；版型设计（板正有型、显气质、显身材）；工艺设计；配饰：搭配合理、美观
		整体形象设计	包装：大气、上档次、全套；形象展示：形象好、具有吸引力、有品位、格调
	象征性价值	文化象征属性	文化底蕴：内涵、文化、特质、底蕴、原产地特征；倡导的生活态度：一种情怀
		自我展现属性	构建身份：符合身份地位、符合角色扮演；展现个性：体现品位修养、展示个人风格、凸显个性、展现我的气质
		社会象征属性	彰显地位：得到尊重、体面、展示个人实力、使人自信；群体归属：有归属感，周围亲友都说好、美誉度高、知名、受欢迎程度、得到赞赏/好评度高
		情境属性	适宜性：适合时间；适合场合
	情感价值	心理偏好	喜好度：喜欢、欣赏、乐于购买品牌；忠诚度
		符合期望	符合使用者的物理性需求；符合使用者的情感性需求
		品牌归属感	习惯；依赖；有归属
	认知价值（尝鲜价值）	时尚感	款式新颖；紧跟潮流；更新快
		独特感	品牌识别度：有标识性、气质独特、区别度明显；定位差异化：与众不同、不易撞衫；创意性；限量

续表

类别	主范畴	子范畴	关键词举例
感知成本	支付成本	货币成本	价位；成本；价格合理；性价比高；保价能力
		风险成本	非正品：易买到非正品、假货多 不满意商品：买到不满意的商品可能性
		购买便利性	渠道便利 交通便利 支付便利
	使用成本	洗涤便利性	洗涤：洗涤要求高、得手洗
		保养便利性	保养：不易打理、保养麻烦
动因	社会层面（外源因子）	氛围	服饰文化氛围：着装文化；潮流与时尚；消费观念；生活方式；区域文化 媒体氛围：时尚资讯、自媒体等媒体、口碑、亲友推荐、评论…… 卖场氛围：卖场环境、基调、主题、背景、音乐、人流
		参照群体	群体：社会阶层、社会团体（约束、规范；从众；区隔） 个体：偶像、意见领袖（网红博主、网红主播等）
	个人层面（内生因子）	感知能力	品牌熟悉度：消费经验、有效交互 时尚敏感度：对时尚元素、产品、生活方式的敏感度 专业知识：知识水平、鉴别能力
		品牌信任	可靠、信赖、亲切；能兑现承诺
		自我契合度	与现实的自我相符 与理想的自我相符
结果	态度	采纳	意愿：向往、感兴趣、经常关注 购买与使用：一直购买、一直穿 推荐与分享

表 3 – 4   各主范畴对应的子范畴、内涵及线索

类别	主范畴	子范畴	范畴内涵	对应感知线索
感知收益	功能价值	品质属性	服装品牌的整体品质	面料、配件、版型、做工、包装、色牢度、保形性、使用寿命、功用性
		舒适性	品牌服装的舒适度、合体度，以及着装效果	穿着舒适度、面料接触舒适、吸湿透气性
		可选性	品牌提供的产品或服务的可选择余地	品类齐全、款式多样、齐色齐码、易于搭配
		安全性	服装天然、绿色环保；符合国家、行业标准	保健、符合国家和行业标准、绿色环保
		服务属性	服装品牌所提供的顾客服务	导购专业性、导购态度与素养、服务细致性、售后保障、满足特殊需求的能力、处理投诉的能力、购物环境舒适性
	审美价值	产品设计	品牌服装的造型、款式、色彩、图案、工艺、商品组合等设计	风格、款式、材质（面料、辅料）、配饰、细节、色彩、图案
		整体形象设计	品牌的整体形象设计（包括服装、配饰、包装、形象展示等）	品牌名、商标符号、产品形象、代言人形象、卖场形象、网站形象、店员形象、包装形象
	象征性价值	文化象征属性	品牌能传达特定的文化内涵、生活态度和情怀	服装外观与风格、服务特色、品牌形象、时尚概念（如倡导的生活理念等）
		自我展现属性	展示我的身份与地位、个性与品位	服装外观与风格、品牌地位、品牌形象、时尚概念
		社会象征属性	能够得到的他人（个人或群体）认可	服装款式与品质、服务能力、品牌地位、品牌形象、时尚概念、知名度
		情境属性	适合特定时间和场合需求	服装款式与品质、品牌地位、品牌形象、情境展示与陈列、时尚概念
	情感价值	心理偏好	喜欢购买品牌的服装	服装与服务本身、品牌情结、品牌形象、品牌地位与规模、时尚概念、美誉度、自我契合度、社会认同度
		符合期望	品牌服装在品质、文化及个性等方面符合我的期望	服装品质、着装效果、服务能力、卖场舒适性、售后可靠性
		品牌归属感	品牌提供的产品/服务让我有归属感	品牌形象与风格、品牌文化、品牌服务（如 VIP 专属服务等）
	认知价值（尝鲜价值）	时尚感	品牌整体新颖、时尚、潮流（包括服装、服务、形象、推广等）	服装、上新速度、服务、品牌形象、宣传与推广、品牌所倡导的时尚生活理念
		独特感	品牌具有与众不同的特质	服装、服务、整体形象、宣传与推广、有民族或产地特色、限量发售

类别	主范畴	子范畴	范畴内涵	对应感知线索
感知成本	支付成本	货币成本	购买品牌服装时所付出的货币成本	价格合理、性价比高、产品不易打折、买到质量差或者非正品的概率低、购买支付便利
		风险成本	购买品牌服装时所承担的风险成本	
		购买便利性	购买品牌服装的交通、支付等的便利程度	
	使用成本	洗涤便利性	由于洗涤不便所产生的时间、精力、货币成本	洗可穿性强，如免烫；洗涤方便、成本低；保养方便、成本低
		保养便利性	由于保养不便所产生的时间、精力、货币成本	
感知动因	外源因子（社会层面）	文化氛围	消费者所处的社会、文化、时尚环境	—
		参照群体	规范自身行为、态度的标准群体或个体	—
	内生因子（个人层面）	感知能力	个人对品牌相关知识的储备、感知和识别能力	—
		品牌信任	品牌的可靠程度	—
		自我契合度	品牌与自我的一致性	—
结果	态度	采纳	消费者对服装品牌的态度	—

3.2.5 梳理服装品牌采纳中的典型关系

选择性编码指在主范畴基础上对主范畴之间的逻辑关系进行进一步的提炼和归纳，以故事线方式描绘现象与脉络架构，在选择性编码阶段，通过对开放性编码所抽象出来的核心范畴和各主范畴之间的关系进行梳理，并提炼出典型的关系结构。通过梳理各个主范畴之间的脉络关系，汇总本研究形成的典型性关系结构，如表3-5所示。

表3-5　　　　　　　　　　　服装品牌采纳各主范畴间的典型关系

典型性 关系结构	关系内涵	由原始语句提炼的关系结构举例
外源因子 （社会氛围）→感知价值	氛围是影响服装品牌价值感知的重要因素	原始语句： A41 肯定要跟着时尚走的呀，我们办公室全是女孩子，上班第一件事就是比美，人人花心思，怎么能落伍的哦。 A42 肯定是要跟上潮流的啊，一些今年流行色，流行的元素，肯定是要快速"get"到的，而且我也倾向于那些看上去紧跟时尚的品牌！ B17 杭州是休闲之都，都是最有互联网特色的城市，有着浓厚的时尚文化，对消费者品牌价值必然有着深远的影响。 B4 消费者对服装品牌价值的态度，是一定文化背景下逐步形成的。 关系提炼：服饰文化氛围影响她们对服装品牌价值的感知
		原始语句： B11 传统媒体、新媒体，再加上形形色色的自媒体，充斥着消费者的生活，对大家的视觉冲击和消费决策都起着前所未有的影响。 B19 好多时尚资讯公众号、App、各种网红主播，而且她们都有好多"粉丝"，会适时进行一些推广。 C 这套服装是看微博"种草"的，穿搭博主会每天放出自己的穿搭。看到的时候就种草了，博主一放出链接，我就迫不及待地购买啦！ 关系提炼：媒体氛围影响她们对服装品牌价值的感知
		原始语句： A107 有时候我就是容易被卖场的装修格调吸引。 A140 看很多人在抢购，而且打折力度也比较大，我也会冲上去抢一点，特别是打折的基本款，特划算。 A155 品牌店的环境就是比杂牌的讲究，也是我喜欢的。 关系提炼：卖场氛围影响她们对服装品牌价值的感知
外源因子 （参照群体）→感知价值	参照群体影响服装品牌价值感知的重要因素	原始语句： B12 每一位消费者从属于一定的阶层和群体，这样的身份就会约束其着装或品牌的选择。 B4 服装作为外显性商品，是一种身份的象征，也是阶层的区隔。 B7 在现实消费者，人们往往希望自己生活成像他那样，他就是所谓的向往的群体或者参照的个体。 关系提炼：群体影响她们对服装品牌价值的感知
		原始语句： B19 网红在消费中的地位越发凸显，网红博主推荐和分享的品牌，往往更容易被"粉丝"们接受。 B24 虚拟交互平台上，有很多偶像、类似博主、主播的意见领袖，他们对消费者的价值取向、品牌态度，都起到一定程度的影响。 关系提炼：个体影响她们对服装品牌价值的感知

典型性关系结构	关系内涵	由原始语句提炼的关系结构举例
内生因子（感知水平）→感知价值	感知水平影响消费者对服装品牌价值的感知	原始语句： A70 看到自己喜欢明星的街拍，看到他的上衣，我就知道是什么牌子了，有些品牌有着自己非常鲜明的服装特色。一看就知道是什么牌子的了。也能较快地去"get"明星同款啦…… B24 有些品牌会不定期地与目标客户开展一些互动，就是为了更好地推销品牌，提高消费者对品牌的感知与认可。 关系提炼：品牌熟悉度影响她们对服装品牌价值的感知
		原始语句： B1 服装是最具有时尚特征的产品，目标群体对时尚的敏感度直接影响到他们对于品牌时尚感的认同。 B5 对时尚的把握，涉及时尚元素、时尚产品、时尚文化、时尚生活方式等。 B9 对于时尚敏感度高的人，在选择服装的时候自然比较在意附加于产品之上的时尚点。 B14 并不是多贵的牌子，才让人看上去有品位和时尚，因此时尚敏感度也会影响消费者的品牌态度。 关系提炼：时尚敏感度影响她们对服装品牌价值的感知
		原始语句： A12 一些服装品牌服装容易断货，自己在国内没法往国外跑的时候。我们都会找代购帮忙购买，但代购的水也很深。你看现在的代购都会放自己在店购买的微信小视频，但现在微信小视频都能造假。买到衣服之后还是要仔细辨认下是否是正品的。 B12 消费者自身的知识水平、感知能力、信息搜寻能力、鉴别能力等都会影响消费者对品牌的感知和态度。 关系提炼：专业水平影响她们对服装品牌价值的感知
内生因子（品牌信任）→感知价值	品牌信任影响消费者对服装品牌价值的感知	原始语句： A29 我认定的服装品牌，会经常购买或留意。 A81 知名的品牌，或者大公司生产的服装，质量一定没的说。 A100 晚上购物的时候，我喜欢购买曾经满意或比较熟悉的品牌。 关系提炼：品牌信任影响她们对服装品牌价值的感知
内生因子（自我契合度）→感知价值	自我契合度影响消费者对服装品牌价值的感知	原始语句： A47 我有几个很喜欢的品牌，他们家这种风格的衣服，特别适合懒人的我，不用烦搭配而且版型简单还显瘦，是我买了几件最喜欢的！简约但不乏设计，刚好适合有点小低调奢华的我！ B5 品牌、服装是否能体现我的个性、气质、风格、地位、身份，有效展露我的形象，是个性化时代消费者的追求。 B18 品牌与自我的一致性，很大程度上会影响她们的消费态度。 关系提炼：自我契合度影响她们对服装品牌价值的感知

续表

典型性关系结构	关系内涵	由原始语句提炼的关系结构举例
感知价值→品牌采纳	感知价值影响消费者的品牌采纳	原始语句： A41 自己喜欢的品牌和店铺，会经常关注上新动态，只要有喜欢的就会下手！ 好的品牌，比如性价比高、款式好、时尚感强，或者网红，都会推荐给我身边朋友，大家一起分享。 B16 对品牌的产品、服务有良好体验的消费者，自然愿意再次购买和分享。 B21 消费者对品牌的综合评价最终形成对于品牌的态度，即购买或者意向。 B25 对于性价比高的品牌，消费者会有较高的忠诚度。 C 裙子质量做工细节都很好，质量很棒，物超所值！洗过了，没有褪色，真的挺好的，主要是很显瘦，特别喜欢！买的时候还担心 V 领会不会漏，结果回来一试穿，V 领是刚好不会漏还带一些小性感，满分、满分、满分！闺蜜也跟我要了链接。 关系提炼：感知价值影响她们的品牌采纳

3.2.6　饱和度检验

将余下 30 个样本、8 组焦点小组和 26 位行业专家的访谈资料，进行编码与分析，做饱和度检验测试。得到的结论与之前形成的 27 个子范畴、10 个主范畴的归类和范畴间的关联度基本一致，发现没有形成新范畴及关联。另外，饱和度检验前后，得到的"动因""感知价值"与"品牌采纳"三者之间的内涵关系一致，由此，说明上述对服装品牌采纳的关键词提取、各范畴归纳、各范畴间关系的梳理达到饱和的状态（Pandit，1996）。

3.3　服装品牌采纳中的各范畴关系

根据选择性编码，得到了关键性"动因""感知价值""品牌采纳"三者之间的典型关系，并结合以往相关学者的研究，总结出服装品牌采纳与各关键性因素之间的关系图 3-1。在关系图中，动因之外源因子（氛围、参照群体）与动因之内生因子（感知能力、品牌信任、自我契合度）是影响服装品牌价值感知与采纳的关键因素；感知价值是中间变量，涵盖 7 个方面，消费者感知价值的高低对服装品牌采纳有一定程度的影响；而品牌采纳即为感知价值衡量的结果。下面分别对外源因子、内生因子和服装品牌采纳展开解释性说明。

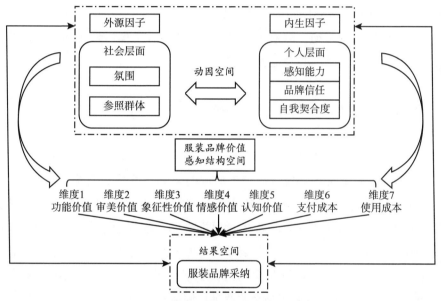

图 3-1 服装品牌采纳与各范畴的关系

（1）在编码之后，形成了来自社会层面的影响消费者价值感知与采纳的两个外源因子，包括氛围和参照群体。氛围是一个比较抽象的概念，是由地区独特的人文环境熏陶而成的，但在本研究中根据研究需要，将氛围分为服饰文化氛围、媒体氛围和卖场氛围。而参照群体是指消费者在形成态度时，用作参照、对比的群体或个体。

（2）通过质化分析提炼出源自个人层面的影响消费者品牌价值感知与采纳的内生因子，包含感知能力、品牌信任、自我契合度三个方面。感知能力指的是消费者在与品牌接触过程中产生的一系列感知与识别能力。另外，服装是典型的时尚载体，与一般商品相比，消费者会更在意自己的装扮是否紧跟时尚动态和流行趋势，因此通过购买使用时尚服装，也是消费者彰显个性、塑造社会地位、获得群体认同、实现理想自我的一种手段。因此，根据前期的研究，本书所指的消费者感知能力包含品牌熟悉度、时尚敏感度和消费者自身专业水平；品牌信任是消费者对品牌可靠性的信任程度；自我契合度指的是品牌形象与自我形象的一致性。故而，本书将感知能力、品牌信任、自我契合度一起作为内生因子的三个主要方面。

（3）服装品牌采纳，即消费者在感知服装品牌价值后形成的态度，此处消费者对品牌的态度，用"是否采纳"来衡量。

3.3.1 感知价值与采纳的关系

奥里埃和拉纳泽（Aurier & Lanauze，2011）研究了超级大卖场的顾客感知价值、关系质量对卖场自有品牌忠诚度的影响；巴德瓦杰等（Bhardwaj et al.，2010）研究了国际品牌与印度本土品牌的品牌形象、品牌意识、情感价值、感知质量对品牌忠诚度、购买意愿的影响；埃斯迈尔普尔等（Esmaeil-pour et al.，2015）进行了美国服装品牌在韩国的消费调查，探究了品牌感知质量、品牌声望形象、情感价值与感知价值、购买意愿等的关系；哈利等（Harry et al.，2007）研究了马来西亚进口服装消费过程中，品牌可信度、感知质量、感知价值对于消费满意度的影响。饶婷婷（2012）在《顾客体验对B2C服装品牌感知价值的影响研究》一文中指出品牌体验、互动体验、购物体验影响感知价值（感知成本、信息价值、心理价值、象征性价值、情感价值、安全价值），构建了顾客体验各维度对顾客感知价值各维度影响的结构模型并对其进行验证。

3.3.2 氛围与采纳的关系

氛围（atmosphere）一词最先由科特勒（Kotler）提出，应用于营销学领域。慢慢地，对于氛围的研究，从早期局限于物理因素、社会因素，到后来强调氛围的环境和社会性，再到现今的聚焦文化内涵。简言之，氛围是由地区独特的人文环境熏陶而形成的，往往比较抽象，但可以通过物质与意识为载体，让民众切实感知到。陈岩英等（2010）将氛围划分为各种实体环境，文化符号、文化风貌、文化交流方式等意向环境，以及生活设施、居民生活方式、行为方式、居民态度等生活环境。陈靓（2014）将景区氛围分为卫生状况、安全状况、交通状况、空气质量、景区环境、功能布局等基本氛围，历史文化资源、背景音乐、景点及建筑物、标识系统、员工素质、服务等核心氛围，以及旅游项目、展陈方式、节事活动等、商品特色、价格、人员素质、经营场所风格、经营活动规范程度、游客在交流过程中感受到的氛围等互动氛围。沙莲香（2004）则将一个城市氛围归纳成物化、精神、管理环境三个方面。申明（2008）在对大学氛围进行研究时，将大学氛围视为以下三要素的有机结合：文化质点、文化结丛、生产方式、活动方式、生活与行为方式等物质性要素；结构层次关系、交往关系、情感关系等关系性要素；主体的文化状态、形貌、行为、语言、情感、气质、心态等主体性要素。方法林等（2010）对古镇氛围展开分析，认为其包含历史文化氛围、艺术文化氛围、现实文化氛围三个层面。华炜等（2010）将局部空间的氛围营造分为布局、空间、造型、灯光、色彩、材质、声音、装饰、陈设等实质性要素。

本研究根据选择性编码所得，将氛围分为了服饰文化氛围、媒体氛围和卖场氛围三个方面。

（1）服饰文化氛围。服饰文化氛围，不仅仅包括服装，还包括穿着方式、妆容、发型等，它不仅仅是简单面料的拼接形式，还是民俗生活、伦理道德和审美情趣等一系列文化的符号化表达。曾艳红（2013）认为服饰本身就是一种文化，同时又是民俗、制度和审美文化的一种载体。张席森（2009）认为服饰文化的内在本质是民族发展过程中的政治、思想、信仰、经济和审美观念为核心的文化支持，这些精神的文化内涵以服装为载体进行传承与延续。邢烨丹（2013）提到服饰文化是具体实在的服装样式和其折射出来的观念，分别构成了服饰的表层和深层。根据以往学者们对氛围的说明，本研究对服饰文化氛围的操作性定义为，凭借服饰及相关物质与意识形态载体，呈现出的能被消费者感知识别的特色文化环境，分为显性文化和隐性文化两部分。显性文化包括服装、服饰、着装范式；隐性文化涵盖审美情趣、价值观念、社会习俗道德风尚等。

　　服装文化可以根据受众范围的大小，分为主流文化和亚文化。服装主流文化可以是一个国家、一个民族约定俗成的着装规范或者审美规范；而服装亚文化是对于主流文化而言的小群体、小范围的服饰表现，如汉服、旗袍、古着、嘻哈、朋克等。访谈中，旗袍在"80后"知识女性中的接受度最高，其次是汉服。还有极个别表示自己平时就喜欢穿一些古着的衣服，而且也有这样一个小圈子，在这小圈子里基本上大家都喜欢穿古着服装。被访者 U 是一位汉服爱好者，她提到在她生活中，穿汉服是比较平常的行为，周围也有很多喜欢穿汉服的朋友，有些设计简单的汉服款式完全是作为日常服装来使用。她和她的朋友们会经常关注一些关于汉服的微博、公众号，如"中国丝绸博物馆""汉服文献咨询""装束复原""大宋时尚搭配频道""魏晋时尚风向标""汉服混搭"等，也会约着去参加各种汉服活动。

　　（2）媒体氛围。新兴信息技术的发展，对品牌形象及着装风尚的传播也起到了空间的推动。其中，媒体对服饰文化氛围的营造有着助推作用，主要体现为三种形式的传播：①来自主流媒体的传播。除了报刊、电视等传统媒体，互联网下的数字化新媒体，如网络媒体、移动端媒体、数字电视等都加快了时尚文化的传播。②来自品牌主的传播。传播媒介高度发达的现阶段，服装品牌推广表现为传播形式多元化，主要借助新闻媒体、广告、杂志、社会活动、人际交往和服务销售等，可以概括为针对服装产品特点（如主题风格、服装特征以及其他配饰产品）的产品宣传和以宣传品牌文化为目的（如建立正确的品牌认知和品牌情感为诉求，集中宣传设计理念和品牌思想）的文化推广。③来自民众的交互传播。舆论的力量十分强大，尤其是在现在的互联网时代，口碑导向对品牌声誉有着极大的影响。微博、微信、小红书等各类交互平台，以其简便、快速的特性迎合了人们"浅层次阅读"和"低成本社会交往"的需求，它们在为受众提供穿搭的同时，也在力推品牌。在这些交互平台上，消费者们可以互享品牌信息、交流体验心得，品牌主难以控制信息传播方向和速度。如果品牌信息传播不当，在消费者中间产生歧义，其至升级为负面信息，那么品牌形象将遭受不可挽回的损失。

（3）卖场氛围。卖场氛围营造是营销中常见却又独特的方式，品牌主通过商品、色彩、人群、饰物、音乐、背景、气味灯光等方式对卖场氛围进行渲染，构筑不同季节、主题、生活片段、艺术情调等场景，在展示服饰风格、特点的同时，营造故事感，使消费者产生情感上的共鸣，刺激客户需求。如欧时力（Ochirly）在 2013 年推出的圣诞橱窗设计，该橱窗以"美轮美奂的冰雪世界"为主题，为受众营造了雪花飞舞的浪漫场景；又如 GAP 年终特卖时，会在橱窗里挂大幅的"sale 海报"，并将商品的特价贴在橱窗上，营造了低价、特卖的卖场氛围。在本次访谈中，很多被访者也提到，有时候根本没留意店铺的品牌名，只是纯粹地被店铺吸引。

综上所述，通过文献梳理发现，氛围对消费者感知和决策态度有显著影响，是现有研究普遍达成的共识。例如，贝克（Baker）于 1994 年探究了氛围对品牌质量和形象感知的影响；还有学者从氛围出发，讨论了氛围对情绪及购买意愿的作用（Hsieh，2014；Poncin，2014）。但是本次研究不可能做到面面俱到，因此，忽略氛围在整个服装品牌价值感知互动中起到的作用，在模型实证中只考虑参照群体、品牌信任、自我契合度三个动因。

3.3.3 参照群体与采纳的关系

服装作为自我外化的一种方式，与汽车、房子一样，是一种高度透明、且高度符号化的消费产品，因此，它更容易受到社会阶层或参照群体的影响。美国社会科学家海曼（Hyman）于 1942 首先提出参照群体（reference group）这一概念，将其认定为"与之进行对比的社会群体"。之后，学者们在海曼的基础上，对参照群体的概念进行拓展和延伸，并将其定义为"消费者在形成态度时，用作参照、对比的群体"。总体来讲，参照群体在服装消费中起到规范、比较的作用，一方面建立了一定的行为标准，如审美标准、穿搭标准、价值标准等；另一方面把参照群体作为评价标准，如评论着装形象的好差、判断是否符合流行等。

已有研究表明，参照群体能够影响或改变消费者的态度。帕克和莱斯格

（Park & Lessig，1977）把参照群体的作用分为"信息性影响""规范性影响""价值表现性影响"，如表3－6所示。在参照群体的信息性影响下，消费者为了获得可靠信息，表现出"由于群体的专业性而接受品牌"；在参照群体的规范性影响下，消费者为了获得外界的赞赏，表现出"顺从群体"行为；在参照群体的价值表达性作用下，消费者需要在群体中得到地位的维持与强化，表现出"与群体认同"的相似性。

表3－6　　　　　　　　**参照群体影响消费者行为的三种方式**

作用	目的	来源特征	结果
信息性影响	获得知识	可信度	由于群体的专业性而接受品牌
规范性影响	获得外部奖赏	社会的力量	顺从群体
价值表现性影响	维持、强化地位	类似性	与群体认同

参照群体，可以是某一社会团体，也可以是近在咫尺的亲友、同事，还可以是想象中的精神领袖（如代言人、明星、主播等）。参照群体影响消费者的形式可以是一条信息，或是一种规范。例如，当不清楚什么样的款式、什么样的颜色适合自己时，需要和周围的小伙伴商量；当不清楚怎么穿搭时，需要到"小红书"等经验分享平台查看他人的穿搭攻略；当对品牌不熟悉时，可以从亲朋的口中或者互联网上了解品牌信息。同时，一个群体所给定的规范，暗示了所属个体的行为规范。当个体表现出于群体的行为不一致时，则被认定为"不合群的人"，会受到来自群体的压力。因此，消费者在品牌价值感知与采纳形成中，同样受到参照群体的影响，详见第6章。

3.3.4　感知能力与采纳的关系

感知是认知的前提和基础，而认知（recognition）是大脑功能的最高级别，是一个抽象的概念，是一种复杂的现象，是个体感知通过自身大脑的识别、加工、存储，到需要时提取使用的过程。在这一过程中，大脑对认知活动信息进行判断、理解、加工。认知能力是个体通过认知过程来获取相应信息能力的高低。研究者们普遍认为高感知/认知能力的个体无论是在复杂的环境中还是在困难重重的工作中都能作出更高效的行为和决策（Cacioppo et al.，1996）。根据质化研究的结论将消费者对品牌的感知能力由品牌熟悉度、时尚敏感度和专业水平三个方面组成。

（1）品牌熟悉度。它反映了消费者对一个品牌的熟悉程度。凯勒和艾克（Keller & Aaker，1992）将消费者在日常生活中能从视听等各方面接触到某品牌的频繁程度定义为品牌熟悉度，接触得越多越频繁，品牌熟悉度就越高。阿罗拉和斯托纳（Arora & Stoner，1996）的研究发现品牌熟悉度能显著影响顾客购买意愿，当人们在面临许多品牌选择时，通常会偏爱自己比较熟悉的品牌。另外，消费者品牌熟悉度也会影响感知价值。

（2）时尚敏感度。时尚敏感度是指民众对时尚事物和行为的感知速度与程度。民众对时尚作出相关反应的速度越快、程度越大，则说明其时尚敏感度越高；相反地，民众作出相关对应的速度越慢、程度越低，则时尚敏感度越低。服装作为时尚的典型性代表，消费者对时尚敏感度很大程度上影响消费者对品牌的感知价值。因此，根据质化分析所得结果，以及服装行业的独特性，故而，本书将消费者的时尚敏感度作为感知能力的一部分。在深度访谈中，有许多被访者提到自己特别留意流行的变化，也会关注微博、"小红书"上的推荐，所以一看就知道哪些服装是当季新款。特别是从事时尚工作的工作者，她们有比较高的时尚敏感度，影响她们对服装品牌的时尚性、独特感，以及品牌形象等的感知。

（3）专业水平。专业水平是个人认知能力的体现，对消费者的信息处理活动产生一定程度的影响。特别是存在信息不确定时，专业化水平就发挥了不容忽视的作用。总之，现有的大量相关研究已表明，消费者的专业化水平是其决策过程中十分重要的调节变量（Roehm & Sternthal，2001；Sujan，1985）。同时，除了以往文献的论证，在本次访谈中，也发现专业性强被访者对服装品牌表现出更为客观的认识，"也会根据场合来选择品牌"，有的甚至表示"我穿搭的风格一般人都接受不了，不是很在意什么品牌，穿出自己想要的效果是最重要的"。

以往许多研究已经证实了感知能力的调节作用，而本研究只针对前因变

量展开分析，因此，在模型实证中只考虑参照群体、品牌信任、自我契合度
三个动因的作用，而不将感知能力放入模型中加以实证讨论。

3.3.5 品牌信任与采纳的关系

品牌信任的概念存在于风险之下。巴列斯特尔等（Ballester et al. ，2003）
指出品牌信任是在品牌态度形成之后的一种更深层次的主观印象。于春玲
（2004）提出消费品市场中的品牌信任是指消费者认为在众多品牌选择中，
购买某品牌可以降低感知风险，继而对该品牌抱有期待和信心。金玉芳
（2006）认为品牌信任是消费者的主观态度，反映了消费者对品牌的信心，
这种信心体现在消费者对某一个品牌的品牌能力表现、诚实善良的总体信任。
此外，品牌信任是品牌忠诚度的基础，隐含着顾客对品牌的情感，倘若顾客
明知存在较大风险仍选择信任某品牌，则说明顾客对该品牌投入了情感。

3.3.6 自我契合度与采纳的关系

自我契合度（self-congruity）是指品牌与自我的一种匹配程度，用来衡量
消费者的自我形象与品牌典型使用者形象的差距。研究表明，那些品牌与自我
一致性高的品牌更受消费者青睐。知名营销专家迈克尔·R. 所罗门（Michael
R. Solomon）教授曾提出"消费者空间的概念"，认为消费者不仅使用产品来
表达、诠释自己，还依赖产品来提醒自己是谁，并保持清晰的自我意识，该
行为被称作是民众对社会角色的身份构建。而在所有产品中，服装是实现角
色身份构建的最有效手段之一，在角色构建中都会经历"期待""获取""实
践""接受"四个阶段，消费者会从不同角度多元地感知品牌与自身的契合
程度，并以不同的方式建立产品偏好，也有很多消费者倾向于将品牌视为生
活中的伙伴、朋友，视为自我形象的延伸或自我概念的外在展示。

而对自我契合度的研究首先要追溯到对"自我概念"的研究上。自我概
念（self-concept）公认的定义为"个体把自己看作客体的整体看法和感觉"
（Rosenberg，1979），也就是"我是谁"，把自己看作是一个什么样的人。在

实际生活中，任何人的消费行为都有意或者无意地受到"自我概念"的影响，在消费行为中尽量保持品牌与自我形象的一致性。尤其在民众自我意识不断提升的今天，她们期望使用的产品能充分展现自我性。因此，品牌形象和自我概念之间的契合度在价值感知与消费决策中具有十分重要的作用。对于自我概念的分类有多种，具有代表性的是詹姆士将自我分为"物质的自我""精神的自我"和"社会的自我"。物质的自我包含一个人的身体以及个人有关的主要物质财富，如经济能力、收入、财产等；精神的自我指一个人内在的精神状态，如内涵、素养；社会的自我指个体对自己在别人心目中形象的认知。另外，也有学者将自我分为"身体的自我""社会的自我"，后者包含了"作为个体的我"和"作为群体成员的我"。本书则参照瑟吉和苏（Sirgy & Su，2000）、埃斯卡拉和贝特曼（Escalas & Bettman，2005）的研究，将自我契合度分为理想自我与品牌的契合度、现实自我与品牌的契合度、社会自我与品牌的契合度三方面加以测量。

本 章 小 结

在整理分析以往相关文献的基础上，本章通过对156位"80后"杭州知识女性、8组焦点小组和26位服装行业专家的访谈记录进行质化分析，利用NVivo 11.0软件对所得一手资料进行概念提取、范畴化、典型性关系分析得到感知体系的10个主范畴；并通过选择性编码，提炼出了感知价值与各变量之间的6组关系，即氛围影响服装品牌采纳、参照群体影响服装品牌采纳、感知能力影响服装品牌采纳、品牌信任影响服装品牌采纳、自我契合度影响服装品牌采纳、感知价值影响服装品牌采纳。值得注意的是，在本书的实证环节只考虑参照群体、品牌信任、自我契合度对感知价值与采纳的影响，而不讨论氛围、感知能力两个调节变量的作用。本章的重点是对服装品牌采纳中的各范畴的提炼与分析，为第4章、第5章、第6章的进一步研究提供了基础。

| 4 |
服装品牌消费中的感知价值体系构建

　　在第 3 章的质化研究中，提出了涉及服装品牌价值感知体系的 10 个主范畴，同时将 10 个主范畴划分为感知收益、感知付出两大类：一方面，验证了感知价值的两维度价值理论（即感知价值分为感知收益和感知支出）；另一方面，创造性地提出审美价值。在本章中，首先依据质化研究的结果提出感知价值体系，将服装品牌感知价值体系分成三个层次，提出了三级子维度的具体内涵，在此基础上，采取大批量的问卷调查进一步量化论证服装品牌感知价值体系，分析消费者对感知价值各维度重要性的评判，揭示个人特征与感知价值的相关性。

　　量化构建服装品牌感知价值体系的步骤如图 4-1 所示。首先，分别确定感知体系中各维度的测量题项，形成初始问卷。然后，将预调研回收的 189 份有效问卷数据进行信度、效度分析，使得测量量表进一步净化，从而得到用于大样本调研的正式问卷；之后，将正式调查问卷用于大样本的数据收集，共获得有效问卷 1620 份；最后，利用 SPSS 19.0 和 AMOS 21.0 对回收问卷进行探索性、验证性因子分析，量化构建服装品牌感知价值体系。

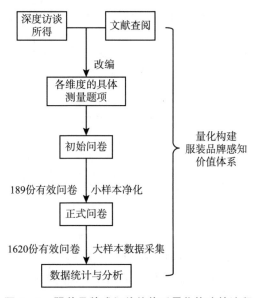

图 4-1　服装品牌感知价值体系量化构建的流程

4.1　服装品牌感知价值体系的提出

本书主要参考了谢斯、纽曼和格罗斯（Sheth，Newman & Gross，1991）的五种感知价值理论观点，结合质化研究方法分析服装品牌感知价值由哪些维度组成。经过访谈、实质性编码结果整理、理论饱和度检测（详见本书第 3 章），形成了品牌感知价值体系（初始），见图 4-2。

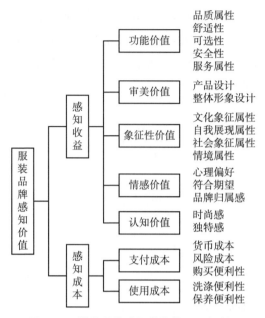

图 4-2 服装品牌感知价值体系（初始）

该初始模型将服装品牌感知价值划分为感知收益和感知成本两大类。感知收益是在消费者对品牌产品的物理属性、服务属性、可获得支持等的感知，可以细分为功能价值（包含品质属性、舒适性、可选性、安全性、服务属性）、审美价值（产品设计、整体形象设计）、象征性价值（文化象征属性、自我展现属性、社会象征属性、情境属性）、情感价值（心理偏好、符合期望、品牌归属感）和认知价值（时尚感、独特感）5 个方面；感知成本包括购买者在购买、消费时所面临的全部成本还有因购买产生的额外支出，可以分为支付成本（货币成本、风险成本、购买便利性）和使用成本（洗涤便利性、保养便利性）2 个子维度。值得注意的是，在谢斯、纽曼和格罗斯（Sheth，Newman & Gross，1991）提出五维度模型中的情境价值在服装消费中已经引申为迎合特殊场合或者满足消费者的特殊功用需求的价值，由于情境价值基本上是短暂的，并非长期持有，而且带有明显的象征意义，因此，本书将其划分在象征性价值中。之后，将通过大批量调研对该体系进行量化的实证研究。

4.2 服装品牌感知价值测量量表的制订

4.2.1 感知体系各维度的测量

需要强调的是，在量表设计上，本研究主要参考了谢斯等（Sheth et al.，1991）、泽丝曼尔等（Zeithaml et al.，2000）、斯威尼和苏塔（Sweeney & Soutar，2001）的感知价值量表，史密特等（Schmitt et al.，1997）的顾客体验量表、苏塔和肖（Strader & Shaw，1999）的感知风险量表。这些学者们的测量量表都已经较为完整，而且也被很多后续研究证实具有较好的效度，但由于此次研究对象——服装品牌与以往研究对象——传统的产品或服务不同，这就要求笔者重新审视感知价值的各个维度。据此，本书在设计各维度量表时，兼顾服装的流行性、消费者的审美性、品牌的符号性、服务的体验性等特质，以及访谈中对服装品牌价值的真实感知所整理出来的一手资料，对题项量表做出一定的补充与修改。

最终确定了服装品牌感知价值初始模型中功能价值、审美价值、象征性价值、情感价值、认知价值以及感知付出（支付成本、使用成本）等7个变量的具体测量题项，形成初始问卷。

4.2.1.1 功能价值的测量

功能价值反映的是消费者对品牌产品使用价值的追求。消费者购买商品必然会考虑其适用性、使用价值，考虑产品的属性满足效用或功能的能力。产品本身的功能、质量、性能等直接获取的效用是形成品牌感知价值的前提条件和核心基础，对于服装品牌而言，品牌的功能价值是附着于服装上，通过服装得到体现。

在对服装品牌功能价值的量表设计上，本书借鉴了泽丝曼尔等（Zeithaml et al.，2000）、斯威尼和苏塔（Sweeney & Soutar，2001）等学者成熟的测量量表，设计了 FV(1~7) 7 个测量题项。原本的功能性价值量表主要针对服务和耐用品，然而本研究在深入访谈之后，对原始量表进行修改：原始量表中的"产品/服务质量较高"对应的是品牌服装"整体品质优良"；"使用产品/服务有利于身体健康"用在服装品牌感知价值上主要体现在"穿着舒适""符合相关标准（技术、安全、绿色环保等标准）"；"产品/服务品质始终如一"则可以转化为品牌服装"品质稳定"；"产品/服务让我信赖"这一条款被划分到情感性价值中，此处则去掉；"产品和其他产品一样很实用"这一题项对于非功能性服装来讲，也就意味着服装质量好、耐用，因此把它语义合并到"品质优良稳定"中；另外，根据访谈得知，"品牌所提供的服务""购物环境"，以及"品类多样，能够为消费者提供充足的可选余地"也是品牌应该具备的基本功能，因此，本研究在功能价值中增设"品类色系齐全，可选性强""提供专业、有效的服务"和"能提供舒适、配套齐全的购物环境" 3 个条款。根据以上分析，修订后的测量量表见表 4-1。

表 4-1　　　　　　　　　修订后的功能价值量表

变量	指标来源	问项设置
功能价值 （functional value）	Zeithaml et al.（2000） Sweeney & Soutar（2001） 访谈所得	FV1：服装质量优良、稳定 FV2：品牌整体具有品质感 FV3：产品实用性强 FV4：服装穿着舒适 FV5：品类色系齐全，可选性强 FV6：符合相关标准（如技术、安全、绿色环保等标准） FV7：提供专业、有效的服务 FV8：能提供舒适、配套齐全的购物环境

4.2.1.2　审美价值的测量

关于服装审美价值的实证研究极少，因此缺乏原始题项。但杨笑冰（2009）曾指出服装审美价值主要体现在款式、色彩、风格和时尚等方面。同时，吴菁馨（2010）用"使我觉得个性时尚"和"使我觉得潮流尖端"两个问项，测量绿色服装的审美价值，但是这两个问项与本书中的认知价值语义接近，所以在此处省去，并划入对认知价值的测量中。因此，在审美价值的测量上，本书根据质化研究中的分析，将服装品牌的审美价值分成产品设计与整体形象两个对应范畴，并重新修订得到审美价值量表，问项 AV(1~4)，见表 4-2。

表 4-2　　　　　　　　　　　　　修订后的审美价值量表

变量	指标来源	问项设置
审美价值 (aesthetic value)	杨笑冰 (2009) 吴菁馨 (2010) 访谈所得	AV1：款式设计（外观、版型、工艺等）美观 AV2：能提供我所喜欢的样式 AV3：服装、配饰、包装等精美，有品位 AV4：品牌形象展示具有吸引力

4.2.1.3　象征性价值的测量

服装属于外显性商品，有别于诸多非外显性的商品，其符号意义更加浓郁，人们对服装品牌的选择同样被打上了符号的烙印。服装品牌能体现穿着者的身份、地位、文化、修养，还能通过品牌个性彰显其个性和主张。访谈中发现，已经越来越多地被访者在品牌采纳时关注服装品牌的象征性价值，除了要求品牌服装有较好的品质、新颖美观的外观，还借以展现自己的身份、地位、内涵，以至于给人留下体面的形象。

据此，本书借鉴了谢斯等（Sheth et al., 1991）、泽丝曼尔等（Zeithaml et al., 2000），以及斯威尼和苏塔（Sweeney & Soutar, 2001）等学者对社会价值测量的成熟量表，原有量表问项已经有很好的权威性，而且涉及范围比较全面，具有较高的代表性与可信度。为了让题项适用于服装品牌价值的测量，笔者结合访谈与服装品牌的特点，设计了 SV(1~10) 社会价值的 10 个测量题项。在深入访谈中，较多受访者都表示穿着品牌服装"能够帮我树立良好的个人形象""穿着品牌服装能彰显我的社会地位""能够展现我的个人品位""能体现我的价值追求""充分体现我的生活方式和态度"与原量表中"使用产品/服务可以改变别人对我的看法"语义较为接近，用"能够帮我树立良好的个人形象""能展现自我"来表达；原量表中的"使用产品/服务可以帮我给他人留下好的印象""产品/服务可以使我得到社会认同"。其中，"产品/服务可以使我得到社会认同"也多次被受访者提及，并且有很多受访者表示自己会购买某品牌服装除了服装本身对自身的吸引外，她们更看重品牌的知名度、美誉度，以及其他人对这个品牌的看法，因此，在感知社会价值的量表中，将这三个条款语义合并为"让我得到周围更多人的认同""使我有优越感""具有较高的社会知名度和美誉度"；还有很多受访者表示自己穿着有品牌的服装时会感到莫名的自信，也会有优越感，特别是一些重要的社交场合，她们会有意无意地选择一些轻奢品牌或奢侈品牌装扮自己，故增加了"满足特殊场合需要（如职场、聚会等）""让我在社交场合中感到自信"两项条款。另外，很多消费者提到购买某些品牌是出于其承载的文化内涵，如一些原产地特色比较明显的品牌，消费者表示是出于品牌文化和其倡导的生活方式原因购买，因此，增加"品牌能传达特定的文化内涵""能表达一定的生活态度"问项；也有受访者提到"购买有品牌的服装作为礼品赠送亲友，觉得体面"，也可以视为使用品牌服装作为礼品时能得到认同与赞美，所以就不另设题项。据此，重新修订的象征性价值量表，如表4-3所示。

表 4-3 修订后的象征性价值量表

变量	指标来源	问项设置
象征性价值 （symbolic value）	Sheth et al. （1991） Zeithaml et al. （2000） Sweeney & Soutar （2001） 访谈所得	SV1：能传达特定的文化内涵 SV2：能表达一定的生活态度 SV3：能展现自我 SV4：能够帮我树立良好的个人形象 SV5：具有较高的社会知名度和美誉度 SV6：让我得到周围更多人的认同 SV7：使我有优越感（剔除） SV8：满足特殊场合需要（如职场、聚会等）（剔除） SV9：让我在社交场合中感到自信（在问卷中设计为反向问项） SV10：作为礼品赠送亲友，让我觉得体面（剔除）

4.2.1.4 情感价值的测量

情感价值体现了消费者在购买或使用品牌产品/服务时流露出的真情实感，如喜悦、愉快、满足、信任等。在与被调查者交流中，笔者发现被访者对情感价值的诉求，主要体现在："品牌偏好""符合期望"和"品牌归属感”三方面。

在情感价值的量表设计上，原有量表中有个别问项不适合对服装品牌进行提问，需要根据服装品牌属性对原本量表的问项进行一定添加与删减，使问项更符合服装品牌的特点。另外，在深入访谈过程中，受访者反映在购买品牌服装时心情愉悦，而且在产品同质化的今天，有很多时候消费者购买哪个品牌是非理性的，可能只是出于单纯的喜欢，因此，本测量量表保留原始量表中的"我喜欢这一产品/服务"和"产品/服务能给我愉快的感觉"两个问项，用以解释"品牌偏爱"；受访者提及穿着品牌无论是在产品品质、环保性能，还有售后等方面都比无品牌的服装更可靠，表现出对品牌的信任与依赖，也是属于消费者对品牌的情感抒发，因此，"品牌的承诺让人放心"被纳入测量情感价值的量表中。另外，本研究还参照了著名的 SERVQUAL 量表、史密特（Schmitt，1997）的体验价值量表。SERVQUAL 量表由帕拉休拉曼、泽丝曼尔和伦纳德（Parasuraman，Zeithaml & Leonard）三位学者于1988年提出，最初设计该量表的目的是通过衡量顾客服务预期与服务感知的差值来测度服务质量。在这里，本研究基于质化分析所得的概念化语句，选取顾客服务感知和体验价值量表中与"符合顾客期望"相贴近的语句，并依据访谈获取的描述"使消费者有归属感"语句作为情感价值测量量表的另一设计依据，设计了 EV（1~10）10 个题项，修订后的具体题项，如表 4-4 所示。

表 4-4 修订后的情感价值量表

变量	指标来源	问项设置
情感价值 （emotional value）	Schmitt（1997） Parasuraman，Zeithaml & Leonard（1988） 访谈所得	EV1：喜欢购买品牌服装 EV2：购买或穿着品牌服装让我心情愉悦 EV3：品牌的产品和承诺让人放心 EV4：产品/服务符合我的预期期望 EV5：品牌工作人员服务能力符合我的预期（剔除） EV6：品牌能够提供满足我期望的个性化服务（剔除） EV7：使用效果符合我期望 EV8：着装形象符合我的期望（剔除） EV9：品牌提供的特殊服务，让我有归属感（如VIP 特权等） EV10：习惯于购买品牌的服装

4.2.1.5 认知价值的测量

谢斯等（Sheth et al., 1991）在五价值模型中提到了认知价值（又被称作尝鲜价值），意指品牌产品是否满足"好奇心、新鲜感、追求新知"需求。即在服装品牌中，反映为品牌所包含的产品、服务或内涵等方方面面是否能满足消费者"新、奇、特"的需要。在访谈中，笔者发现消费者对服装品牌的"新、奇、特"追求不仅仅体现在服装上，还反映在产品的包装、终端的设计、陈列，甚至服务等方面。因此，本研究根据谢斯等（Sheth et al., 1991）的认知价值量表与访谈结果，语义转换为品牌整体设计"新颖""时尚""与众不同"，设计了 EV（1a～5a）5 个问项。重新修订的认知价值量表，见表 4-5。

表 4-5   **修订后的认知价值量表**

变量	指标来源	问项设置
认知价值 （epistemic value）	Sheth et al.（1991） 访谈所得	EV1a：品牌整体设计新颖 EV2a：品牌整体设计时尚 EV3a：上新速度快 EV4a：品牌气质独特 EV5a：品牌服装不易撞衫

4.2.1.6 支付成本的测量

根据质化研究可知，支付成本主要由货币成本、风险成本及便利性组成。货币成本采用斯威尼和苏塔（Sweeney & Soutar, 2001）原本量表中的问项"产品/服务定价合理""产品/服务提供了与价格相符的价值""产品/服务经济实惠""考虑价格与其他花费时，选择该产品/服务是正确的"，它们都体现了品牌提供的价值与价格相符，因此将它们进行语义合并，选用"产品/服务提供了与价格相符的价值"进行解释。关于购买风险，研究借鉴了苏塔和肖（Strader & Shaw, 1999）的成熟量表，修改为"购买到质量差服装或者非正品的可能性""品牌服装的保值性"。关于"便利性"用"购买品牌服装的便利程度"来表示。根据以上分析，本研究设计了 PC（1～4）4 个测量题项，具体见表 4 - 6。

表 4 - 6   **修订后的支付成本量表**

变量	指标来源	问项设置
支付成本 （payment cost）	Sweeney & Soutar（2001） Strader & Shaw（1999） 访谈所得	PC1：产品/服务提供了与价格相符的价值 PC2：产品不容易降价/打折 PC3：购买到质量差或者非正品服装的可能性 PC4：购买、支付便利

4.2.1.7　使用成本的测量

深度访谈中，受访者表示有些品牌的服装，特别是一些高端的品牌服装，在后期的打理中还会产生一定的支出。因此，在感知使用量表上，笔者将其作为感知付出中的"使用成本"，用"打理品牌服装的便利性"来测量。根据以上分析，本书设计了 PC（5~7）7 个测量题项，具体见表 4 - 7。

表 4 - 7   **修订后的使用成本量表**

变量	指标来源	问项设置
使用成本 （cost of use）	Sweeney & Soutar（2001） Strader & Shaw（1999） 访谈所得	PC5：洗可穿性（如无须熨烫等打理） PC6：洗涤的便利性 PC7：保养的便利性

4.2.2　感知价值测量量表的净化

为了净化题项，提高量表的信度、效度，关于服装品牌价值感知体系的预调研，采用纸质和电子问卷的形式，共发放问卷 220 份，经过筛选，有效问卷 189 份，问卷的有效回收率为 85.91%。之后，采用 SPSS 19.0 统计软件对有效问卷的数据统计分析，净化测量题项。

4.2.2.1　信度分析

（1）功能价值的信度分析。功能价值量表的总体 α 系数为 0.847（满足

α系数 > 0.7 的要求），各测量条款 CITC 值分别为 0.541、0.643、0.689、0.656、0.698、0.681、0.602、0.661，均在 0.5 以上，远远满足 CITC > 0.3 的要求，且满足"删除各条款后的总体 α 系数并没有提升"的要求，故而，关于功能价值的测量量表满足信度要求，见表 4 - 8。

表 4 - 8　　　　　　　　　　　功能价值的信度分析

变量	测量条款	CITC	删除该条款后的 α 系数	α 系数
功能价值	FV1	0.541	0.721	α = 0.847
	FV2	0.643	0.842	
	FV3	0.689	0.700	
	FV4	0.656	0.704	
	FV5	0.698	0.791	
	FV6	0.681	0.739	
	FV7	0.602	0.763	
	FV8	0.661	0.810	

（2）审美价值的信度分析。审美价值量表的总体 α 系数为 0.857（满足 α 系数 > 0.7 的要求），各测量条款 CITC 值分别为 0.712、0.744、0.719、0.703，均在 0.5 以上，远远满足 CITC > 0.3 的要求，且满足"删除各条款后的总体 α 系数并没有提升"的要求，故而，关于审美价值的测量量表满足信度要求，见表 4 - 9。

表 4 - 9　　　　　　　　　　　审美价值的信度分析

变量	测量条款	CITC	删除该条款后的 α 系数	α 系数
审美价值	AV1	0.712	0.840	α = 0.857
	AV2	0.744	0.826	
	AV3	0.719	0.742	
	AV4	0.703	0.737	

（3）象征性价值的信度分析。象征性价值量表的总体 α 系数为 0.793（满足 α 系数 >0.7 的要求），但值得注意的是，测量条款 SV7、SV8、SV10 的 CITC 值分别为 0.121、0.009 和 0.157，均小于 0.3（不满足 CITC >0.3 的标准），删除 SV7、SV8、SV10 三项条款后，该量表的总体 α 系数可以提升至 0.839。因此，删除该三项测量条款，重新计算 α 系数、CITC 值，得到第二组数据。从测量条款的第二组数据来看，删除信度较低的三条条款后，得到的量表总体 α 系数为 0.839（满足 α 系数 >0.7 的要求），且测量条款的 CITC 值分别为 0.625、0.630、0.568、0.581、0.610、0.675、0.566，都在 0.5 以上，远远满足 CITC >0.3 的要求，且满足 "删除各测量条款后的总体 α 系数并没有提升" 的要求，故而，修订后的象征性价值测量量表满足信度要求，见表 4 - 10。

表 4 - 10　　　　　　　　　　　象征性价值的信度分析

变量	测量条款	CITC		删除该条款后的 α 系数		α 系数
		CITC1	CITC2	α1	α2	
象征性价值	SV1	0.612	0.625	0.812	0.845	α1 = 0.793 α2 = 0.839
	SV2	0.633	0.630	0.701	0.743	
	SV3	0.571	0.568	0.816	0.839	
	SV4	0.579	0.581	0.742	0.798	
	SV5	0.584	0.610	0.760	0.807	
	SV6	0.673	0.675	0.677	0.763	
	SV7	0.121	—	0.729	—	
	SV8	0.009	—	0.812	—	
	SV9	0.578	0.566	0.701	0.794	
	SV10	0.157	—	0.694	—	

（4）情感价值的信度分析。情感价值量表的总体 α 系数为 0.841（满足 α 系数 >0.7 的要求），但值得注意的是，测量条款 EV5、EV6、EV8 的 CITC 值分别为 0.114、0.101 和 0.133，均小于 0.3（不满足 CITC >0.3 的标准），

删除 EV5、EV6、EV8 三项条款后，该量表的总体 α 系数可以提升至 0.853。因此，删除该三项测量条款，重新计算 α 系数、CITC 值，得到第二组数据。从测量条款的第二组数据来看，删除信度较低的三条条款后，得到的量表总体 α 系数为 0.853（满足 α 系数 >0.7 的要求），且测量条款的 CITC 值分别为 0.652、0.650、0.718、0.644、0.711、0.725、0.736，都在 0.5 以上，远远满足 CITC >0.3 的要求，且满足"删除各测量条款后的总体 α 系数并没有提升"的要求，故而，修订后的情感价值测量量表满足信度要求，见表 4-11。

表 4-11 情感价值的信度分析

变量	测量条款	CITC		删除该条款后的 α 系数		α 系数
		CITC1	CITC2	α1	α2	
情感价值	EV1	0.651	0.652	0.829	0.831	α1 = 0.841 α2 = 0.853
	EV2	0.642	0.650	0.840	0.844	
	EV3	0.713	0.718	0.710	0.713	
	EV4	0.636	0.644	0.694	0.704	
	EV5	0.114	—	0.711	—	
	EV6	0.101	—	0.769	—	
	EV7	0.697	0.711	0.695	0.717	
	EV8	0.133	—	0.780	—	
	EV9	0.716	0.725	0.769	0.773	
	EV10	0.728	0.736	0.807	0.810	

（5）认知价值的信度分析。认知价值量表的总体 α 系数为 0.845（满足 α 系数 >0.7 的要求），各测量条款 CITC 值分别为 0.618、0.732、0.550、0.641、0.711，均在 0.5 以上，远远满足 CITC >0.3 的要求，且满足"删除各条款后的总体 α 系数并没有提升"的要求，故而，关于认知价值的测量量表满足信度要求，见表 4-12。

表 4 - 12   认知价值的信度分析

变量	测量条款	CITC	删除该条款后的 α 系数	α 系数
认知价值	EV1a	0.618	0.742	α = 0.845
	EV2a	0.732	0.791	
	EV3a	0.550	0.714	
	EV4a	0.641	0.819	
	EV5a	0.711	0.820	

（6）支付成本的信度分析。支付成本量表的总体 α 系数为 0.834（满足 α 系数 > 0.7 的要求），各测量条款 CITC 值分别为 0.660、0.628、0.509、0.711，均在 0.5 以上，远远满足 CITC > 0.3 的要求，且满足"删除各条款后的总体 α 系数并没有提升"的要求，故而，关于支付成本的测量量表满足信度要求，见表 4 - 13。

表 4 - 13   支付成本的信度分析

变量	测量条款	CITC	删除该条款后的 α 系数	α 系数
支付成本	PC1	0.660	0.799	α = 0.834
	PC2	0.628	0.819	
	PC3	0.509	0.741	
	PC4	0.711	0.891	

（7）使用成本的信度分析。感知使用成本量表的总体 α 系数为 0.822（满足 α 系数 > 0.7 的要求），各测量条款 CITC 值分别为 0.704、0.685、0.691，均在 0.5 以上，远远满足 CITC > 0.3 的要求，且满足"删除各条款后的总体 α 系数并没有提升"的要求，故而，关于感知使用成本的测量量表满足信度要求，见表 4 - 14。

表 4 – 14 使用成本的信度分析

变量	测量条款	CITC	删除该条款后的 α 系数	α 系数
	PC5	0.704	0.730	
使用成本	PC6	0.685	0.791	α = 0.822
	PC7	0.691	0.747	

4.2.2.2 效度分析

（1）内容效度。本问卷是在质化研究获取的访谈资料基础上，结合已有成熟度较高的测量量表修改的。在质化研究时，以对消费者和行业专家访谈为基础，从而得到服装品牌价值感知维度及各维度对应测量指标，而问卷量表就是对应指标而设计的，因此该感知体系对应的测量量表具有较好的内容效度。

（2）结构效度。对预调查所得数据进行 KMO 样本测度和巴特莱特球形检验，判断是否可作因子分析。如表 4 – 15 所示，KMO 值是 0.712，远大于 0.50，巴特莱特球形检验 P 值（Sig.）为 0.000，小于 0.05，表明变量间存在较强的相关性，因此数据适合因子分析。

表 4 –15 预调研的 KMO 和 Bartlett 球形检验

取样足够度的 Kaiser-Meyer-Olkin 度量		0.712
	近似卡方	3001.129
巴特莱特球形检验	df	1126
	Sig.	0.000

通过上述预调查所得样本的信度、效度分析，可知，该服装品牌感知价值体系的测量量表具有较高的信度和效度，即问卷的有效性和可靠性较高。

4.2.3 修正后的感知价值测量量表

各题项皆在质化研究、文献参考的基础上，据本研究的目的进行适当调整设计，并通过预调查及问卷量表净化，笔者依据信度、效度的检验标准，剔除信度、效度较低的条款 SV7、SV8、SV10、EV2a、EV3a、EV5a 六项。删除这些信度、效度低的题项后，问卷质量明显提高，因此，为了保证研究的科学性与合理性，删除信度、效度低的题项，最终形成含有 38 个题项的正式调查问卷。修正后的感知价值测量量表，如表 4 – 16 所示。

表 4 – 16 **修正后的感知价值测量量表**

变量	测量问项	指标来源	信度系数 α
功能价值	FV（1~7）	Zeithaml et al.（2000） Sweeney & Soutar（2001） 访谈所得	0.847
审美价值	AV（1~5）	杨笑冰（2009） 吴菁馨（2010） 访谈所得	0.857
象征性价值	SV（1~10） 剔除 SV7、SV8、SV10	Sheth et al.（1991） Zeithaml et al.（2000） Sweeney & Soutar（2001） 访谈所得	0.839
情感价值	EV（1~10） 剔除 EV5、EV6、EV8	Schmitt（1997） Parasuraman, Zeithaml & Leonard（1988） 访谈所得	0.853
认知价值 （尝鲜价值）	EV（1a~5a）	Sheth et al.（1991） 访谈所得	0.845
支付成本	PC（1~4）	Sweeney & Soutar（2001） Strader & Shaw（1999） 访谈所得	0.834
使用成本	PC（5~7）		0.822

预调研统计结果显示，感知收益维度下功能价值、审美价值、象征性价值、情感价值、体验价值、认知价值的 Cronbach's α 系数分别是 0.847、

0.857、0.839、0.853、0.817、0.845，感知付出维度下支付成本、使用成本的 Cronbach's α 系数分别是 0.834、0.822，总量表的 Cronbach's α 系数为 0.908，满足 Cronbach's α 系数均大于 0.7 的要求，故该量表结构合理、信度较高，反映量表是一个可信、有效的测量工具。此时，测量量表的题项由原先的 44 个被净化为 38 个。

4.3　服装品牌感知价值体系的量化分析

关于服装品牌价值感知体系的问卷调查从 2018 年 3 月开始，至 2018 年 9 月结束，历时 7 个月，共发放问卷 1800 份，经过筛选，最终得到有效问卷 1620 份，问卷有效回收率为 90.00%。

此处分析涉及附录 2 问卷的第一部分（被测者的个人基本信息和服装消费基本情况调查）、第二部分（关于服装品牌感知价值的测量）。对于第一部分采用描述性统计方法；第二部分则采用 SPSS 19.0 进行探索性因子分析，采用 AMOS 21.0 进行验证性因子分析。具体数据分析如下：

4.3.1　样本人口特征统计

对于被调查者个人信息的数据统计：被调查者年龄段分布均匀，分别是 20.74%、20.31%、20.37%、20.06%、18.52%，基本接近 1∶1∶1∶1∶1，说明被调查者在年龄段上的占比合理。在杭州生活年限 8 年以上的占被调查者总人数的绝大多数（58.7%）。另外，专科、本科、研究生学历分别占被调查者总人数的 40.93%、51.23%、7.84%，符合我国居民学历分布基本情况。职业为普通职员、公务员或事业人员、中高层管理人员、私营业主、其他，分别占总调查人数的 24.63%、27.59%、28.52%、14.44%、4.81%。月收入主要集中在 8000~12000 元/月，占 44.44%，符合实际收入情况。这些样本信息，说明被访者分布合理，具有代表性。大样本人口基本信息详见表 4–17。

表 4-17   大样本基本信息（总计 1620 人）

个体因素		频次（次）	百分比（%）
各年龄段	1980~1981 年生	336	20.74
	1982~1983 年生	329	20.31
	1984~1985 年生	330	20.37
	1986~1987 年生	325	20.06
	1988~1989 年生	300	18.52
月收入	8000 元以下	326	20.12
	8001~12000 元	720	44.44
	12001~20000 元	346	21.36
	20000 元以上	228	14.07
职业	普通职员	399	24.63
	公务员或事业人员	447	27.59
	中高管	462	28.52
	私营业主	234	14.44
	其他	78	4.81
在杭州生活年限	3~5 年	162	10
	6~8 年	507	31.30
	8 年以上	951	58.70
学历	专科	663	40.93
	本科	830	51.23
	研究生	127	7.84

4.3.2 信度、效度分析

对所得数据，利用 SPSS 19.0 软件进行统计，结果显示：感知收益维度下功能价值、审美价值、象征性价值、情感价值、认知价值的 Cronbach's α 系数分别是 0.891、0.874、0.860、0.911、0.932，感知付出维度下支付成本与风险、使用成本的 Cronbach's α 系数分别是 0.851、0.912，总量表的 Cronbach's α 系数为 0.939，满足 Cronbach's α 系数均大于 0.7 的要求，故该量表结构合理、信度较高，反映量表，是一个可信、有效的测量工具。

同时，对所得样本采用 KMO 样本测度和巴特莱特球形检验（见表 4 - 18），得到 KMO 值是 0.729，远大于 0.50，巴特莱特球形检验 P 值（Sig.）为 0.000，小于 0.05，表明变量间存在较强的相关性，因此数据适合因子分析。

表 4 - 18　　　　　　　　**正式调研的 KMO 和巴特莱特球形检验**

取样足够度的 Kaiser-Meyer-Olkin 度量		0.729
巴特莱特球形检验	近似卡方	3012.431
	df	1225
	Sig.	0.000

4.3.3　探索性因子分析

探索式因子分析是一项行之有效的降维处理技术，能从错综复杂的关系中提取出少量具有代表性的核心因子。但在进行探索性因子分析之前，需要检验所得样本数据是否适合做因子分析，即观测 KMO 值和巴特莱特球形检验的 P 值。根据以上统计结果得到，KMO 值是 0.729，巴特莱特球形检验 P 值（Sig.）为 0.000，说明了数据适合做因子分析。

4.3.3.1　主成分分析

利用主成分分析作为因子抽取的方法，对 38 个解释变量进行因子分析并进行正交旋转，因子分析转轴后的成分矩阵如表 4 - 19 所示。从表中可以看出，总共得到 7 个因子，各因子的特征值分别为 2.158、2.142、1.985、1.670、2.118、2.335、1.149，均大于 1。统计结果表明：因子提取结果与第 3 章中对服装品牌感知价值的维度划分一致。

表4–19　　　　　　　　　　　　各因子负荷及特征值

因子	解释变量	因子负荷							特征值
		F_1	F_2	F_3	F_4	F_5	F_6	F_7	
F_1	FV1	0.742							2.158
	FV2	0.661							
	FV3	0.612							
	FV4	0.738							
	FV5	0.652							
	FV6	0.591							
	FV7	0.647							
	FV8	0.626							
F_2	AV1		0.757						2.142
	AV2		0.739						
	AV3		0.609						
	AV4		0.617						
F_3	SV1			0.679					1.985
	SV2			0.744					
	SV3			0.746					
	SV4			0.721					
	SV5			0.628					
	SV6			0.710					
	SV9			0.678					
F_4	EV1				0.621				1.670
	EV2				0.690				
	EV3				0.738				
	EV4				0.701				
	EV7				0.767				
	EV9				0.651				
	EV10				0.632				
F_5	EV1a					0.676			2.118
	EV2a					0.689			
	EV3a					0.663			
	EV4a					0.612			
	EV5a					0.719			
F_6	PC1						0.733		2.355
	PC2						0.712		
	PC3						0.653		
	PC4						0.622		
F_7	PC5							0.630	1.149
	PC6							0.742	
	PC7							0.619	
指标值	KMO = 0.729；显著性概率 = 0.000；近似卡方分布 = 3012.431；自由度 = 91；累计解释方差 = 90.261%；总体 α 系数 = 0.939								

注：因子的提取原则为特征值大于1，采用最大方差旋转法，最大收敛迭代次数默认为25。

4.3.3.2　各维度独立性检验

之后，对 38 个变量采用方差最大旋转，得到因子协方差矩阵，见表 4 – 20。表中的统计结果显示：7 个因子完全相互独立的，且具有实际意义。

表 4 – 20　　　　　　　　　　　　因子协方差矩阵

因子	F_1	F_2	F_3	F_4	F_5	F_6	F_7
F_1	1.000	0.000	1.873E-16	0.000	0.000	0.000	0.000
F_2	0.000	1.000	0.000	0.000	2.651E-16	0.000	0.000
F_3	1.873E-16	0.000	1.000	0.000	0.000	0.000	0.000
F_4	0.000	0.000	0.000	1.000	2.342E-16	0.000	0.000
F_5	0.000	2.651E-16	0.000	2.342E-16	1.000	0.000	2.411E-16
F_6	0.000	0.000	0.000	0.000	0.000	1.000	0.000
F_7	0.000	0.000	0.000	0.000	2.411E-16	0.000	1.000

注：因子提取选择主成分分析法，并采用方差最大旋转法（Varimax）。

4.3.3.3　探索性因子分析结果

数据统计结果显示：7 个维度的解释变异量分别为 26.141%、19.263%、14.110%、9.128%、7.524%、7.410%、6.685%，且该 7 个因子的特征根解释了总体方差的 90.261%（一般而言，贡献率越大表明新变量综合信息的能力越强。通常使用累计贡献率达到 85% 以上为宜，这样既能使损失信息不太多，又达到减少变量的目的），说明 7 个因子能够很好地解释服装品牌价值的感知。表 4 – 21 为因子分析的总方差分解表。

表 4 – 21　　　　　　　　　　　　总方差解释

因子	原始特征根值			旋转后装载平方和		
	总和	解释（%）	累计解释（%）	总和	解释（%）	累计解释（%）
F_1	12.125	26.141	26.141	7.128	19.438	19.438

续表

因子	原始特征根值			旋转后装载平方和		
	总和	解释（%）	累计解释（%）	总和	解释（%）	累计解释（%）
F_2	8.454	19.263	45.404	6.544	18.311	38.749
F_3	6.982	14.110	59.514	6.319	14.092	51.841
F_4	4.321	9.128	68.642	4.987	11.585	63.426
F_5	3.560	7.524	76.166	4.218	9.746	73.172
F_6	3.242	7.410	83.576	3.980	9.371	82.613
F_7	2.519	6.685	90.261	3.414	7.718	90.261

即，在感知价值各维度的量化统计中，由小样本调查分析得到的 7 个维度和 38 个题项。具体如表 4 - 22 所示。

表 4 - 22　　　　　　　　　探索性因子分析结果

因子	因子命名	对应题项	对应指标
F_1	功能价值 （functional value）	FV1：服装质量优良、稳定 FV2：品牌整体具有品质感 FV3：产品实用性强	品质属性
		FV4：服装穿着舒适	舒适性
		FV5：商品品类色系齐全，可选余地大	可选性
		FV6：符合标准（技术、安全、绿色环保等标准）	安全性
		FV7：能提供专业、有效的服务 FV8：能提供舒适、配套齐全的购物环境	服务属性
F_2	审美价值 （aesthetic value）	AV1：款式设计（外观、版型、工艺等）美观 AV2：能提供我所喜欢的样式	产品设计
		AV3：服装、配饰、包装等精美，有品位 AV4：品牌形象展示具有吸引力	整体形象设计

续表

因子	因子命名	对应题项	对应指标
F₃	象征性价值 （symbolic value）	SV1：能传达特定的文化内涵 SV2：能表达一定的生活态度	文化象征属性
		SV3：能展现自我	自我展现属性
		SV4：能够帮我树立良好的个人形象 SV5：具有较高的社会知名度和美誉度 SV6：让我得到周围更多人的认同	社会象征属性
		SV9：让我在社交场合中感到自信	情境属性
F₄	情感价值 （emotional value）	EV1：喜欢购买品牌服装 EV2：购买或穿着品牌服装让我心情愉悦	心理偏好
		EV3：品牌的产品和承诺让人放心 EV4：产品/服务符合我的预期期望 EV7：使用效果符合我期望	符合期望
		EV9：品牌提供的特殊服务，让我有归属感（如VIP特权等） EV10：习惯于购买品牌的服装	品牌归属感
F₅	认知价值 （epistemic value）	EV1a：品牌整体设计新颖 EV2a：品牌整体设计时尚 EV3a：上新速度快	时尚感
		EV4a：品牌气质独特 EV5a：品牌服装不易"撞衫"	独特感
F₆	支付成本 （payment cost）	PC1：产品/服务提供了与价格相符的价值	货币成本
		PC2：产品/服务的保价性 PC3：购买到质量差或者非正品服装的可能性小	风险成本
		PC4：购买、支付便利	购买便利性
F₇	使用成本 （cost of use）	PC5：洗可穿性 PC6：洗涤要求高	洗涤便利性
		PC7：保养的便利性	保养便利性

4.3.4　验证性因子分析

在此处运用结构方差模型目的是检验"感知价值各维度与对应测量指标的匹配程度"。依据博伦（Bollen，2000）的建议，该检验可以逐个展开。值得注意的是，在结构方程模型中存在三种类型的变量：潜在变量（以椭圆形表示）、测量变量（以长方形表示）、误差变量（以圆形表示），它们都有不同的表示图示。

如功能价值的验证性因子分析：

第一步：聚合效度检验。借助结构方程模型，利用 AMOS 21.0 软件，验证"功能价值与 8 个测量题项"之间的关系，从而得到功能价值变量的验证性因子分析模型（见图 4 - 3），其中 ε 代表内生观测变量的误差。由图 4 - 3 可知，功能价值各个测量指标的因子载荷系数分别为 0.743、0.667、0.615、0.741、0.658、0.611、0.649、0.630，均在 0.5 ~ 0.95 的条件范围内，依据聚合效度评价标准，各指标的测量值为心理学技术测量可接受范围，即各个测量指标均能较好地解释功能价值。因此，该统计结果表明：功能价值的测量模型聚合效度较好，8 个测量指标均能科学、有效地阐释该变量所对应的内涵，且测量效果较好。

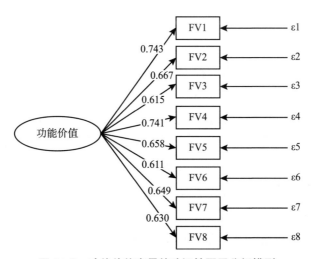

图 4 - 3　功能价值变量的验证性因子分析模型

第二步：模型识别度检测。在进行功能价值测量模型的识别度检测时，由于该模型存在 8 个观测指标，故 q = 8，参照多元统计中自由度的计算公式：自由度 = q (q + 1)/2，得到该模型的自由度为 36；同时，因该测量模型存在需要被估量的参数16个（8个负荷系数和8个内生观测变量的误差），故 $t = 16$。由此，$t \leqslant df$，依据 t 规则显示，功能价值测量模型与其他模型存在显著差异，即识别度较好。

第三步：整体拟合效果检测。在功能价值测量模型聚合效果认定和识别度检验的基础上，进行二阶验证因子分析，验证了功能价值测量模型与观测数据之间的拟合效度。拟合度如表4-23所示，功能价值测量模型的 χ^2/df 为 2.361（$0 < \chi^2/df < 5$）；RMSEA 为 0.034（RMSEA < 0.05，非常好的拟合）；GFI 为 0.921（GFI > 0.9）；AGFI 为 0.883（AGFI ≥ 0.85）；IFI 为 0.912（IFI 值越接近1，说明拟合效果越好）；CFI 为 0.910（CFI 值越接近1，说明拟合效果越好），结果表明，功能价值测量模型各指标的拟合效果非常好。

表4-23　　　　　　　　　　　　功能价值拟合指标

检验参数	χ^2/df	RMSEA	GFI	AGFI	IFI	CFI
功能价值	2.361	0.034	0.921	0.883	0.912	0.910

用同样的方法来分别验证审美价值、象征性价值、情感价值、认知价值、支付成本、使用成本与对应测量指标的匹配程度。统计结果如下：

审美价值各个测量指标的因子载荷系数分别为 0.763、0.742、0.614、0.620；象征性价值各个测量指标的因子载荷系数分别为 0.683、0.747、0.749、0.722、0.630、0.715、0.682；情感价值各个测量指标的因子载荷系数分别为 0.625、0.691、0.742、0.706、0.768、0.653、0.636；认知价值各个测量指标的因子载荷系数分别为 0.678、0.692、0.665、0.613、0.722；支付成本各个测量指标的因子载荷系数分别为 0.735、0.713、0.654、0.625；使用成本各个测量指标的因子载荷系数分别为 0.633、0.745、0.624。各个测量指标的因子载荷系数均在 0.5 ~ 0.95 的条件范围内，该统计结果表明：各个指标的测量模型聚合效度较好，均能科学、有效地阐释该变量所对应的内涵，且测量效果较好。同时，各测量模型均满足 $t \leqslant df$ 的条件，表明均具有较好识别度。另外，各维度测量模型的拟合指标和拟合情况如表4-24所示。

表 4 - 24   各维度（除功能价值）拟合指标

检验参数	χ^2/df	RMSEA	GFI	AGFI	IFI	CFI	拟合情况
审美价值	2.402	0.019	0.918	0.884	0.916	0.916	非常好
象征性价值	2.390	0.021	0.911	0.901	0.913	0.912	非常好
情感价值	2.603	0.009	0.902	0.918	0.914	0.914	非常出色
认知价值	2.592	0.027	0.916	0.911	0.916	0.915	非常好
支付成本	2.337	0.009	0.927	0.922	0.930	0.931	非常好
使用成本	2.396	0.018	0.904	0.901	0.911	0.910	非常好

经由验证性因子分析的统计结果表明：①各条款所对应的因子负荷值均大于 0.5，即意为各公因子对所对应的条款均有较好的解释力，即 F_1 对应 FV(1~8)，F_2 对应 AV(1~4)，F_3 对应 SV(1~6，9)，F_4 对应 EV(1~4，7，9，10)，F_5 对应 EV(1a~5a)，F_6 对应 PC(1~4)，F_7 对应 PC(5~7)。②各维度的验证性分析模型中，满足模型被识别的条件（t 法则），说明各维度对应的验证性测量模型有较好的识别度。③在对各维度测量模型聚合效果认定和识别度检验的基础上，依据拟合标准（拟合评价标准参照本书第 2 章表 2-5），对各测量模型进行拟合度评价。结果显示：感知价值 7 个维度所对应的测量模型的各个指标拟合效果均非常好，即说明该测量模型能够科学有效地反映该变量所对应的具体内涵，且测量效果有效。

4.4　服装品牌感知价值体系最终确定

4.4.1　体系指标设计的原则

消费者的品牌决策复杂而动态，受多方因素的影响，因此感知指标多样且繁杂。故对价值的感知指标提取和确定的过程，需要遵循一定的标准和原则：

（1）层次性。服装品牌感知是一个复杂系统，复杂系统的内部层次是设计指标的依据。消费者对服装品牌价值感知由感知收益和感知付出两个主范畴组成。依据质化研究中的理论编码，并参照以往学者研究，可以按照理论内涵和涵盖的内容逐层细分，形成多层次多维度的感知体系。

（2）客观性。本研究从客观角度对服装品牌感知价值进行细化和评价，为避免主观评价带来的主观性误差，所设计的指标均是客观统计能够反映和可获取的数据。指标体系通过功能价值、审美价值、象征性价值、情感价值、认知价值客观反映感知收益状况；通过支付成本和使用成本客观表征感知付出状况。

（3）可测量性。指标的可测量性是评价体系设计的重要标准。为了更客观地评价分析，所选择的指标均需满足可度量性要求，以便对指标进行测量、比较及评价分析。

4.4.2　服装品牌感知价值体系

消费者对品牌价值的感知是一个复杂系统，具有层次性特征，且各层次发挥着不同的功能。遵循指标体系设计的原则，结合感知价值的理论内涵及调查所得，本研究将服装品牌感知价值分成感知收益系统和感知付出，为更清晰地感知价值体系，将整体指标体系分成五个层次（见图4-4）。

（1）第一层次，目标层：服装品牌感知价值。

（2）第二层次，系统层：感知收益和感知付出。

（3）第三层次，结构层：感知收益包含功能价值、审美价值、象征性价值、情感价值、认知价值；感知付出包含支付成本和使用成本。在结合文献资料和前文研究的基础上，笔者对各维度进行详细的理论构思，确保每个维度具有较明确、准确的操作性定义。结构层各维度在本研究中的学术定义如下：

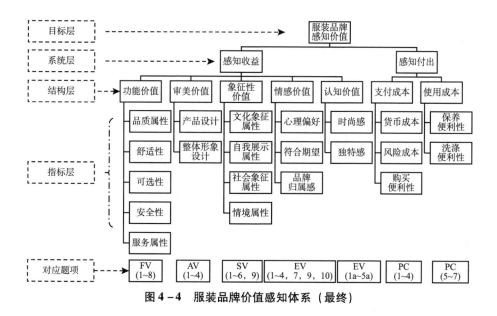

图4-4 服装品牌价值感知体系（最终）

①功能价值，强调的是服装品牌所具有的实体价值。商品本身的功能、质量、性能等直接获取的效用是形成品牌感知价值的前提条件和核心基础，该维度主要反映的是消费者对产品使用价值的追求。而作为品牌的功能价值，除了实实在在的商品外，隐形的服务也是必不可少的功能性体现。即，品牌功能价值涵盖品质属性、舒适性、可选性、安全性、服务属性等5个方面。

②审美价值，指服装品牌能在审美上能够满足消费主体的审美需要、引起主体审美感受的属性。服装作为人们追求美的直接手段，涉及款式、版型、色彩、材质、稳定性、视觉均衡等多方面对美的追求。服装品牌在审美上的体现主要表现为品牌体现出的气质、文化、个性等的整体形象，因此本书将品牌的审美价值分成产品设计和整体形象设计。

③象征性价值，又被称作社会价值，指服装品牌具有的"使消费者与其他社会群体连结或区隔"的价值。当品牌能使消费者与其他社会群体连结或区隔而提供效用时，则此品牌具有象征性价值，通常情况下，具备符号价值的服装品牌首先要具备一定的品牌底蕴，引领或传达一种特定的生活方式。因此，本书在质化研究访谈得到的一手资料基础上，将象征性价值划分为文化象征属性、自我展现属性、社会象征属性、情境属性。

④情感价值，是指消费者的选择可能取决于品牌产品带来的心理上的感受，如喜欢、愉快、满足等。消费者需求的多样性显示现今的消费者购买品牌产品可能源于产品的文化价值与自己精神追求的契合，而并不看重产品属性对自己生活的满足度，这是一种情感的反映。此处，情感价值涵盖了心理偏好、符合期望和品牌归属感三个方面。

⑤认知价值，又被称作尝鲜价值，意指消费者决策时会考虑品牌是否具备满足其"追求新鲜、追求流行、追求时尚"的心理需求。服饰是女性追求"美"的象征，她们购买服装往往不是出于基本的生理需求，而是出于对时尚、流行的追求。在生活中，往往很多女性在换季的时候，就会觉得没衣服穿，即使衣柜里堆满了形形色色的衣服。因此，认知价值包含了时尚属性和独特属性。

⑥支付成本，指的是消费者感知到的购买商品或服务而付出的成本，如购买成本、因购买产生的额外支出、购买产生的风险。

⑦使用成本，指的是感知到使用商品或服务时付出的成本，如洗涤、维护、保养等成本。

（4）第四层次，指标层：功能价值包含品质属性、舒适性、可选性、安全性、服务属性5个指标；审美价值包括产品设计、整体形象设计2个指标；象征性价值包括文化象征属性、自我展示属性、社会象征属性、情境属性4个指标；情感价值包括心理偏好、符合期望和品牌归属感3个指标；认知价值包括时尚感和独特感2个指标；支付成本包括货币成本、风险成本、购买便利性3个指标；使用成本包括洗涤便利性和保养便利性2个指标。

（5）第五层次，具体指标对应的题项：对应题项是能够直接反映指标的题项。每个指标的测量题项主要依据相关文献和理论，以及遵循问项设计的原则，感知收益层面净化得到了31个题项，感知付出层面净化得到了7个题项，构成了服装品牌感知体系。

4.4.3　各感知价值要素重要性评判

要想确定服装品牌各感知价值中消费者的注重程度，可以考虑比较 P

（$F_i > 4$）来评判，即选择 4 的被调查者觉得无所谓，选择大于 4（5、6、7）的被调查者觉得指标重要，且 $P(F_i > 4)$ 越大说明 F_i 越重要。

4.4.3.1 各指标因子得分情况

根据因子分析，得到各因子 F_i 与相应解释变量的因子得分系数，见表 4 – 25，然后通过因子得分函数计算因子得分。

表 4 – 25 因子得分系数

序号	解释变量	得分系数						
		F_1	F_2	F_3	F_4	F_5	F_6	F_7
F_{11}	FV1	0.111						
F_{12}	FV2	0.148						
F_{13}	FV3	0.122						
F_{14}	FV4	0.109						
F_{15}	FV5	0.123						
F_{16}	FV6	0.142						
F_{17}	FV7	0.119						
F_{18}	FV8	0.139						
F_{21}	AV1		0.238					
F_{22}	AV2		0.252					
F_{23}	AV3		0.265					
F_{24}	AV4		0.249					
F_{31}	SV1			0.135				
F_{32}	SV2			0.142				
F_{33}	SV3			0.156				
F_{34}	SV4			0.129				
F_{35}	SV5			0.140				
F_{36}	SV6			0.128				
F_{37}	SV9			0.134				
F_{41}	EV1				0.141			
F_{42}	EV2				0.126			
F_{43}	EV3				0.128			
F_{44}	EV4				0.143			
F_{45}	EV7				0.129			
F_{46}	EV9				0.151			
F_{47}	EV10				0.130			

续表

| 序号 | 解释变量 | 得分系数 | | | | | | |
		F_1	F_2	F_3	F_4	F_5	F_6	F_7
F_{51}	EV1a					0.172		
F_{52}	EV2a					0.196		
F_{53}	EV3a					0.201		
F_{54}	EV4a					0.213		
F_{55}	EV5a					0.219		
F_{61}	PC1						0.297	
F_{62}	PC2						0.251	
F_{63}	PC3						0.272	
F_{64}	PC4						0.285	
F_{71}	PC5							0.311
F_{72}	PC6							0.307
F_{73}	PC7							0.323

$$F_1 = 0.111 \times F_{11} + 0.148 \times F_{12} + 0.122 \times F_{13} + 0.109 \times F_{14} + 0.123 \times F_{15} + 0.142 \times F_{16} + 0.119 \times F_{17} + 0.139 \times F_{18}$$

$$F_2 = 0.238 \times F_{21} + 0.252 \times F_{22} + 0.265 \times F_{23} + 0.249 \times F_{24}$$

$$F_3 = 0.135 \times F_{31} + 0.142 \times F_{32} + 0.156 \times F_{33} + 0.129 \times F_{34} + 0.140 \times F_{35} + 0.128 \times F_{36} + 0.134 \times F_{37}$$

$$F_4 = 0.141 \times F_{41} + 0.126 \times F_{42} + 0.128 \times F_{43} + 0.143 \times F_{44} + 0.129 \times F_{45} + 0.151 \times F_{46} + 0.130 \times F_{47}$$

$$F_5 = 0.172 \times F_{51} + 0.196 \times F_{52} + 0.201 \times F_{53} + 0.213 \times F_{54} + 0.219 \times F_{55}$$

$$F_6 = 0.297 \times F_{61} + 0.251 \times F_{62} + 0.272 \times F_{63} + 0.285 \times F_{63}$$

$$F_7 = 0.311 \times F_{71} + 0.307 \times F_{72} + 0.323 \times F_{72}$$

注：$F_i (i = 1, 2, 3, 4, 5)$ 分别代表功能价值、审美价值、象征性价值、情感价值、认知价值、支付成本和使用成本。

4.4.3.2 各指标相对重要性评定

计算出 F_i 的1620个样本的统计值（均值、标准差 δ），表4-26为 F_i 的统计值。

表 4 - 26 F_i 的统计值

项目	F_1	F_2	F_3	F_4	F_5	F_6	F_7
样本量	1620	1620	1620	1620	1620	1620	1620
均值	5.5459	4.9652	4.9093	4.2250	4.7590	5.3285	3.8007
标准差 δ	1.09638	1.03784	1.06976	0.32143	0.83407	0.87401	0.55361

根据大数定律，Z 值（$F_i > 4$）=（均值 - 4）/δ，计算得 Z 值，并查阅正态分布表，得出 $P(F_i > 4)$ 的值，表 4 - 27 为 Z 值（$F_i > 4$）和概率 $P(F_i > 4)$。

表 4 - 27   **P（$F_i > 4$）的 Z 值和概率 P（$F_i > 4$）**

项目	F_1	F_2	F_3	F_4	F_5	F_6	F_7
P 的 Z 值	1.41	0.93	0.85	0.70	0.91	1.52	- 0.36
P（$F_i > 4$）	0.9207	0.8238	0.8023	0.7580	0.8186	0.9357	0.3594

可见，从消费者品牌价值感知角度，七个感知维度的相对重要性顺序从高到低为：支付成本（93.57%）、功能价值（92.07%）审美价值（82.38%）、象征性价值（80.23%）、认知价值（81.86%）、情感价值（75.80%）、使用成本（35.94%）。

当均值接近 4 时，说明消费者在该维度上的态度不明确，如表 4 - 28 所示，F_4（情感价值）和 F_7（使用成本）的均值皆接近 4。因此，为了进一步评判这两个变量的重要性，继而计算变量落在区间（3，5）间的概率，因为 P(3, 5) 代表了被调查者对所选变量态度近似无所谓的概率。根据 $P(3 < F_i < 5) = P(F_i < 5) - P(F_i < 3) = P(F_i < 5) + P(F_i > 3) - 1$，得出 F_4 和 F_7 落在区间（3，5）内的概率，见表 4 - 28。

表 4 -28	概率 P(3 < F_i < 5)	
	F_4	F_7
P (3 < F_i < 5)	0.9919	0.9097

从上面数据统计可以看出，情感价值（F_4）和使用成本（F_7）在区间（3，5）的概率相对较大，分别为 99.19% 和 90.97%，也就是说这些要素态度不明确（无所谓）的顾客还是占了不少的比例。

4.5　个人特征与感知价值各维度的相关性

针对年龄、文化、收入三项个人特征与感知价值各维度的相关性展开分析，具体如下。相关性分析标准，参照本书第 2 章中的表 2 - 6。

4.5.1　不同年龄的差异

不同年龄段的个体有着不同的需求，虽然本调查的对象为"80 后"杭州知识女性，她们都是出生于 1980 ~ 1989 年间，但也存在较大的需求差异，故将年龄分为 5 个阶段加以比较，表 4 - 29 为各年龄段样本比例。

表 4 -29	各年龄段样本数比例				
项目	1980 ~ 1981 年生	1982 ~ 1983 年生	1984 ~ 1985 年生	1986 ~ 1987 年生	1988 ~ 1989 年生
样本数（个）	336	329	330	325	300
比例（%）	20.74	20.31	20.37	20.06	18.52

通过 SPSS 19.0 分析年龄与感知价值各维度之间的相关性。图 4 - 5 为年龄与顾客感知价值各要素偏相关分析结果。为避免其他个人特征的影响，分析中剔除了"文化水平"和"收入"两个变量，将"年龄"与"F_i"两个

变量进行双尾检验的偏相关分析。统计得到：年龄水平与 F_i 两个变量的相关性系数绝对值分别为 0.3291、0.0069、0.3443、0.1223、0.5180、0.1442、0.0041，显著性概率分别为 0.012、0.009、0.039、0.009、0.021、0.006、0.063。感知价值各维度 F_i 与年龄的关系如图 4-5 所示。

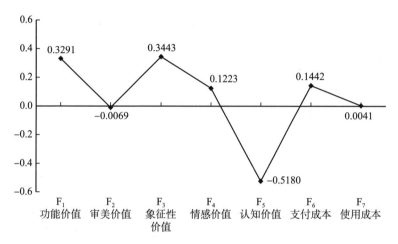

图 4-5　年龄与 F_i 的相关系数

由数据统计及分析可得，剔除"文化水平"和"收入"两个变量后，感知价值各维度与年龄之间的相关性由强到弱分别为 F_5、F_3、F_1、F_6、F_4、F_2、F_7，其中认知价值 F_5 与年龄的关系为负相关，审美价值 F_2、使用成本 F_7 与年龄之间无明显相关性。即：

（1）顾客年龄与功能价值 F_1 具有中等正相关性，即该群体随着年龄的增长，对功能性价值越看重。年纪大的个体由于受到"重物质、轻精神"的中国传统消费观念的影响，在服装品牌价值的追求上表现出"重功能性价值、轻非功能性价值"的消费态度；而年龄较小的个体由于受到消费主义新兴价值观和"快时尚"消费观的影响，对功能性价值的注重程度表现得没有年长的那么强烈。

（2）顾客年龄与象征性价值 F_3 两个变量之间具有中等正相关性，即该群体随着年龄的增长，对象征性价值注重程度会提升。年纪大的个体在社会中的角色、地位都普遍高于年轻的个体，因此她们更会注重着装在扮演社会角色时的象征性作用。同时，由于年纪的增长，她们积累的财富也相对较多，因此在品牌选择上更为自由，可以没有压力地购买她们觉得能代表自己社会形象的品牌。

（3）年龄与情感价值 F_4 之间存在弱相关，表明了不考虑"收入"和"文化"两个因素时，在情感价值上，各个年龄层的差异不明显。

（4）顾客年龄与认知价值 F_5 具有较强的负相关性，即该群体随着年龄的增长，对认知价值越看重程度呈递减状态。随着年龄的增加，对新鲜事物的追求和尝试会相对降低，相反，年龄越小的消费者，比较愿意接受新鲜的事物，对新颖的服装和年轻的品牌表现出愿意尝试的心态。

（5）顾客年龄与 F_6 具有显著的正相关性，即该群体随着年龄的增长，购买服装时的感知支付成本与风险也会增加。不同年龄的被调查者，对支付成本与风险的感知也有所不同，年龄大的消费者觉得购买时所付出的支付成本（包括时间成本与非时间成本）和购买风险都相对较多，这可能是源于求稳心理。在日常的服装品牌消费中，她们更趋于保守、求稳、求实，因此会花费较多的时间和精力，避免买到不称心的服装。而年轻点的个体则更愿意为品牌溢价买单。

4.5.2 不同文化水平的差异

消费者对服装品牌的感知价值与个人的文化水平密切相关，虽然本书被调查者皆为具有专科及以上学历，但是她们对服装品牌价值感知因文化水平的不同，还是表现出略微的差异。表 4 - 30 为各文化水平的样本比例。

表 4 - 30　　　　　　　　各文化水平的样本数比例

项目	专科	本科	研究生
样本数（个）	663	830	127
比例（%）	40. 93	51. 23	7. 84

通过 SPSS 19.0 分析文化水平与感知价值各维度之间的相关性。图 4-6 为文化水平与顾客感知价值各要素分析结果汇总。为避免其他个人特征的影响，分析中剔除了"年龄"和"收入"两个变量，将"文化水平"与"F_i"两个变量进行双尾检验的偏相关分析。统计得到：文化水平与 F_i 两个变量的相关性系数绝对值分别为 0.1322、0.0024、0.3513、0.0018、0.6511、0.0039、0.0742，显著性概率分别为 0.043、0.065、0.024、0.069、0.003、0.062、0.070。感知价值各维度 F_i 与文化水平的关系如图 4-6 所示。

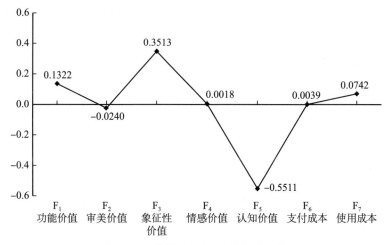

图 4-6　文化水平与 F_i 的相关系数

由数据统计及分析可得，剔除"年龄"和"收入"两个变量后，感知价值各维度与文化水平之间的相关性由强到弱分别为 F_5、F_3、F_1、F_7、F_6、F_2、F_4，其中象征性价值 F_3 与文化水平具有显著正相关性，认知价值 F_5 与文化水平具有极其显著的负相关性，F_2、F_4、F_6、F_7 与文化水平无统计学差异。即：

（1）文化水平与功能价值 F_1 具有弱正相关性，随着该群体随着文化水平的提高，对功能价值越看重，但是这样的正相关性不是特别明显。因此，本研究的对象均属于知识型，都有较强的判别能力，因此在功能性价值感知上并没有表现出特别明显的差异。

（2）文化水平与象征性价值 F_3 两个变量之间具有中等正相关性，即该群体随着文化水平的提升，对象征性价值注重程度会增加。文化水平高的个体，她的认知能力、专业水平都高于文化水平低的群体，在看待事物时，更会透过表象看到内在；同时，她也能对"自我"有更好的认知，会客观地分析某一品牌的气质"是否能体现我的社会形象""是否能更好地表达我想要的"。因此，在不考虑"年龄"和"收入"两个因素的情况时，文化水平高的个体更注重品牌的内涵、品牌的符号性。

（3）文化水平与认知价值 F_5 具有较强的负相关性，即该群体随着文化水平的提高，对认知价值越看重程度呈递减状态。随着文化水平的增加，对新鲜事物追求和尝试的兴奋点会相对降低，这个研究结果与目前的社会现象相符，据观察文化高的个体普遍没有文化低的个体会穿衣打扮。

4.5.3　不同收入的差异

消费者购买行为与个人收入有较大的关系，因此，其对服装品牌的价值感知必定与收入相关，不同收入的个体对各价值要素重要性的认知自然因收入而异，以下是对不同收入个体对服装品牌各维度之间的相关性分析。调查样本各收入水平及样本比例见表 4-31。

表 4-31　　　　　　　　　各收入水平样本数比例

项目	8000 元及以下	8001~12000 元	12001~20000 元	20000 元以上
样本数（个）	326	720	346	228
比例（%）	20.12	44.44	21.36	14.07

通过 SPSS 19.0 分析收入水平与感知价值各维度之间的相关性。图 4-7 为个人收入与顾客感知价值各要素分析结果汇总。为避免其他个人特征的影响，分析中剔除了"年龄"和"文化水平"两个变量，将"个人收入"与" F_i "两个变量进行双尾检验的偏相关分析。统计得到：个人收入与 F_i 两个变量的相关性系数绝对值分别为 0.3213、0.047、0.4518、0.0200、0.0056、

0.5145、0.0033，显著性概率分别为 0.013、0.002、0.010、0.075、0.083、0.006、0.088。感知价值各维度 F_i 与收入水平的关系用如图 4-7 所示。

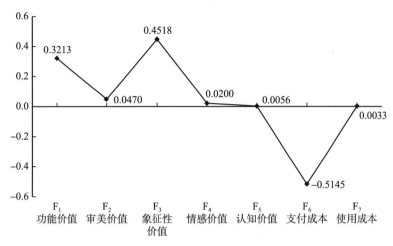

图4-7 收入水平与 F_i 的相关系数

由数据统计及分析可得，根据相关系数和显著性概率的标准，剔除"年龄"和"文化"两个变量后，感知价值各维度与收入水平之间的相关性由强到弱分别为 F_6、F_3、F_1、F_2、F_4、F_5、F_7，其中功能价值 F_1 与个人收入具有中等正相关性，象征性价值 F_3 与个人收入具有显著正相关性，感知支付成本 F_6 与个人收入具有极其显著的负相关性，与 F_4、F_5、F_7 无统计学差异。即：

（1）收入水平与功能价值 F_1 具有中等正相关性，即该群体随着收入的增加，对功能价值越看重，越注重品牌的品质感。高收入的个体由于收入的增加，他们越发关注品质，不愿意为"品质感差的服装"买单。有被访者提到"我是从事时尚行业的，自然对服装款式、品质、版型等要求比较高，最不能容忍买到质量差的衣服了，虽然在买的时候我也会关注品质，但是有些衣服的质量问题是洗涤之后才会出现的。曾经买到过一件一直掉毛的毛衣，设计师品牌，刚开始穿的时候掉毛并不明显，但是随着穿着时间越长掉毛就多，我还特地手洗，一层毛浮在水面，都不愿意穿，就因为这件事，我对这个品牌的印象就特别差"。

（2）收入水平与象征性价值 F_2 两个变量之间具有显著正相关性，即该群体随着收入的增加，对象征性价值注重程度会提升。高收入一般暗示了高社会地位，她们一般注重自己社会地位的体现的诠释，这一点也体现在服装上，她们需要借助品牌符号来包装自己。

（3）收入水平与认知价值 F_4 呈弱相关性，即该群体随着收入的增加，对认知价值越看重，但是表现得并不明显。

（4）顾客收入水平与 F_6 具有显著的正相关性，即该群体随着收入的增加，购买服装时的支付成本会自然地降低。说明对于同一品牌的同款服装，收入高的消费者对其的支付成本相对较低，而收入低的消费者对支付成本则表现得较为敏感。

4.6　服装品牌感知价值体系说明

依据上文构建的服装品牌感知价值体系及量化分析结果，可知：

（1）消费者对服装品牌价值的感知主要从功能价值、审美价值、象征性价值、情感价值、认知价值、支付成本、使用成本等7个方面出发，加以综合考量。

探索性因子分析的统计结果表明：①因子提取结果与原量表中对服装品牌感知价值的维度划分保持统一，共7个主成分因子（功能价值 F_1、审美价值 F_2、象征性价值 F_3、情感价值 F_4、认知价值 F_5、支付成本 F_6、使用成本 F_7）。②通过独立性检验，意为7个因子彼此是完全独立的，且有实际意义。③7个维度的解释变异量分别为 26.141%、19.263%、14.110%、9.128%、7.524%、7.410%、6.685%，且该7个因子的特征根解释了总体方差的 90.261%，说明该7个因子能够很好地解释消费者对服装品牌价值的感知。

（2）服装品牌价值的感知体系可以细致地划分为5个层级。验证性因子分析的统计结果表明：①各条款所对应的因子负荷值均大于 0.5，即各公因子对所对应的条款均有较好的解释力，即 F_1 对应 FV（1～8），F_2 对应

AV(1~4)，F_3 对应 SV(1~6，9)，F_4 对应 EV(1~4，7，9，10)，F_5 对应 EV(1a~5a)，F_6 对应 PC(1~4)，F_7 对应 PC(5~7)。②各维度的验证性分析模型中，满足模型被识别的条件（t 法则），说明各维度对应的验证性测量模型有较好的识别度。③在对各维度测量模型聚合效果认定和识别度检验的基础上，依据拟合标准（拟合评价标准参照表 2-6），对各测量模型进行拟合度评价。结果显示：感知价值 7 个维度所对应的测量模型的各个指标拟合效果均非常好，说明该测量模型能够科学有效地反映该变量所对应的具体内涵，且测量效果有效。

由验证性因子分析最终确定了服装品牌感知评价指标体系由 1 个目标（服装品牌感知价值），2 个系统（感知收益和感知付出），7 个维度结构（其中，感知收益包含功能价值、审美价值、象征性价值、情感价值、认知价值；感知付出包含购买成本和使用成本），21 个指标和 38 个题项构成。

（3）消费者服装品牌价值各维度的重要性存在感知差异。感知结构要素重要性评判结果显示：7 个感知维度的相对重要性程度从高到低顺序分别为支付成本、功能价值、审美价值、认知价值、象征性价值、情感价值、使用成本。说明整体上品牌服装的消费属于理性消费，注重付出成本和功能性；对于审美、认知以及象征性的注重程度次之。说明在理性消费的同时，消费者也注重符合自身的装扮，追求服装的流行，强调自我身份构建。

（4）消费者对服装品牌的感知情感价值和感知使用成本的态度不明确。一般认为消费者会对服装品牌有一定的情感依赖，也会注重服装在实际使用中产生的费用，而且在深入访谈时也多次有专家和消费者提到这两方面。但依据大样本采集所得数据却发现，消费者对情感价值持无所谓态度（即变量落在 3~5 区间的概率）的占 99.19%，对感知使用价值持无所谓态度的占 90.97%。

（5）消费者个人特征（年龄、文化和收入）与价值感知各维度具有不同程度的显著性差异。显著性差异主要体现为以下三个方面：①在服装品牌消费中，随着年龄的增长，对服装品牌消费趋于理性。年龄高的消费者更愿意花费较多的时间和精力，避免买到不称心如意的服装，同时，高年龄消费者也更注重服装品牌所象征的社会形象。但是，但随着年龄的增加，对新鲜事物的追求和尝试会相对降低；相反，年龄越小的消费者，比较愿意接受新鲜的事物，对新颖的服装和年轻的品牌表现出愿意尝试的心态。②随着文化水平的提升，消费者对服装品牌象征的社会形象要求增加，而对时尚流行的需求反而减弱。③被调查者月收入 8001～12000 元之间居多，随着收入的增长，她们在服装品牌选择上更为自由，愿意付出更高的费用，但也希望得到更多、更好的服务。

本 章 小 结

在质化研究得出的感知价值体系基础上，对服装品牌感知价值体系的各个维度、对应变量和指标进行量化分析。整个量化研究方案包含了方案设计、小样本预调研、大样本数据分析、感知结构体系的最终确定、各维度相对重要性评判及个人特征与感知价值各维度关系分析等 6 个步骤。本章主要研究结果包括：

（1）构建了服装品牌感知价值体系，包含 5 个层系，2 个系统、7 个维度、21 个变量和 38 个指标。

（2）感知价值各维度的相对重要性态度从高到低分别为支付成本、功能价值、审美价值、认知价值、象征性价值、情感价值、使用成本。

（3）个人特征（年龄、文化和收入）与价值感知各维度具有不同程度的显著性差异。

基于感知价值的服装品牌
采纳模型构建

在第 3 章中，笔者曾依据选择性编码，梳理出各服装品牌采纳形成中各关键性范畴与感知价值的关系（见图 3 - 2），即得到了"动因""感知价值""品牌采纳"三者的关系。在第 4 章中，通过量化分析验证了服装品牌感知价值体系，见图 4 - 3。据此，在本章中，提出了"基于感知价值的服装品牌采纳模型"模型 I，利用假设检验展开实证，并对服装品牌采纳形成原因展开分析。

基于感知价值的服装品牌采纳模型的实证流程，见图 5 - 1。

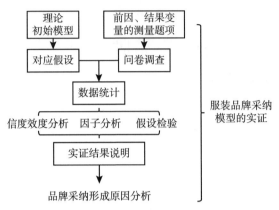

图5-1　基于感知价值的服装品牌采纳模型实证流程

5.1　基于感知价值的服装品牌采纳初始模型的提出

5.1.1　服装品牌采纳初始模型

以"动因—感知价值—品牌采纳"为主线，构建基于感知价值的服装品牌采纳模型。其中，感知价值是整个模型的中间变量（依据第4章的量化分析发现，感知价值由7个维度组成），消费者在品牌采纳形成过程中会自然或不自然地对服装品牌的感知价值进行衡量，消费者服装品牌感知价值的高低对服装品牌采纳有一定程度的影响。依据第3章分析所得，参照群体、品牌信任和自我契合度在模型中是消费者服装品牌价值感知的动因。服装品牌采纳是本研究的结果变量，指消费者对品牌带来的物理属性和精神利益的情感反应，是她们对品牌的态度。另外，还会受到氛围（服饰文化氛围、媒体氛围和卖场氛围）和消费者感知能力（品牌熟悉度、时尚敏感度和专业水平）的调节影响。需要说明的是，本研究在模型实证中只考虑动因、感知价值和服装品牌采纳之间的互动作用，故不在模型中加入两个调节变量（氛围和消费者感知能力）。提炼后的"基于感知价值的服装品牌采纳初始模型"（模型Ⅰ），如图5-2所示。

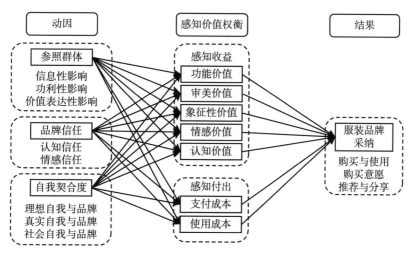

图 5 - 2　基于感知价值的服装品牌采纳初始模型（模型 Ⅰ）

5.1.2　服装品牌采纳初始模型对应的研究假设

5.1.2.1　参照群体对感知价值的假设路径

目前，已有诸多研究从社会心理学、消费者行为学等角度对参照群体影响感知价值和消费决策进行了分析与实证（王庆华，2013）。帕克和莱斯格（Park & Lessig，1977）认为参照群体（实际存在的或是想象中的个体或群体）与个体的态度、意愿及行为存在显著相关性。福特和艾利斯（Ford & Ellis，1999）在其研究中证实了消费者的品牌偏好受到了参照群体的显著正向影响，参照群体提供的正面信息会提高消费者对品牌的喜好程度。韦伯斯特和费尔克洛思（Webster & Faircloth，1994）通过对美国相关数据进行研究发现消费者在自我评估和消费决策时会受到参照群体的显著影响。陈家瑶等（2006）采用情境模拟实验，分析了参照群体建议对消费者的影响，研究证实来自参照群体的正面建议能够提升消费者的感知收益，却降低了消费者的感知付出。据此，本书提出如下研究假设：

假设 Ha1：参照群体作用对功能价值有正向影响；

假设 Ha2：参照群体作用对审美价值有正向影响；

假设 Ha3：参照群体作用对象征性价值有正向影响；

假设 Ha4：参照群体作用对情感价值有正向影响；

假设 Ha5：参照群体作用对认知价值有正向影响；

假设 Ha6：参照群体作用对感知支付成本有负向影响；

假设 Ha7：参照群体作用对感知使用成本有负向影响。

5.1.2.2 品牌信任对感知价值的假设路径

品牌信任是消费者对品牌表现出的一种心理状态，它包含品牌可信度和品牌承诺两个方面。第一，品牌可信度。品牌信任体现着一种可靠性，一般借由品牌竞争力、品牌市场占有率、品牌声誉等得以体现。第二，品牌承诺。品牌信任实质上是品牌在质量、服务、形象等诸多方面表现出的对消费者负责的态度。关于品牌信任，埃利奥特和瓦塔那斯旺（Elliot & Wattanasuwan，1998）用社会学的观点分析了消费者品牌忠诚中的情感因素，认为品牌信任是促使忠诚度的一种情感关联。加尔巴里诺和约翰逊（Garbarino & Johnson，1999）曾指出品牌信任在预测不同消费者（低关系度顾客和高关系度顾客）购买决策时有着明显作用。特别是对产品没把握时，高关系度和品牌信任起到了关键作用。在市场信息不对称情况下，消费者会对他们认为信度较高的品牌产生心理依赖（Lau & Lee，1999）。很多学者认为，品牌信任的产生主要源于品牌声誉（brand reputation）、品牌可预知性（brand predict-ability）和品牌能力（brand competence）（Lau，1999）。埃琳娜等（Elena et al.，2001，2003）指出品牌信任是消费者觉得品牌能满足预期期望的一种情感，表现出让人安全的感觉。还有部分学者分析了品牌信任度与消费者价格敏感性的关系，研究表明，在消费者对产品属性和市场信息无把握的情况下，品牌信任对"价格和效用的关系"起到缓冲的作用，即品牌信任能够降低消费者对付出成本敏感度（Erdem et al.，2002）。据此，本书提出如下研究假设：

假设 Hb1：品牌信任对功能价值有正向影响；

假设 Hb2：品牌信任对审美价值有正向影响；

假设 Hb3：品牌信任对象征性价值有正向影响；

假设 Hb4：品牌信任对情感价值有正向影响；

假设 Hb5：品牌信任对认知价值有正向影响；

假设 Hb6：品牌信任对感知支付成本有负向影响；

假设 Hb7：品牌信任对感知使用成本有负向影响。

5.1.2.3　自我契合度对感知价值的假设路径

艾克（Aaker，1990）等学者陆续提出"自我契合度对品牌延伸评价有重要影响，即契合度越高，延伸评价越好，越能得到消费者认可"，该观点得到了学术界的一致认可。在选择服装品牌时，消费者会寻求品牌形象与自我形象的平衡，寄希望于借助服装品牌彰显自身的品位，表达自己的内涵、素养与个性。同时，在深度访谈中，很多被调查者表示：在选择服装也好、品牌也罢，她们都会回答类似"是否符合自身形象"的问题，而对于适合自己的产品或者品牌，她们愿意支付高额费用购买觉得有价值的品牌服装。据此，本书提出如下研究假设：

假设 Hc1：自我契合度对功能价值有正向影响；

假设 Hc2：自我契合度对审美价值有正向影响；

假设 Hc3：自我契合度对象征性价值有正向影响；

假设 Hc4：自我契合度对情感价值有正向影响；

假设 Hc5：自我契合度对认知价值有正向影响；

假设 Hc6：自我契合度对感知支付成本有负向影响；

假设 Hc7：自我契合度对感知使用成本有负向影响。

5.1.2.4　感知价值对服装品牌采纳的假设路径

以往的研究已充分证明："感知价值对消费者购买意愿有显著的正向影响"（Chen & Dubinsky，2003；Dodds et al.，1991；Varki & Colgate，2001），较高的感知价值能够增强其购买意愿（Bigne et al.，2001）。在实际消费中，价值驱动着大部分的消费者行为，是决定消费行为的关键所在。蒙罗等（Monroe et al.，1985），王崇、李一军和叶强（2007）指出，顾客在进行购买决策的过程其实就是"感知利得"和"感知利失"进行权衡的过程，当"感知利得"大于"感知利失"时，购买意愿越高；反之亦然。有学者（Wu

& Hsing，2006）提出"感知牺牲→感知价值→购买意愿"模型，并采用结构方程得到了论证。消费者在消费时所付的金钱或非金钱性的牺牲以及所知觉到的服务品质决定了其感知到的价值，进而决定"是否再次购买的意愿"（Sirohi，McLaughlin & Wittink，1998）。一般而言，感知成本越高，消费者的购买意愿越低。董大海（2004）、陈家瑶（2006）等的研究均表明：感知价值对顾客的行为倾向有积极、显著的影响。据此，本书提出如下研究假设：

假设 Hd1：感知功能价值对品牌采纳有正向影响；

假设 Hd2：感知审美价值对品牌采纳有正向影响；

假设 Hd3：感知象征性价值对品牌采纳有正向影响；

假设 Hd4：感知情感价值对品牌采纳有正向影响；

假设 Hd5：感知认知价值对品牌采纳有正向影响；

假设 Hd6：感知支付成本对品牌采纳有负向影响；

假设 Hd7：感知使用成本对品牌采纳有负向影响。

5.1.3 理论模型的适用性

考虑到理论模型对区域、消费群体、品牌、产品类别的典型性和适用范围，本书需对模型的适用性作出界定。

本书的研究范围仅限于服装，是针对服装品牌展开的研究与分析。服装品牌的发展问题涉及品牌所有的共性问题。同时，由于服装本身的时尚性与符号性，而且服装也是最具代表性的象征性产品。特别是，随着国内消费者的生活态度、消费价值观的转变，消费者对服装品牌价值有着别样的符号化诉求。所以，本书仅是考虑服装品牌构建相关理论模型，该模型不一定适用于其他品牌。

5.2　各变量测量量表的制订

本书遵循问卷设计原则，针对服装品牌采纳中动因，设计调查问卷。为了简化调研的流程，本研究将动因和服装品牌感知价值体系的预调查、大样本调查同时进行，具体问卷结构详见附录2问卷的第三部分。

5.2.1　各变量的测量

本量表的设计参考国内外学者文献中的成熟量表，并结合服装品牌的特质以及质化研究中所得消费者一手资料，分别确定了模型Ⅰ（即图5-1）中参照群体、品牌信任、自我契合度和品牌采纳四个变量的具体测量题项，形成初始问卷。

5.2.1.1　参照群体影响的测量

帕克和莱斯格（Park & Lessig, 1977）将参照群体分为信息性影响、功利性影响和价值表达性影响，得到了大多数学者的认可并沿用至今。其中，信息性影响，即个体在进行决策时，特别是在面对不确定性的环境下，将参照群体成员的意见、概念、行为作为主导自身行为的信息来源；功利性影响，反映了个体遵从他人的建议去获得参照群体的奖励或避免惩罚的心理倾向；价值表达性影响，即个体需要与其他人或群体在心理上的联系，反映被其他人接受的社会化价值。在测量量表方面的研究，被研究者们广泛采用的有帕克和莱斯格（Park & Lessig, 1977）的14个题项量表和比尔登等（Bearden, Netemeyer & Teel, 1989）的12个题项量表，这两个量表都已经被学者们证实具有良好的信度、效度。但在实际的消费行为研究中，需要视具体研究目的来选择量表。结合本次研究的目的和需要，论文并不探索消费者的个性特质，而是比较消费者感知参照群体影响的程度，故选择帕克和莱斯格的量表。同时，由于服装品牌消费有其特殊性，本研究将在修改帕克和莱斯格的量表的基础上完成（见表5-1）。其中，题项RG（1~4）用于测量"信息性影响"，题项RG（5~7）用于测量"功利性影响"，题项RG（8~9）用于测量"价值表达性影响"。

表 5 - 1 修订后的参照群体影响量表

变量	指标来源	问项设置
参照群体 (reference group)	Park & Lessig (1977) 访谈所得	RG1：选择服装品牌时，会经常观察别人购买和使用的情况 RG2：如果不熟悉某个品牌，我会先向别人询问了解相关信息 RG3：购买服装时，会咨询别人的意见，以便作出更好的选择 RG4：我通常在购买前，会从别人那里搜索相关信息 RG5：有些时候我购买一件衣服，仅仅是因为朋友说好 RG6：购买所在群体认同的服装品牌，我能够获得归属感 RG7：如果我喜欢某人，我会选择她们所使用的服装品牌 RG8：购买服装时，通常会选择别人认可的服装或品牌 RG9：我希望购买的服装和品牌会给人留下好的印象

6.2.1.2　品牌信任的测量

顾客对品牌的信任实质上"是其认知与情感的统一"（McAllister，1995）。认知信任表现为品牌满足顾客需求的能力，而情感信任表现为顾客对品牌的情感投入。菲什拜因和阿耶兹（Fishbein & Ajzen，1975）将品牌信任分为信任意念、信任态度、信任意愿；袁登华等（2007）则认为品牌信任涵盖品质信任、善意信任和能力信任三方面，这三方面可以被视为认知信任与情感信任的具体化。此外，也有学者并不认同将顾客对品牌的情感包含品牌信任（Chaudhuri et al.，2001）。

对于品牌信任的测量，本书参照麦考利斯特（McAllister，1995）、袁登华（2007）等的研究量表和本研究的访谈分析、设计，形成了包含 5 个题项的"品牌信任"测量量表（见表 5 - 2）。

表 5 - 2 修订后的品牌信任量表

变量	指标来源	问项设置
品牌信任 (brand trust)	McAllister（1995） 袁登华（2007） 访谈所得	BT1：我认为该品牌产品充分考虑了顾客需求 BT2：我认为该品牌能够兑现其服务承诺 BT3：该品牌能够充分满足我的期望 BT4：该品牌能够使我在购买中感到没有风险 BT5：该品牌会以一定方式补偿其产品出现的问题

5.2.1.3 自我契合度的测量

品牌与自我契合度是指在主观感受上，消费者的自我概念与品牌所体现的个性的匹配程度。自我契合度决定着品牌价值能否得到体现，如品牌态度、购买意愿（Aaker，1997；Sirgy，1982）。关于品牌与自我契合度的测量，学者们较多地采用瑟吉（Sirgy，1997）的测量方法。品牌自我契合度的测量有两种方法：一种是在测量品牌个性和自我概念的基础上，通过公式计算得出品牌与自我的契合程度；另一种是通过设计问卷题项，让被试主观评价自己与品牌的契合程度，评分高说明契合程度高。

对自我契合度的量表设计上，本书借鉴了埃斯卡拉和贝特曼（Escalas & Bettman，2005）、施吉和苏（Sirgy & Su，2000）等学者成熟的测量量表，并结合质化研究的分析，设计了 SC(1~6) 六个测量题项。埃斯卡拉和贝特曼（Escalas & Bettman，2003）的测量量表体现了品牌与自我之间的三种关系"品牌与我有某种联系""品牌能代表我的身份""品牌是我个人认同的"。施吉和苏（Sirgy & Su，2000）、埃斯卡拉和贝特曼（Escalas & Bettman，2005）的量表分别对品牌与"理想自我""现实自我""社会化自我"的关系进行了描述，具体问项如下："我认为这个品牌和理想中的我是一样的""我认为这个品牌和理想中的我很接近""我所购买的该品牌的产品，都能够让我展示理想的自己""这个品牌特质呈现出我希望自己展现给别人的品位"；"我了解这个品牌就像了解我自己一样""这个品牌呈现出的特质与我的特质很接近""这个品牌呈现出的特质与我的特质是一致的""这个品牌特质呈现了我应该展现给别人的品位""这个品牌特质很符合别人对我的客观评价"；"在别人眼中，这个品牌很符合我的品位""在别人眼中，这个品牌的特质与我的特质很接近""在别人眼中，这个品牌的形象与我的形象是一致的""我认为该品牌形象符合别人对我品位的评价""我认为该品牌形象代表了别人眼中我的形象"。具体的测量题项如表 5-3 所示，其中，题项 SC(1~2) 用于测量理想自我与品牌的契合度，题项 SC(3~4) 用于测量现实自我与品牌的契合度，题项 SC(5~6) 用于测量社会化自我与品牌的契合度。

表 5 - 3   修订后的品牌与自我契合度量表

变量	指标来源	问项设置
自我契合度 （self-congruity）	Sirgy & Su （2000） Escalas & Bettman （2005） 访谈所得	SC1：我认为该品牌和理想中的我很接近 SC2：该品牌，能够让我展示理想的自己 SC3：该品牌呈现出的特质与我的特质很接近 SC4：该品牌特质呈现了我应该展现给别人的品位 SC5：在别人眼中，该品牌形象与我的形象很接近 SC6：在别人眼中，这个品牌很符合我的风格品位

5.2.1.4 品牌采纳的测量

在第 1 章对"品牌采纳"进行操作性定义和说明时，本书就指出：品牌采纳不等同于消费者决策行为，也不等同于实际购买，它是消费者行为的研究对象之一；同时，品牌采纳不等同于品牌选择，品牌选择是动态的极其复杂的过程，而采纳是大量变数之间彼此作用的结果。因此，依据质化研究结果将品牌采纳的衡量分为"购买和使用""购买意愿""推荐与分享"三种表达形式。根据以往学者们对这三种形式的测量表述以及深度访谈内容的提炼，借鉴了帕夫卢（Pavlou，2003）的成熟量表，设计了品牌采纳的测量量表，如表 5 - 4 所示。

表 5 - 4   修订后的品牌采纳量表

变量	指标来源	问项设置
品牌采纳 （brand adoption）	Pavlou （2003） 访谈所得	BA1：我想拥有该品牌服装 BA2：在购买服装时，我会首先考虑该品牌 BA3：我会向他人（如亲友）推荐、分享该服装品牌

5.2.2 各变量测量量表的净化

5.2.2.1 信度分析

信度分析时，采用了 CITC 和 α 信度分析的方法，回收数据的可信度评判标准详见本书第 2 章表 2 - 4。在第 4 章中，已经对所得的敢于感知价值各维度的小样本数据进行了信度效度分析，而以下是关于参照群体、品牌信任、自我契合度，以及服装品牌采纳各测量量表的信度分析，具体如下。

（1）参照群体影响的信度分析。从表5-5能够看出，参照群体量表的总体 α 系数为0.818（满足 α 系数 >0.7 的要求），各测量条款 CITC 值分别为 0.714、0.772、0.721、0.756、0.702、0.690、0.733、0.729、0.718，均在0.5以上，远远满足 CITC >0.3 的要求，且满足"删除各条款后的总体 α 系数并没有提升"的要求，故而，关于参照群体的测量量表满足信度要求。

表5-5　　　　　　　　　　　参照群体的信度分析

变量	测量条款	CITC	删除该条款后的 α 系数	α 系数
参照群体影响	RG1	0.714	0.810	$\alpha = 0.818$
	RG2	0.772	0.804	
	RG3	0.721	0.769	
	RG4	0.756	0.717	
	RG5	0.702	0.754	
	RG6	0.690	0.780	
	RG7	0.733	0.771	
	RG8	0.729	0.805	
	RG9	0.718	0.742	

（2）品牌信任的信度分析。从表5-6能够看出，品牌信任量表的总体 α 系数为0.795（满足 α 系数 >0.7 的要求），各测量条款 CITC 值分别为 0.714、0.683、0.692、0.721、0.647，均在0.5以上，远远满足 CITC >0.3 的要求，且满足"删除各条款后的总体 α 系数并没有提升"的要求，故而，关于品牌信任的测量量表满足信度要求。

表 5 - 6 品牌信任的信度分析

变量	测量条款	CITC	删除该条款后的 α 系数	α 系数
品牌信任	BT1	0.714	0.755	
	BT2	0.683	0.723	
	BT3	0.692	0.760	α = 0.795
	BT4	0.721	0.748	
	BT5	0.647	0.719	

（3）自我契合度的信度分析。从表 5 - 7 能够看出，自我契合度量表的总体 α 系数为 0.778（满足 α 系数 >0.7 的要求），各测量条款 CITC 值分别为 0.702、0.761、0.722、0.694、0.714、0.737，均在 0.6 以上，远远满足 CITC >0.3 的要求，且满足"删除各条款后的总体 α 系数并没有提升"的要求，故而，关于自我契合度的测量量表满足信度要求。

表 5 - 7 自我契合度的信度分析

变量	测量条款	CITC	删除该条款后的 α 系数	α 系数
自我契合度	SC1	0.702	0.718	
	SC2	0.751	0.756	
	SC3	0.722	0.770	α = 0.778
	SC4	0.694	0.769	
	SC5	0.714	0.724	
	SC6	0.737	0.711	

（4）服装品牌采纳的信度分析。从表 5 - 8 能够看出，服装品牌采纳量表的总体 α 系数为 0.804（满足 α 系数 >0.7 的要求），各测量条款 CITC 值分别为 0.741、0.692、0.716，均在 0.5 以上，远远满足 CITC >0.3 的要求，且满足"删除各条款后的总体 α 系数并没有提升"的要求，故而，关于服装品牌采纳的测量量表满足信度要求。

表 5 – 8 服装品牌采纳的信度分析

变量	测量条款	CITC	删除该条款后的 α 系数	α 系数
服装品牌采纳	BA1	0.741	0.792	α = 0.804
	BA2	0.692	0.800	
	BA3	0.716	0.786	

5.2.2.2 效度分析

（1）内容效度。本问卷是在质化研究获取的访谈资料基础上，结合已有成熟度较高的测量量表修改的。

（2）结构效度。对附录 2 问卷一的第三部分进行小规模调查，数据统计结果显示，动因和服装品牌采纳的 KMO 值分别为 0.792 和 0.807，远大于 0.50，巴特莱特球形检验 P 值（Sig.）为 0.000，小于 0.05，根据因子分析标准，表明变量间存在较强的相关性，因此，样本数据适合进行因子分析。

通过上述预调查所得样本的信度、效度分析，可知，该动因、服装品牌采纳测量量表具有较高的信度和效度，即问卷的有效性和可靠性较高。

5.2.3 修正后的各变量测量量表

各变量皆在质化研究、文献参考的基础上，据本研究的目的进行适当改编得到。通过小样本预调查、信度和效度分析，证实了该量表的有效性，最终形成正式调查问卷（附录 2 问卷的第三部分），动因变量和结果变量的测量问项如表 5 – 9 所示。

预调研统计结果显示，感知关系模型中动因变量参照群体影响、品牌信任、自我契合度的 Cronbach's α 系数分别是 0.818、0.795 和 0.778，服装品牌采纳的 Cronbach's α 系数为 0.804，总量表的 Cronbach's α 系数为 0.908，满足 Cronbach's α 系数均大于 0.7 的要求，故该量表结构合理、信度较高，说明该量表是一个可信、有效的测量工具。

表 5-9 修正后的感知价值动因、结果变量测量量表

项目	变量	测量问项	指标来源	信度系数 α
动因	参照群体影响	RG(1~9)	Park & Lessig（1977） 访谈所得	0.818
	品牌信任	BT(1~5)	McAllister（1995） 袁登华（2007） 访谈所得	0.795
	自我契合度	SC(1~6)	Sirgy & Su（2000） Escalas & Bettman（2005） 访谈所得	0.778
结果	服装品牌采纳	BA(1~3)	Dodds，Monroe & Grewal（1991） Paul A. Pavlou（2003） 访谈所得	0.804

5.3 基于感知价值的服装品牌采纳模型实证

关于服装品牌采纳模型的问卷调查是与感知价值体系调查同时进行的，整个调查历时 7 个月。对于问卷第一部分的描述性统计分析详见第 4 章；第二部分关于感知价值体系的数据分析详见第 4 章，第三部分关于感知关系各变量的数据则采用 SPSS 19.0 进行因子分析和相关分析，采用结构方程（用 AMOS 21.0 软件）进行假设检验。具体数据分析如下：

本章针对预调和正式问卷所得到的调查数据，采用计量方法数据分析，具体方法：除了第 2 章中提到的 CITC 和信度分析、效度分析、因子分析外，还有基于相关分析和 AMOS 的路径假设检验。

5.3.1 信度、效度分析

对预调查所得数据采用 SPSS 19.0 展开统计，结果显示：基于感知价值的服装品牌采纳初始模型中动因变量参照群体影响、品牌信任、自我契合度的 Cronbach's α 系数分别是 0.826、0.812 和 0.801，感知价值的 Cronbach's α 系数为 0.939，服装品牌采纳的 Cronbach's α 系数为 0.830，总量表的 Cronbach's α 系数为 0.942（满足 α 系数 > 0.7 的要求），信度较高，反映量表结构合理，是一个可信、有效的测量工具。

同时，对动因、服装品牌采纳变量所得样本数据进行 KMO 样本测度和巴特莱特球形检验，得到 KMO 值分别为 0.803、0.811，远大于 0.50，巴特莱特球形检验 P 值（Sig.）为 0.000，小于 0.05，表明模型中各变量间存在较强的相关性，因此，测量所得数据适合作因子分析。

5.3.2 因子分析

对于"动因""服装品牌采纳"的测量量表，是依据以往学者的成熟量表和访谈得到的一手资料进行改编的，因此，就不再对各变量对应的测量指标做验证性分子分析，仅采用主成分分析法进行因子分析。

5.3.2.1 动因的因子分析

在证实调查所得数据适合做因子分析后，对正式调研所得数据，采用主成分分析法提取因子（因子的提取原则为特征值大于 1，采用最大方差旋转法，最大收敛迭代次数默认为 25）。

依据表 5 - 10 所示，对动因的因子提取结果与原量表中对动因的维度划分保持一致。总共得到 3 个因子，各因子的特征值分别为 2.033、1.962、2.109，均满足大于 1 的标准，3 个因子的累计方差量达到 86.501%，表明它们对动因的解释达到可接受的水平。

表 5 - 10   动因变量（参照群体、品牌信任、自我契合度）的因子分析

因子	测量题项	因子负荷			特征值
		因子1 参照群体	因子2 品牌信任	因子3 自我契合度	
参照群体	RG1	0.674			2.033
	RG2	0.718			
	RG3	0.801			
	RG4	0.796			
	RG5	0.833			
	RG6	0.805			
	RG7	0.761			
	RG8	0.692			
	RG9	0.685			
品牌信任	BT1		0.680		1.962
	BT2		0.697		
	BT3		0.741		
	BT4		0.698		
	BT5		0.716		
自我契合度	SC1			0.794	2.109
	SC2			0.733	
	SC3			0.768	
	SC4			0.717	
	SC5			0.735	
指标值	KMO = 0.803；显著性概率 = 0.000；近似卡方分布 = 3043.116；自由度 = 1227； 累计解释方差 = 86.501%；总体 α 系数 = 0.854				

5.3.2.2 服装品牌采纳的因子分析

依据表 5 - 11，对服装品牌采纳的因子提取显示仅有一个因子，表明了服装品牌采纳的单维性，这与初始量表相符。该因子分析的特征值为 2.011，满足大于 1 的标准，累计解释方差为 85.511%。

表 5 - 11 结果变量（服装品牌采纳）的因子分析

变量	测量条款	因子负荷	α 系数
服装品牌采纳	BA1	0.799	0.802
	BA2	0.764	
	BA3	0.738	
指标值	KMO = 0.811；显著性概率 = 0.000；近似卡方分布 = 1368.200；自由度 = 1025；特征值 = 2.011；累计解释方差 = 85.511%		

5.3.3 基于相关分析的假设检验

本书在保证测量量表信度、效度的基础上，运用相关性分析对动因变量（参照群体影响、品牌信任、自我契合度）、中介变量感知价值（功能价值、审美价值、象征性价值、情感价值、认知价值、支付成本、使用成本）和结果变量（服装品牌采纳）这 11 个变量进行两两相关分析，其结果如表 5 - 12 所示。

11 个变量的两两相关性评判标准，见本书第 2 章表 2 - 6。

基于相关分析的假设检验结果显示：假设关系的相关系数统计显著。可以初步判断所有假设均得到支持，但也出现了 7 条弱显著的路径（Ha6、Ha7、Hb5、Hb6、Hb7、Hc1、Hc7），它们对应的相关系数 r 分别是 -0.242**、-0.219**、0.216**、-0.255**、-0.048**、0.242**、-0.019**。同时，值得注意的是，通过变量的两两相关性分析支持了各个假设关系，但是如果将这些关系综合考虑，上述结论却未必正确，因为变量之间存在相互影响和相互作用（刘怀伟，2003）。所以，想要有效验证各假设路径，笔者还需要结构方程建模（SEM）对所有假设关系进行检验，综合分析它们之间的直接作用和间接影响。

表 5 – 12

各变量两两相关分析

变量	α系数	均值	RG	BT	SC	FV	AV	SV	EV	EVa	PC1	PC2	BA
RG	0.826	6.4291	1										
BT	0.812	6.5322	0.315**	1									
SC	0.801	6.4239	0.266**	0.109**	1								
FV	0.891	5.8754	0.341**	0.366**	0.242**	1							
AV	0.874	4.9652	0.392**	0.290**	0.365**	0.147**	1						
SV	0.860	5.9593	0.311**	0.357**	0.374**	0.135**	0.137**	1					
EV	0.914	4.2250	0.390**	0.382**	0.328**	0.096**	0.184**	0.139**	1				
EVa	0.932	4.9540	0.317**	0.216*	0.311**	0.016**	0.210**	0.109**	0.069**	1			
PC1	0.851	5.3285	−0.242**	−0.255**	0.302**	0.275**	0.217**	0.176*	0.165**	0.218**	1		
PC2	0.912	3.8007	−0.219**	−0.048**	0.019**	0.120**	0.026**	0.090**	0.128**	0.059**	0.385**	1	
BA	0.802	6.0124	0.389**	0.417**	0.336**	0.362**	0.352**	0.327**	0.322**	0.331**	−0.369**	−0.314**	1

注：** p＜0.01 (2-tailed)。

5.3.4 基于结构方程的假设检验

此处，选取 χ^2/df、RMSEA、GFI、AGFI、IFI、CFI 作为模型整体拟合程度的重要评价指标，各个指标的评价标准如本书第 2 章表 2 - 5 所示。同时，还要保证两个变量之间的路径系数可以通过显著性检验，才能表明两变量相关。

5.3.4.1 原模型（模型 I）的结构方程检验

对模型 I（见图 5 - 2）运行结构方程分析，结果显示（见表 5 - 13）：模型 I 的各项拟合指数都符合本书本书表 2 - 5 的拟合度标准，由此可见，模型 I 初步检验结果表明拟合情况较好。

表 5 - 13 模型 I 的拟合情况

模型	χ^2/df	RMSEA	GFI	AGFI	IFI	CFI
I	1.833	0.048	0.868	0.852	0.921	0.942

图 5 - 3 展示了模型 I 结构方程的路径检验结果。统计结果显示，假设路径 Ha6、Hb6、Hc6 的标准化路径系数分别为 - 0.123、- 0.133 和 - 0.125，说明参照群体、品牌信任、自我契合度与感知支付成本存在显著负相关；假设路径 Hc7 的标准化路径系数分别为 - 0.108，说明参照群体与感知使用成本存在显著负相关；假设路径 Hb7 的标准化路径系数为 - 0.052，显著性概率为 0.119，说明品牌信任与使用成本无显著相关性。而假设路径 Hc7 的标准化路径系数为 - 0.040，显著性概率为 0.218，说明自我契合度与使用成本无显著相关性；假设路径 Hd6、Hd7 的标准化路径系数分别为 - 0.156 和 - 0.108，说明支付成本和使用成本与服装采纳的关系是显著负相关。

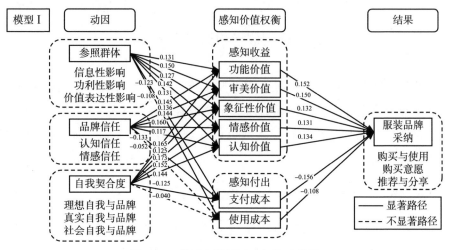

图 5 – 3 模型 I 的假设路径检验结果

5.3.4.2 修正模型（模型 II）的结构方程检验

对初始理论模型 I 的分析表明，存在部分不显著关系，故将不显著路径删除，得到修正模型 II，并对模型 II 进行结构方程检验，得到模型 II 的假设路径检验结果（见表 5 – 14、图 5 – 4）。

表 5 –14   模型 II 的拟合情况

模型	χ^2/df	RMSEA	GFI	AGFI	IFI	CFI
II	1.833	0.045	0.872	0.852	0.921	0.942

由模型 II 拟合结果所示（见表 5 – 14）：模型 II 的各项拟合指数都符合本书表 2 – 5 的拟合度标准，故而，模型 II 检验结果表明拟合情况较好，即模型 II 可以接受。

表 5 – 14 和图 5 – 5 显示了模型 II 结构方程的拟合情况和路径系数的结果。对比模型 I，模型 II 的各条路径均得到支持，而且与模型 I 相比各项拟合指标均波动不大，说明该模型具有较好的稳定性。

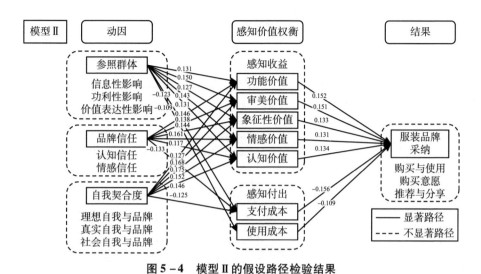

图 5-4　模型Ⅱ的假设路径检验结果

5.3.4.3　考虑直接效应的修正模型（模型Ⅲ）检验

在前文中，验证了参照群体、品牌信任、自我契合度通过中介变量感知价值对服装品牌采纳的间接影响，还考虑了感知价值7个维度（功能价值、审美价值、象征性价值、情感价值、认知价值）对品牌采纳的直接影响作用，但模型中没有考虑到参照群体、品牌信任、自我契合度对品牌采纳的直接作用，因此，在模型Ⅱ的基础上新增假设 He、Hf、Hg 三条直接路径，形成模型Ⅲ，以探求可能存在的拟合度更优的模型。

3条新增的假设分别为：

假设 He：参照群体作用对服装品牌采纳存在正向驱动作用；

假设 Hf：品牌信任对服装品牌采纳存在正向驱动作用；

假设 Hg：自我契合度对服装品牌采纳存在正向驱动作用。

由模型Ⅲ拟合结果所示（见表5-15、图5-5）：模型Ⅲ的各项拟合指数都符合本书表2-5的拟合度标准，故而，模型Ⅲ检验结果表明拟合情况较好，即模型Ⅱ可以接受。

表5 - 15   模型Ⅲ的拟合情况

模型	χ^2/df	RMSEA	GFI	AGFI	IFI	CFI
Ⅱ	1.833	0.045	0.872	0.852	0.921	0.942

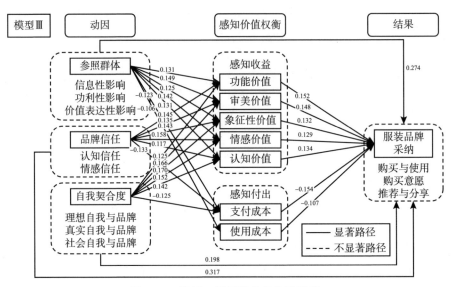

图5 - 5   模型Ⅲ的假设路径检验结果

从模型Ⅲ的检验结果显示，各路径系数与模型Ⅱ、模型Ⅰ的区别不大，同时模型Ⅲ中的各个假设都得到了检验，即除了模型Ⅱ中的26条假设路径以外，新增的3条假设路径也得到了支持，证实了"参照群体""品牌信任""自我契合度"三者分别对服装品牌采纳具有直接作用。也就是说，参照群体、品牌信任、自我契合度，除了通过感知价值间接影响服装品牌采纳之外，对服装品牌采纳还有直接影响。同时，与模型Ⅱ相比各项拟合指标均波动不大，说明模型Ⅲ具有较好的稳定性。

5.3.4.4   模型拟合效果比较

为了从模型Ⅰ、模型Ⅱ、模型Ⅲ中确定最优的拟合模型，需要对比三个模型的拟合度指标，汇总如表5 - 16所示。

表 5－16　　　　　　　　　模型Ⅰ、模型Ⅱ、模型Ⅲ的拟合比较

模型	χ^2/df	RMSEA	GFI	AGFI	IFI	CFI
Ⅰ	1.833	0.048	0.868	0.852	0.921	0.942
Ⅱ	1.833	0.045	0.872	0.852	0.921	0.942
Ⅲ	1.832	0.045	0.873	0.853	0.923	0.944

比较结果显示：①模型Ⅰ、模型Ⅱ、模型Ⅲ中拟合数值均符合拟合标准，且波动不大，说明研究提出的模型结构上具有较好的稳定性；②模型Ⅱ是在模型Ⅰ基础上，删除了不显著路径得到的，且拟合指标较好，因此模型Ⅱ在结构上优于模型Ⅰ。③为了进一步考察"参照群体""品牌信任""自我契合度"三者与品牌采纳之间的直接效应在模型Ⅱ基础上构建了模型Ⅲ，检验结果显示模型Ⅲ中新增的3条路径拟合效果较好。同时，模型Ⅲ的拟合指标χ^2/df优于模型Ⅰ和模型Ⅱ状况。因此，模型Ⅲ是本研究中最优的模型。

5.3.4.5　研究假设结果

根据对模型Ⅰ、模型Ⅱ、模型Ⅲ的假设检验，以及得到的"动因""感知价值""品牌采纳服装"三者相互间的影响效应，本书研究假设的最终检验结果如表5－17所示。

表 5－17　　　　　　　　　研究假设结果

序号	假设路径	标准化路径系数	显著性关系	是否支持	作用	直接效应	间接效应	总效应
Ha1	RG→FV	0.131	显著	是	正向影响	0.131	—	0.131
Ha2	RG→AV	0.149	显著	是	正向影响	0.150	—	0.150
Ha3	RG→SV	0.125	显著	是	正向影响	0.127	—	0.127
Ha4	RG→EV	0.142	显著	是	正向影响	0.142	—	0.142
Ha5	RG→EVa	0.131	显著	是	正向影响	0.131	—	0.131
Ha6	RG→PC1	−0.123	显著	是	负向影响	−0.123	—	−0.123

续表

序号		假设路径	标准化路径系数	显著性关系	是否支持	作用	直接效应	间接效应	总效应
Ha7		RG→PC2	−0.106	显著	是	负向影响	−0.108	—	−0.108
Hb1		BT→FV	0.145	显著	是	正向影响	0.145	—	0.145
Hb2		BT→AV	0.135	显著	是	正向影响	0.136	—	0.136
Hb3		BT→SV	0.143	显著	是	正向影响	0.144	—	0.144
Hb4		BT→EV	0.158	显著	是	正向影响	0.160	—	0.160
Hb5		BT→EVa	0.117	显著	是	正向影响	0.117	—	0.117
Hb6		BT→PC1	−0.133	显著	是	负向影响	−0.133	—	−0.133
Hb7		BT→PC2	−0.052	不显著	否	无显著影响	—	—	—
Hc1		SC→FV	0.125	显著	是	正向影响	0.125	—	0.125
Hc2		SC→AV	0.166	显著	是	正向影响	0.168	—	0.168
Hc3		SC→SV	0.170	显著	是	正向影响	0.173	—	0.173
Hc4		SC→EV	0.152	显著	是	正向影响	0.152	—	0.152
Hc5		SC→EVa	0.142	显著	是	正向影响	0.144	—	0.144
Hc6		SC→PC1	−0.125	显著	是	负向影响	−0.125	—	−0.125
Hc7		SC→PC2	−0.040	不显著	否	无显著影响	—	—	—
Hd1		FV→BA	0.152	显著	是	正向影响	0.152	—	0.152
Hd2		AV→BA	0.148	显著	是	正向影响	0.150	—	0.150
Hd3		SV→BA	0.132	显著	是	正向影响	0.132	—	0.132
Hd4		EV→BA	0.129	显著	是	正向影响	0.131	—	0.131
Hd5		EVa→BA	0.134	显著	是	正向影响	0.134	—	0.134
Hd6		PC1→BA	−0.154	显著	是	负向影响	0.156	—	0.156
Hd7		PC2→BA	−0.107	显著	是	负向影响	−0.108	—	−0.108
新增	He	RG→BA	0.274	显著	是	正向影响	0.274	0.450	0.724
	Hf	BT→BA	0.198	显著	是	正向影响	0.198	0.569	0.607
	Hg	SC→BA	0.317	显著	是	正向影响	0.317	0.637	0.954

①模型Ⅰ的28条假设路径中，除了 Hb7"品牌信任→使用成本"以及 Hc7"自我契合度→使用成本"以外，其余26条假设路径均得到验证。②另外，新增加3条路径"参照群体→服装品牌采纳""品牌信任→服装品牌采纳""自我契合度→服装品牌采纳"的统计结果显著，说明新增开条路径均得到支持。③依据各变量间的直接效应、间接效应和总体效应，可以看出参照群体、品牌信任、品牌与自我的契合度对服装品牌采纳有直接影响，其中，自我契合度对服装品牌采纳的影响最大，其次为参照群体和品牌信任。④感知价值中的功能价值、审美价值、象征性价值、情感价值、认知价值、支付成本和使用成本对服装品牌采纳的影响是直接的，其中支付成本的影响效应为0.156，最强，其次为功能价值、审美价值、认知价值、象征性价值、情感价值，感知使用成本的影响最小。

5.4 基于感知价值的服装品牌采纳模型说明

5.4.1 参照群体对服装品牌各价值感知的影响存在差异

实证结果显示：参照群体对感知价值的7个要素都有显著影响。其中，参照群体对感知收益（功能价值、审美价值、象征性价值、情感价值、认知价值）的影响是正向的，也就是说参照群体的正面信息会影响消费者对服装品牌价值的感知评价，正面评价越高，感知收益也越高；而参照群体对于感知付出（感知支付成本和感知使用成本）的影响是负面的，即参照群体提供的正面评价越高，服装品牌的感知付出越低。

而依据表5-17统计数据显示：在忽略个体差异的情况下，参照群体对功能价值的影响效应为0.131，对审美价值的影响效应为0.150，对象征性价值的影响效应为0.127，对情感价值的影响效应为0.142，对认知价值的影响效应为0.131，对感知支付成本的影响效应为0.123，对感知使用成本的影响效应为0.108。由此可见，参照群体对服装品牌各价值感知的影响效用分别为：审美价值>情感价值>感知支付成本>功能价值、认知价值>象征性价值>感知使用成本。

综上所述，参照群体对审美价值影响最大，情感价值影响次之。说明参照群体能够影响她们对服装品牌的价值判断，表现为"群体对美的定义和标准"，也表现为"群体对品牌好差的评判"。被访者 I 在访谈中提到"有个同事，一般看我穿什么品牌，她也会去买""因为她说我穿得好看"；被访者 S 表示，"喜欢小众一点的品牌，会参照网红的推荐，选择带点格调的"。

5.4.2　品牌信任对服装品牌各价值感知的影响存在差异

实证结果显示：品牌信任对感知价值的 6 个要素都有显著影响，1 个要素无显著性影响。其中，品牌信任对感知收益（功能价值、审美价值、象征性价值、情感价值、认知价值）的影响是正向的，也就是说高品牌信任会促使消费者对服装品牌价值的感知评价，消费者的品牌信任越高，对服装品牌价值的感知收益也越高；而品牌信任对于支付成本的影响是负面的，即品牌信任越高，消费者感知到的支付成本就越低。而品牌信任与使用成本无显著相关性，说明品牌信任对感知使用价值无明显影响。

而依据表 5 - 17 统计数据显示：在忽略个体差异的情况下，品牌信任对功能价值的影响效应为 0.145，对审美价值的影响效应为 0.136，对象征性价值的影响效应为 0.144，对情感价值的影响效应为 0.160，对认知价值的影响效应为 0.117，对支付成本的影响效应为 0.133。由此可见，品牌信任对服装品牌各价值感知的影响效用分别为：情感价值>功能价值>象征性价值>审美价值>支付成本>认知价值。

综上所述，品牌信任对情感价值影响最大，功能价值影响次之。说明品牌信任能够影响她们对服装品牌的价值判断，特别是情感上和功能性上的价值感知。很多被访者指出，虽然会"游走于各种品牌之间"，但是一旦认准了某个品牌，就会"经常关注、经常购买"；另外，在调查中，被访者普遍认为"品牌服装和服务的质量有保障"。

5.4.3 自我契合度对服装品牌各价值感知影响存在差异

实证结果显示：自我契合度对感知价值的 6 个要素都有显著影响，1 个要素无显著性影响。其中，自我契合度对感知收益（功能价值、审美价值、象征性价值、情感价值、认知价值）的影响是正向的，也就是说高自我契合度会影响消费者对服装品牌价值的感知评价，与自我契合度高的品牌，消费者的服装品牌感知收益也越高；而自我契合度对感知支付成本的影响是负面的，即品牌与自我契合度越高，支付成本相对而言就越低。而自我契合度与使用成本无显著相关性，说明品牌信任对感知使用价值无明显影响。

而依据表 5-17 统计数据显示：在忽略个体差异的情况下，自我契合度对功能价值的影响效应为 0.125，对审美价值的影响效应为 0.168，对象征性价值的影响效应为 0.173，对情感价值的影响效应为 0.152，对认知价值的影响效应为 0.144，对感知支付成本的影响效应为 0.125。由此可见，自我契合度对服装品牌各价值感知的影响效用分别为：象征性价值 > 审美价值 > 情感价值 > 认知价值 > 功能价值和支付成本。

综上所述，自我契合度对的象征性价值影响最大，审美价值影响次之。说明自我契合度能够影响她们对服装品牌价值的判断，特别是象征性和审美上的价值感知。访谈中，绝大多数被访者都提到"会选择适合我的品牌""会根据场合需要选择服装""会选择形象符合我职业的品牌"……

5.4.4 感知价值各维度对服装品牌采纳的影响效应存在差异

实证结果显示：感知价值的 7 个要素均对服装品牌采纳有显著影响。其中，感知收益（功能价值、审美价值、象征性价值、情感价值、认知价值）对服装品牌采纳形成的影响是正向的，也就是说高感知收益会促使消费者对服装品牌形成正面的态度，消费者的感知收益越高，对服装品牌价值的采纳意愿也越高；而感知付出对服装品牌采纳形成的影响是负面的，即感知付出越高，消费者对服装品牌的采纳意愿越低。

而依据表 5 -17 统计数据显示：在忽略个体差异的情况下，功能价值对服装品牌采纳的影响效应为 0. 152，审美价值对服装品牌采纳的影响效应为 0. 150，象征性价值对服装品牌采纳的影响效应为 0. 132，情感价值对服装品牌采纳的影响效应为 0. 131，认知价值对服装品牌采纳的影响效应为 0. 134，支付成本对服装品牌采纳的影响效应为 0. 156，使用成本对服装品牌采纳的影响效应为 0. 108。由此可见，感知价值各要素对服装品牌各价值感知的影响效用分别为：支付成本 > 功能价值 > 审美价值 > 认知价值 > 象征性价值 > 情感价值 > 使用成本。

综上所述，服装品牌感知价值中的支付成本对品牌采纳影响最大，功能价值次之，审美价值、认知价值、象征性价值对品牌采纳的影响均高于情感价值。研究结果和第 4 章中服装品牌价值感知重要性评判的结果一致。说明在服装品牌决策中，消费者整体上保持理性的态度，追求付出与收益之间的利益最大化，对品牌的审美、时尚感、独特感以及象征性内涵的追求大于情感上的追求。正如在调查中，她们表述的"东西越好越好，价格越便宜越好""一件衬衫 500 元以上就会觉得贵，但是冬天的呢大衣至少 3000 元以上，才感觉过得去""不一定非要大牌，感觉没必要，反而一些小众的带设计感的品牌吸引我"……

5. 4. 5 外源因子和内生因子对服装品牌采纳的影响效应存在差异

实证结果显示：参照群体、品牌信任、自我契合度对服装品牌采纳均有呈现正向显著关系。说明，参照群体提供的正面信息，会对服装品牌采纳起到积极的促进作用，参照群体的态度越积极、正向，她们对服装品牌的采纳意愿也越高；高品牌信任会积极影响服装品牌的采纳，消费者的品牌信任越高，对服装品牌的采纳意愿也越高；品牌与自我的高契合度积极影响服装品牌的采纳，即品牌与自我的契合度越高，采纳意向越强烈。

而根据表 5 -17 各研究变量间的效应关系，可以看出外源因子（参照群体影响）和内生因子（品牌信任、品牌与自我契合度）对服装品牌采纳不仅有直接影响，还通过中介变量（感知价值）间接影响消费者对服装品牌的采纳。统计数据显示，在忽略个体差异的情况下，参照群体对服装品牌采纳的直接效应为 0.274，间接效应为 0.450，总效应为 0.724；品牌信任对服装品牌采纳的直接效应为 0.198，间接效应为 0.569，总效应为 0.706；自我契合度对服装品牌采纳的直接效应为 0.317，间接效应为 0.637，总效应为 0.954。由此可见，对服装品牌采纳的影响效用分别为：自我契合度（总效应为 0.954）＞参照群体（总效应为 0.724）＞品牌信任（总效应为 0.706）。

综上所述，在服装品牌决策中，自我契合度对品牌采纳影响最大，参照群体影响次之，品牌信任影响最小。说明被调查群体自我意识较强，希望通过装扮实现"内在自我"的表达；同时，会受到来自参照群体的信息性、功利性、价值表达性影响，在品牌决策上，表现出"从众、趋同"的行为；再者，品牌信任影响采纳，高信任的品牌，采纳倾向高。

5.5 服装品牌采纳形成的原因

消费者在服装品牌采纳时受到来自参照群体、品牌信任、自我契合度的不同程度作用；从模型Ⅲ的数据统计可以看出，消费者对服装品牌价值的感知和最终采纳的形成，是权衡服装品牌感知价值后形成的结果。在日常生活中，出于身份、角色等原因，个体往往表现出从属于各种小型群体，但又区别于群体，而表现出自我与个性。因此，消费者的服装品牌采纳，除了关注品牌所呈现的品牌文化、品牌形象以及品牌个性息息相关外，还受外界环境和自身因素的影响。

5.5.1 感知价值的作用

"感知价值"在服装品牌采纳模型中起到的是中介作用，"参照群体""品牌信任"和"自我契合度"通过感知价值作用于服装品牌采纳，影响消费者的服装品牌态度。同时，"感知价值"的各个维度也在不同程度地影响服装品牌的采纳态度。依据模型验证结果显示，支付成本 > 功能价值 > 审美价值 > 认知价值 > 象征性价值 > 情感价值 > 使用成本。

感知价值各维度中，支付成本、功能性价值、使用成本是消费者的实质性需求。其中，支付成本对服装品牌采纳的影响效应最大，功能价值次之，说明消费者对服装品牌的采纳呈现出理性的一面，既考虑货币成本、风险成本、购买便利性等方面影响感知支付的要素，也考虑品质属性、舒适性、可选性、安全性、服务属性等影响功能价值的要素，而对于洗涤便利性、保养便利性两个使用成本要素考虑得则较少。同时，研究证明支付成本和使用成本对服装品牌采纳的作用是负向的，即支付成本、使用成本越高，采纳意愿越低。

审美价值、认知价值、象征性价值与情感价值体现的是消费者对品牌的设计、内涵、符号、情感的非实质性需求。审美价值主要表现在产品设计与品牌整体形象设计上；认知价值主要表现在品牌所呈现出的时尚感与独特感；象征性价值表现为品牌所映射出的文化象征属性、自我展现属性、社会象征属性与情境属性；情感价值是消费者与品牌之间存在的一种情感层面的依赖，表现为心理偏好、符合期望、品牌归属感，这些都体现出了服装品牌采纳时感性的一面。

另外，在第 6 章中，将以感知需求动机进行群体划分，从感知价值角度对比分析不同类型群体在服装品牌采纳上表现出的一致性与差异性，以及隐藏在背后的深层次原因。

5.5.2　参照群体的作用

随着互联网的发展，参照群体的作用日益凸显，参照人群也由最初的家人、朋友、邻居、同事、同学、实体小团体……发展到互联网生活圈，微信、微博、互动平台等。消费者借助网络搜寻、评论、交流品牌信息，查看、跟踪意见领袖、网红主播、知名艺人发布的关于时尚、潮流、品牌信息，是网络化社会发展的必然趋势。在前文的研究中已经证实了在形成品牌采纳时，参照群体对品牌价值感知和采纳形成有显著影响。笔者在前期的访谈研究中也了解到，被调查者在形成服装品牌采纳或者决策时，受到来自周围各种群体的影响。虽然来自参照群体的具体影响很多，但影响服装品牌价值与态度主要以下两个方面：

1. 在参照群体"信息性"作用下，表现出对品牌"积极或消极"的初始印象，影响服装品牌感知价值与采纳。

在这个信息爆炸、各种媒体泛滥的时代，消费者对媒体、广告具有极强的免疫能力，此时，参照群体提供的"信息"，在她们的消费决策中所起作用就显得格外突出、重要。亲友间口口相传的评论，"小红书"等各种 App 虚拟平台的消费者互动及推荐，时尚主播、明星偶像的力捧……她们会在不经意间主动搜寻或者被动关注自己感兴趣的产品或者评论。相比媒体和商家的广告信息，她们更倾向于来自亲友、消费者、明星、意见领袖（各种网红、各类主播）等参照群体的信息推荐。

许多被访者表示，在下订单前，都会查阅下该品牌或该产品的相关评论。特别是在网络购物中，她们会搜寻相关的品牌信息，关注其他消费者的购物心得和评论。调查中显示（见表 5 – 18），被调查者对服装品牌信息在线获取方式，主要来自综合性购物平台（57.8%），其次是品牌官网（15.0%）。总之，购物平台上信息的分享与交流是个人消费、使用经验的体现，能够较为真实地反映消费者的品牌体验及内心情感，促使信息受众对服装品牌形成"积极或消极"的初始印象。另外，信息来自经验分享型 App 平台、搜索引擎、交互平台的占比分别为 12.0%、11.3% 和 3.9%，说明她们也会时刻留意各种交互平台（如百度、Google、小红书、微博、微信等），以规避或者降低网络购物隐藏的风险（如着装效果、服装材质、品牌的真伪、品牌售后等不确定信息）。

表 5 – 18　　　　　　　　　　在线信息来源分析

信息来源		特点	信息占比（%）
品牌官网	EP、ZARA、Gucci、Chanel……	（1）品牌官方信息推送 （2）消费者针对该品牌的产品评论与购物分享	15.0

续表

信息来源		特点	信息占比（％）
综合性购物平台	淘宝、天猫、唯品会、京东、网易考拉、蘑菇街、有货、D2C 等	（1）针对用户喜好和关注点，平台会选择性地推送广告 （2）主播推送 （3）消费者的产品评论与购物分享 （4）信息量大、杂，受众需要有较好的识别能力	57.8
经验分享型 App 平台	小红书、天天时装、穿针引线、涂手等	（1）用户众多，且每篇笔记质量较高 （2）推荐品牌多、杂、乱 （3）有针对性地推送广告	12.0
交互平台	微信、微博等"流量"明星，以及网红主播、新浪时尚等的微博）	（1）集"时尚展示、评论、互动"于一体，更新速度快，能获取到最新的时尚信息，例如明星的机场街拍照、聚会酒会合影等 （2）缺乏对品牌信息的针对性推送 （3）信息量大、杂、乱 （4）获取品牌信息较少，且不清晰	3.9
搜索引擎	百度、谷歌等	可以搜索到关于品牌的大量信息（品牌新闻、时尚发布、消费者经验分享、小编评论等）	11.3

资料来源：本研究整理。

2. 在参照群体"功利性"和"价值表达性"作用下，表现出"求同"的从众心理，影响服装品牌感知价值与采纳。

每个人的思想、行为，包括日常生活的一些细小活动，如穿什么衣服、怎么搭配、留什么发型：配什么饰品，都会受到参照群体的影响。当一个人的思想、观点、行动偏离或违背群体规范时，便会受到"指责、批评和孤立"，表现为对个体精神层面的压力。在这种群体压力下，作为有着特定社会形象、职业形象的个体，在外观管理时有意无意就会产生"求同"的从众心理。被访者 I 为政府部门工作者，在交流中提到"我选择服装品牌的标准，很重要的一点就是得穿着正式，像是三彩、丽雪、哥弟这种带有 OL 感的品牌，就特别符合我的职业形象"，"穿得太特别，会被同事围观"。被访者 P，提到"有个同事（高校行政岗）穿着热裤上班，被院长叫去谈话，要求穿着符合工作形象"。在"求同"心理的作用下，她们会依据自己的社会角色做出"符合群体认可标准"的行为表现,即表现出不同的服装品牌感知价值与采纳。同时,穿着与社会角色相符的着装,也使她们能更容易进行彼此的沟通,建立融洽的社会关系。

5.5.3 品牌信任的作用

品牌信任是一般消费者信赖"品牌能够履行其所声称功能的能力"的意愿。当存在风险或不确定因素时,信任就上升为至关紧要的因素,对消费者品牌价值感知与采纳形成有举足轻重的影响。消费者对一个品牌,从熟悉到信任,是一个不断深化的过程。而在前期的深度访谈中可以发现,品牌信任主要来源于"品牌主形象""消费者与品牌的关系度""消费体验"三个方面。

5.5.3.1 品牌主形象

品牌形象是品牌在市场上、在社会民众心中所表现出的个性特征,是消费者对品牌所有联想的集合体,它反映了品牌在民众记忆中的图景,体现了消费者对品牌的评价与认知。它与品牌密不可分,是品牌表现出来的特征,反映了品牌的实力与本质。特别是在当下,服装市场给了顾客越来越多的商品选择(比如,一款时尚休闲 T 恤,就有上千种品牌和样式可供消费者选择),此时消费者往往会徘徊于各种品牌之间,难以抉择。在这些情况下,大多数消费者往往选择依靠品牌来决定购买行为,当中,品牌主形象对消费者决策的决定作用越发凸显。品牌,它象征着一种信誉,一种承诺,为消费者决策提供了信心,消除她们对于产品的疑虑,节约了购买决策的时间,让顾客在购买该商品时信心满满,在售后的服务过程中也能得到品牌最大的支持和服务。

5.5.3.2 消费者与品牌的关系度

消费者与品牌的关系度在一定程度上会影响消费者对于该品牌商品的购买数量和购买意愿。在关系度高的消费群体里,品牌信息传播显得尤为快速,消费者口中的信息更加值得其他消费者信赖和推崇。尤其是公众人物对于某一服装品牌参与，足以影响周围的人对该品牌的认可，而这些人在很大程度上会对该品牌产生好感并去尝试该品牌的商品。同时，相对于低关系度的品牌，消费者更倾向于信任那些自己熟悉的或者经常接触的品牌。

5.5.3.3　消费体验

品牌价值对于消费者来说是一种信任和认同，同样也是一种精神上的依靠，而这种情感并不是凭空产生的，它是在长期的消费体验中形成的。这里的消费体验指的是消费者在与品牌接触或使用过程中对一系列与品牌相关事件的积累经历和印象，是由企业创造的与其品牌相关的刺激物所引发的消费者的感知、态度、认知、情感等一系列反应。可以说，消费体验是品牌与消费者交流的一个直接有效的媒介，在体验过程中，消费者就服装、品牌形象、包装、导购能力、购买环境等一系列刺激物作出感知反应，从而对品牌产生一定的态度或者情感。消费者对品牌的信任，基本上是建立在产品和服务体验的基础之上逐渐形成的。当消费者在长期的消费体验中，对品牌产生极度信任时，品牌和消费者的关系就会经久稳定。即使面对更好更优惠的品牌时，忠诚顾客也很少会放弃信任感高的品牌转向另一个品牌。

5.5.4　自我契合度的作用

在日常生活中，无论扮演的是哪种角色，这些角色如果想要扮演得好，就要选择与自身角色相符的装扮。服装作为一种外显性装扮，除了款式、造型符合角色的身份外，品牌所蕴含的风格、文化、内涵、价值都需要与着装者保持统一。在前期的深度访谈中，发现被调查者倾向于"自我契合度高的品牌"，会综合考虑"社会身份的构建""内在自我的表达"和"自我对美的追求"。

5.5.4.1　社会身份的构建

身份是一个抽象的概念，是存在于个体和群体之间的一套有意义的系统性规范。在社会网络中，身份是社会关系网中人及其所处位置的标志。而各种不同身份的确立，被看作是根据特定的社会环境构建而成的。访谈交流中发现，被调查者除了要求服装符合审美外，特别关注服装对自身的构建，以及服装所能传达的信息。此时，服装消费不仅满足了人们的生理需要，更多地诠释了其心理上的社会化需求。力求借助服装品牌进行身份构建，维系和强化某种特定的社会身份，抑或是与某一群体进行区隔。特别是作为"事业与家庭兼顾"一个特殊群体，通常有着较为体面的工作，且收入较高，她们较为清晰明了地知道身份构建与服装之间的重要性。由于工作、生活的需要，通常会扮演的不仅仅是一种身份，而是多种身份。此时，她们会将自己的着装形象与场景、身份、地位、品位以及个性等因素挂钩，通过合理的着装进行身份构建，从而向众人传递关于角色的信息。

被访者 Q 为大学教师，行政岗，平时经常购买的品牌有伊芙丽、UNIQ-LO、艾莱依，这些品牌属于大众品牌，比较正统。被访者 A 同样为大学教师，设计专业教师，钟情于购买密扇、地素、江南布衣等，带有民族元素设计、流露特色文化内涵的品牌。在进行外观管理时，她们会考虑"自己在社会中扮演什么样的角色"，这与个人角色也有着极大的关系。

5.5.4.2　内在自我的表达

人们把服装作为自我实现的媒体，对服装的选择不仅是为了表达自己所扮演的社会角色，还与自我个性表达有关。人们往往通过服装实现自我，或是对个性化的追求，利用品牌与产品来实现自我形象的外化。特别是受过高等教育的群体，有明确的人生目标，上进、不甘落后，在生活上往往想方设法让自己趋于"理想"，也希望通过服装来展现一个"理想的自我"。访谈中发现，认为自己朴素的个体，她们往往会选择较为朴素的品牌；而认为自己时尚的个体，则会选择看上去带时尚感的品牌。可见，她们对自我的感知会借助服装来传递。

此外，她们还希望借助服装表达"个性"，满足自身"与他人不同、富于变化、富于差别"而且传达"独特、持久的同一身份的我"的需求。被访者 R 是一位服装专业大学教师，在日常的服装消费中，她选择的基本上都是些小众品牌，如 LOLO LOVE VINTAGE、Dan@ Dot Collection、小小设计、Annata Vintage 等。当被问及为什么会选这种别具风格的服装时，她表示"喜欢服装带点神秘、浪漫、梦幻的特质，不喜欢拘泥于现实，最主要是自己穿得开心"，同时，她还表示"这就是我想要表达的"。

5.5.4.3 自我对美的追求

"自我对美的追求"，即"求美"，作为一种精神需求，它"不仅是一种高级需求，还是一种人的天性、本能和基本的需求"，是"人类在寻求精神愉悦的意识指导下对追求精神享乐的一种特殊欲求，它是主体表达情感、力求完美自我实现的一种最理想的方式"。个体对服装品牌的审美需求除了体现在服装外在形式（款式、色彩、质地、做工等）上，还体现在服装带给自己的心理满足上，如：选择穿着该品牌服装时感觉自身心情愉悦、并觉得这样的着装效果能够体现自己的社会地位，从而实现完美的自我。

本 章 小 结

本章为假设验证部分，先后通过相关分析、结构方程模型对参照群体、品牌信任、自我契合度、感知价值各个维度、品牌采纳的直接效应、间接效应进行了检验得到可支持的最优化的模型Ⅲ，并对各个变量之间的作用关系和作用效度展开分析。本章主要研究结果包括：

（1）参照群体对服装品牌各价值感知的影响存在差异，其中对审美价值的影响最大，对感知使用成本影响最小。

（2）品牌信任对服装品牌各价值感知的影响存在差异，其中对情感价值的影响最大，对认知价值的影响最小，对感知使用成本无显著影响。

（3）自我契合度对服装品牌各价值感知影响存在差异，其中对象征性价值的影响最大，对功能价值和支付成本的影响最小，对使用成本无显著影响。

（4）感知价值各维度对服装品牌采纳的影响效应存在差异，支付成本的效应较大，使用成本的效应最小。

（5）参照群体、品牌信任、自我契合度对服装品牌采纳的影响效应存在差异，其中自我契合度的影响作用最大。

（6）消费者在参照群体"信息性"作用下，形成对品牌"积极或消极"的初始印象；在"功利性"和"价值表达性"作用下，表现出"求同"的从众心理，这些都影响她们对服装品牌的感知价值与采纳。

（7）服装品牌信任主要来源于"品牌主形象""消费者与品牌的关系度""消费体验"三个方面。

（8）服装品牌选择时，会综合考虑"社会身份的构建""内在自我的表达"和"自我对美的追求"，倾向于"自我契合度高的品牌"。

群体感知差异下的服装品牌采纳对比

随着社会的进步和人们生活水平的不断提高，人们的着装需求也发生着巨大的变化。人们的着装已不仅满足其生理需要，还要满足审美、个性、角色扮演的需求。因此，在社会高速发展的时代，作为有着一定经济能力、具备良好教育背景和社会地位的"80后"杭州知识女性，她们在选择服装时除了会考虑自己的社会角色，也会受整个消费文化的影响，表现出注重其自身的着装，在意服装上承载的文化、传达的符号意义的特点。本章从服装品牌价值需求角度展开群体细分，考察各类群体如何感知服装品牌价值，分析各类群体服装品牌采纳特点，以及采纳一致性和差异性存在的原因。

6.1　群体细分

动机是个体从事某种行为活动的内部驱动力，

每个个体在选择服装、选择品牌时，都是出于不同的目的、不同的需求。当然，这些需求动机有些表现得感性、有些表现得深思熟虑。因此，群体划分依据价值需求动机来确定。

6.1.1　聚类分析

为了更好地就服装品牌价值感知与采纳形成展开分析，在降维的基础上，还需要对得到的潜在因子进行聚类分析。

通过聚类分析的结果见表 6-1，本书依据感知需求动机的不同，将被调查者为四大类型（四类群体的分类依据详见 6.1.2~6.1.5 小节）：社交型、自我表达型、情感型、实用型。

表 6-1　　　　　　　　　　　　**聚类分析结果**

项目	社交型	自我表达型	情感型	实用型
关于感知价值的题项	32.96% （534）	20.12% （326）	11.91% （193）	35.00% （567）
FV1：服装质量优良、稳定	6.19	5.72	6.23	6.45
FV2：品牌整体具有品质感	5.71	5.33	5.62	6.37
FV3：产品实用性强	5.04	4.71	4.80	5.52
FV4：服装穿着舒适	5.92	5.54	5.84	6.32
FV5：品类色系齐全，可选性强	5.39	5.22	5.52	6.20
FV6：符合相关标准	4.73	4.62	4.87	5.04
FV7：能提供专业、有效的服务	5.85	5.40	5.51	5.46
FV8：提供舒适、配套的购物环境	5.57	5.07	5.54	4.71
AV1：款式（外观、版型等）美观	5.41	5.56	4.83	4.48
AV2：能提供我所喜欢的样式	5.13	5.02	5.09	4.72
AV3：服装、配饰等精美，有品位	5.24	4.98	5.10	4.52
AV4：品牌形象展示具有吸引力	4.72	5.28	5.15	4.87
SV1：能传达特定的文化内涵	5.55	4.38	5.15	4.16

续表

项目	社交型	自我表达型	情感型	实用型
SV2：能表达一定的生活态度	5.48	5.57	5.21	4.52
SV3：能展现自我	5.26	6.04	5.66	4.80
SV4：能够帮我树立良好的个人形象	5.57	4.83	5.26	4.75
SV5：具有较高社会知名度和美誉度	4.89	4.71	4.62	3.85
SV6：让我得到周围更多人的认同	5.54	4.74	4.80	4.27
SV9：让我在社交场合中感到自信	5.62	4.41	5.07	4.02
EV1：喜欢购买品牌服装	4.08	2.99	4.77	2.12
EV2：购买或穿着品牌服装让我愉悦	4.73	3.61	5.54	3.36
EV3：品牌的产品和承诺让人放心	5.04	4.79	5.50	4.77
EV4：产品/服务符合我的预期期望	4.86	4.45	5.22	5.00
EV7：使用效果符合我期望	4.90	5.18	5.06	5.04
EV9：提供特殊服务，让我有归属感	4.54	3.70	5.52	2.88
EV10：习惯于购买品牌的服装	4.90	2.07	4.44	2.53
EV1a：品牌整体设计新颖	4.72	4.97	4.63	4.45
EV2a：品牌整体设计时尚	4.87	4.95	4.83	4.56
EV3a：上新速度快	4.55	4.76	4.32	4.06
EV4a：品牌气质独特	4.36	4.53	4.52	4.09
EV5a：品牌服装不易撞衫	5.94	6.02	5.41	5.23
PC1：提供了与价格相符的价值	5.50	5.17	6.13	6.35
PC2：不容易降价或打折	5.80	5.52	6.06	4.57
PC3：买到质量差的风险小	5.16	5.07	5.52	5.02
PC4：购买、支付便利	4.81	4.60	5.09	5.46
PC5：洗可穿性（如无须熨烫）	4.16	3.83	4.00	4.13
PC6：洗涤的便利	3.61	3.73	3.66	5.00
PC7：保养的便利	2.44	2.85	2.87	4.26
月购买频率（最多）	2次及以下（55.8%）	2次及以下（42.0%）	2次及以下（49.2%）	2次及以下（72.7%）

续表

项目	社交型	自我表达型	情感型	实用型
单件服装平均价格（最多）	501～1000元（48.1%）	501～1000元（41.7%）	501～1000元（37.8%）	501～1000元（40.4%）
购物渠道（最多）	购物中心（62.7%）	电商平台（41.9%）	购物中心（65.8%）	电商平台（46.0%）
购买时间段（最多）	无特定时间（56.0%）	新品上市（61.3%）	节假日（38.3%）	优惠活动（61.4%）
购买品牌服装的占比（最多）	51%～75%（49.1%）	51%～75%（46.0%）	51%～75%（37.3%）	25%～50%（42.9%）
购买品牌的原因（最多）	工作需要（43.3%）	追求潮流（37.7%）	追求潮流（36.3%）	工作需要（60.7%）
购买服装品牌的类型（最多）	EP、哥弟、太平鸟等大众品牌（38.2%）	EP、哥弟、太平鸟等大众品牌（26.7%）	EP、哥弟、太平鸟等大众品牌（32.6%）	H&M、GAP、UNIQLO等快时尚品牌（30.5%）

6.1.2　社交型

社交型群体在品牌感知时，对服装品牌"品质""服务"，以及"提供的社会价值""价格"的关注度较高。并且从表6-1可以看出，有12个题项的感知评分高于5.5。其中，在FV7、FV8、SV1、SV4、SV6六个题项上的评分均高于其他三类人群，说明这类群体非常注重所传达的社会形象，希望借助品牌表达生活状态、打造个人形象，以及得到社会认同，因此将其命名为"社交型"。

社交型群体占总被调查人数的32.96%，每月购买频率在2次以下的居多，占55.8%；购买的服装单件价格在501～1000元区间的较多，占48.1%；有62.7%的社交型群体是在购物中心购买服装；在购买时间段上，大部分社交型的群体无特定时间，占56.0%；购买品牌服装占比为51%～57%的社交型居多，占49.1%；购买品牌的原因多出于工作的需要，占43.3%；购买EP、哥弟、太平鸟等大众品牌的社交型占的比例较多，约 38.2%。

6.1.3 自我表达型

自我表达型群体在品牌感知时，对服装品牌"品质""舒适""美观""表达、展现生活态度与自我""独特性"的关注度较高。并且从表 6-1 可以看出，有 7 个题项的感知评分高于 5.5。其中，在 AV1、SV2、SV3、EV5a 四个题项上的评分均高于其他三类人群，说明她们注重美观性、独特性以及自我表达，希望借助品牌表达一种生活态度，故而称之为"自我表达型"。

自我表达型群体占总被调查人数的 20.12%，此类型群体每月购买频率在 2 次以下的居多，占 42.0%；购买的服装单件价格在 501～1000 元区间的较多，占 41.7%；有 41.9% 的自我表达型是通过电商平台购买服装；在购买时间段上，大部分自我表达型会在"新品上市"时购买服装，占 61.3%；购买品牌服装占比为 51%～57% 的居多，占 46.0%；购买品牌的原因多出于追求潮流的需要，占 37.7%；购买 EP、哥弟、太平鸟等大众品牌的占的比例较多，约占 26.7%。

6.1.4 情感型

情感型群体在品牌感知时，对服装品牌"品质""舒适""品类""服务""自我展示""价格"的关注度较高，同时，还认为"品牌能使我愉悦，且让人放心，有归属感"。并且从表 6-1 可以看出，有 13 个题项的感知评分高于 5.5。其中，在 EV2、EV3、EV9、PC2、PC3 五个题项上的评分均高于其他三类人群，说明她们信任品牌的产品和承诺，购买品牌服装使她们感知风险小、有归属感，故而称之为"情感型"。

情感型群体占总被调查人数的 11.91%，此类型群体每月购买频率在 2 次以下的居多，占 49.2%；购买的服装单件价格在 501～1000 元区间的较多，占 37.8%；有 65.8% 的情感型是在购物中心购买服装；在购买时间段上，会在"节假日"时购买服装的情感型，占 38.3%；购买品牌服装占比为 51%～

57%的居多，占 37.3%；购买品牌的原因主要出于追求潮流的需要，占 36.3%；购买 EP、哥弟、太平鸟等大众品牌的占的比例较多，约占 32.6%。

6.1.5 实用型

实用型群体在品牌感知时，对服装品牌"功能性价值""性价比""便利性"的关注度较高。并且从表 6 - 1 可以看出，她们在 FV1、FV2、FV3、FV4、FV5、PC1 六个题项上的评分均高于5.5，且高于其他三类人群。同时，在 PC4 的感知评分为 5.46，在 PC6 的感知评分为 5.00，虽然没有达到5.5，但还是比其他三类群体高出很多，说明她们在追求品牌的"功能性价值"的同时，还特别在意"时间和成本上的付出"，要求价格低，购买和洗涤方便，故称之为"实用型"。

实用型群体占总被调查人数的 35.00%，是本次问卷调研中所占人数最多的类型。此类型中，46.0%的人会在电商平台购买，61.4%的人会在优惠活动时购买，购买品牌的原因多出于工作的需要，占 60.7%说明她们讲求性价比和实用性，故而称其"实用型"。和其他三类群体一样，实用型群体每月购买频率在 2 次以下的居多，占 72.7%；购买的服装单件价格在 501 ~ 1000 元区间的较多，占 40.4%；购买品牌服装占比为25% ~50%的居多，占 42.9%；购买品牌的原因主要出于工作的需要，占 60.7%；购买 H&M、GAP、UNIQLO 等快时尚品牌的所占比例较多，约占 30.5%。

6.2 四类群体的感知对比

依据上文的群体分类，笔者针对"四类群体对各感知测量指标所对应的线索进行感知度测量"。比较分析四群体在感知与采纳上存在的异同。关于各线索感知度的测量，详见附录 2 问卷的第四部分。对于各条线索感知度的评分及四个群体的采纳对比情况，分析如下。

6.2.1 功能价值的感知对比

功能价值，强调的是服装品牌所具有的实体价值。商品本身的功能、质量、性能等直接获取的效用是形成品牌感知价值的前提条件和核心基础，该维度主要反映的是消费者对产品使用价值的追求。而作为品牌的功能价值，除了实实在在的商品外，隐性的服务也是必不可少的功能性体现。根据前期研究所得，品牌功能价值涵盖品质属性、舒适性、可选性、安全性、服务属性五个方面。

6.2.1.1 品质属性

俗话说"质量才是硬道理"，它是一个品牌在市场中立足的根本。在服装上，品质包含服装的内在质量和外观形态，涉及方方面面：如面料、辅料、工艺制作等每一种原材料、每一道工序、每一个环节。本书根据以往文献和访谈得到的关键词，对于品质属性的测量侧重于面料、配件、版型、做工、包装、色牢度、保形性、使用寿命、功能性这9条线索进行比较分析。从四类群体的对比数据，可以看出四种类型群体对于品质属性感知的异同（见图6-1）。

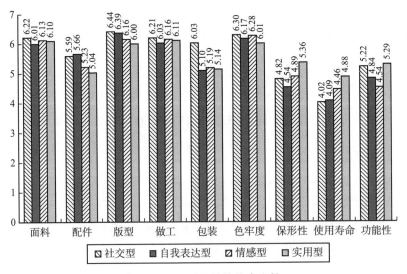

图6-1　品质属性的线索比较

四类群体在品质属性线索的态度上存在一定的共性：社交型、自我表达型、情感型、实用型群体在"面料""配件""裁剪""做工""色牢度""保形性"6条线索上的感知度并无明显差异。其中，"面料""版型""做工""色牢度"的感知度评分均值均在6以上，说明消费者更多地会把"面料""版型""做工""色牢度"与"具有品质感"联系在一起。但是，四类群体表现出一定程度的差异性：在"包装""使用寿命""功能性"3条线索能否展现服装品牌的品质时，四类群体所持态度不一致。

（1）"版型"感知度评分均值最高，说明被调查者普遍认为裁剪和造型比较能反映品牌的品质感。在日常的着装展示中，裁剪和造型一方面起到"修正体型"的作用，另一方面起到"表达"的作用。对于"80后"而言，在形体上已经远不如"90后"，很多"80后"女性出现了发福、发胖等体型问题，这也是她们为什么将"版型与品质"联系在一起的原因。一部分被访者表示，"因为工作的需要，我也会特别注重自己的形象，会去健身，也会克制，就是为了保持身材，穿什么衣服都好看"。也有被调查者提到会在一些网红淘宝店铺购买服装"只要出了喜欢的新款，都会毫不犹豫，除了服装设计感强，面料舒适，更重要的是上身之后效果特别好，很显身材"。她们希望于借助品牌服装的裁剪来改善自己的体型，从而达到更好的着装效果。而相对于情感型，调查结果显示社交型和自我表达型群体更会从"版型"上感知品牌品质的好差。

（2）"面料""做工"与"色牢度"的感知度评分也较高。在访谈中，绝大部分被调查者表示"面料的手感与舒适性，还有做工"决定了服装质量的好差，"平日里逛商城，有意无意地就会去摸一摸服装的手感""平时逛街时间比较少，很多衣服都是各种购物平台买的，有时收到面料看起来就不上档次的衣服，连试穿的欲望都没了""淘宝上的有些衣服一看就做工不精细，穿在身上掉档次""色牢度很重要，我最不能忍受的是，洗衣服的时候，因为一件衣服掉色而影响一桶衣服"。"面料""做工"与"色牢度"，都是影响服装质量好坏的根本，相比较而言，她们更将"色牢度"与品质相连，认为"只有差的杂牌，还会存在色牢度问题"。

（3）在"包装"线索上的感知度上，四类群体对于"包装"的感知均在 5 以上，说明她们都觉得"包装"的好坏直接衬托品牌的品质，特别是社交类群体，对"包装"感知均值大于自我表达型、情感型、实用型三类群体，说明社交型群体在评价品牌质量时更看重"包装"。有被访者表示"品牌一般都会注重包装"，"有时候服装是差不多的，但是包装好差，就莫名其妙给人不一样的品质感"，还有人表示"送礼的时候，我一般会选品牌的，而且包装一定要高大上"。在她们眼里，低劣的包装，暗示着产品一定不会很好，反之亦然。另一方面，好的包装可能也让她们觉得有面子。这也说明随着生活水平的增长，消费者对商品的品质要求，已经由产品延伸到其配套。正如包装，它已经被视为品质感的一种传达工具，成为顾客选择品牌的潜在标准，很多消费者会将"好包装"与"高品质"画等号。除了对服装本身有品质要求外，对其他的配套要求也增加了，特别是社交型群体。

（4）在"使用寿命"线索上的感知度上，实用型的均值大于社交型、自我表达型、情感型三类群体，说明实用型群体更用"使用寿命"好坏来评价质量。访谈中，虽然有部分被访者表示"即使柜子里很多衣服，每到换季，都觉得没衣服穿"，"流行变化太快，比如今年流行的韩版羽绒服和去年就不一样，比较肥大，像被子一样，穿着去年的款，感觉就是'out'了"。但是，还有很大一部分群体的观念较为传统，认为"使用寿命"是评价质量好坏的一个重要指标，主要是受实用节俭主义思想的影响，认为衣服只要能穿就好。相对实用型群体而言，社交型、自我表达型两类群体对"使用寿命"感知评分较低，一方面出于市场环境，迅速变化的流行，发达的互联网，都给她们提供了更多资讯，使她们更快了解到流行的变；另一方面这一部分群体经济独立，对着装有一定的品位和要求，她们有足够的能力让自己开心、满足，而不看重"衣服是不是能穿上好几年"。

（5）在"功能性"线索上，社交型和实用型群体的感知度得分高于其他两个群体，说明这两类群体更能将"功能性"与品质挂钩。在访谈中，有不少人表示会注意一些塑形的、户外的、健身的、孕妇装、哺乳装等服装的功能性。特别是二孩政策开放以后，越来越多的"80 后"家庭有了二孩宝宝，作为家庭与事业兼顾的知识型女性，她们会注重哺乳装的便利性和美观性。也有些表示，由于长时间缺乏运动，小腹凸起明显，所以在有些社交场合会穿塑形、美体的衣服。

6.2.1.2 舒适性

舒适性是服装消费者普遍的基本需要，是一个较难描述的复杂且模糊的概念，除了着装者对舒适的感觉之外，还与服装穿着的场合和环境条件有关。斯莱特（Slater，1977）认识到了环境对舒适度的重要性，并将这一认识融入对舒适度的定义中，将其界定为："人与环境之间"的生理、心理及物理协调的一种愉悦状态。本研究同样认为舒适性来源于生理、心理以及与环境的协调性。但是，根据质化研究的结果，笔者将视觉上产生的舒适性划分到审美价值中，故在此处舒适性主要包含了穿着舒适度、面料接触舒适、吸湿透气性三个方面。

从图6-2可以看出社交型、自我表达型、情感型三类群体对于舒适性的感知线索态度比较一致：她们普遍觉得"穿着舒适度""接触舒适度"皆能很好地体现服装的整体舒适性，而对于"吸湿透气性"的评分均值较小。访谈中，有些人表示"前几年由于公司规定，要穿比较正式的服装，有些实在让人穿着感觉拘谨、不舒服""回到家后，喜欢换上居家服，因为舒服"。但是对于实用型群体，对舒适性三条线索的评分均高于其他三类群体，这也体现了她们的实用主义思想。

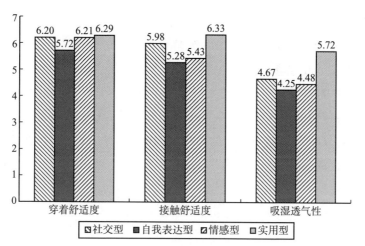

图6-2 舒适性的线索比较

6.2.1.3　可选性

产品个性、别具格调是品牌赖以生存的法宝，然而，品牌在强调风格的同时，也要注重品类的丰富性、产品的系列化、款式的多样性，要求产品之间有随意搭配的可能性，便于销售时向顾客推荐，提高连带购买率。同时，对于消费者而言，挑选服装时往往会考虑到"我要如何搭配"，特别是当导购为自己搭配了一套满意的着装时，会倾向于连带购买。因此，结合访谈所得，可以认为卖场内商品品类齐全、款式多样、齐色齐码、易于搭配，是能体现品牌是否提供了具有较多可选、可搭配空间的表现。

图 6-3 为四类群体对服装品牌的感知线索比较，可以看出：在"款式多样""齐色齐码"2 条线索上，四类群体的态度比较一致。而在"品类齐全""易于搭配"线索上，实用型群体对其的感知度评分高于自我表达型群体，说明实用性群体她们更倾向于将"品类齐全""易于搭配"2 条线索与可选性挂钩，表示"也希望导购能给一定的搭配建议"，"像 UNIQLO 这样的牌子挺好的，基本是百搭，完全不用担心搭配问题"。对于自我表达型群体，深受"自我契合度"的影响，她们有 63.1% 的人表示会在"换季上新"的时候购买服装，同时 37.8% 的自我表现型女性是出于追求潮流购买，这些数据都侧面反映了她们在选择服装上比较有自己的主见和想法。在"品类齐全""易于搭配"2 条线索上，自我表达型群体的感知度较低，也说明了这一点。甚至有人表示"我就喜欢淘各种百搭款的衣服，然后搭配，穿出自己想要的效果""同样的衣服，穿在不同人身上是不同的感觉，喜欢每天在出门前对着镜子，把自己打扮得美美的"。"易于穿搭"的 GAP、"品类丰富、齐色齐码"的 UNIQLO，还有带点时尚的 ZARA、H&M、Mango 等都是在杭州女装市场比较受欢迎的品牌。

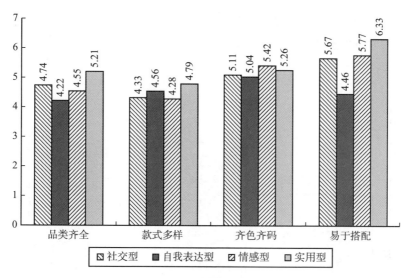

图 6-3 可选性的线索比较

6.2.1.4 安全性

服装的安全性指的是，避免因服装的污垢及其他因素造成对人体的损害。在服装成品中不得含有超标的成分及有害成分，若服装无法保证安全性，那么它便失去成为服装的资格。尤其是一些特殊服装，例如：给孕妇穿的孕妇装以及给婴儿穿的婴儿装，最为重要的就是安全性和舒适性。另外，从生态角度考虑，由于过于追求利润、缺乏环保意识等原因，纺织服装生产销售中的一系列绿色环保问题，原料生产加工和颜料、洗涤剂等应用等，都会危害人体和环境。另外，本书的前期研究发现，被调查者对服装的舒适性以及安全性有着较高的标准。访谈中，有被访者表示"服装款式可以不是最新潮的，但一定是最舒适和安全的"。如今她们多为母亲，有自己的孩子，有的还在孕育二孩，因此，她们在对自己以及孩子的服装选择上，比起款式纹样等，更为考量的便是服装的安全性和舒适性。因此，本书根据分析与前期研究所得，最终将安全性侧重于保健、符合国家和行业标准、绿色环保三个方面。

从图 6-4 的比较可以看出，四类群体对安全性各线索的感知度较一致：

普遍认为"符合国家和行业标准""绿色环保"能体现服装的安全性；而保健功能与安全性的感知关联度相对较低。

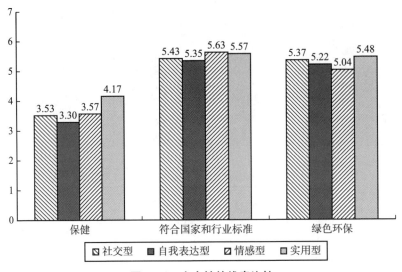

图 6 – 4　安全性的线索比较

（1）"符合国家和行业标准""绿色环保"2 条线索的感知度评分均高于5，说明被调查者对于纺织品安全性上的觉悟较高，很多表示在选购服装的时候都会看下唛头，留意下是否符合行业标准，同时，她们也有提到特别是在选购家具纺织品和婴儿服时，特别注重这一点。有的还特地表示，喜欢买一些国外的品牌或者买原单的商品，就因为考虑到安全性的因素。

（2）对"保健功能"的感知度评分均较低。从这一数据，可以看出该群体对常规服装的保健功能并不注重，但从访谈中发现她们对健身类、户外类、护理类、内衣类等服装还是有一定的保健需求的。例如，瑜伽服的设计，除了考虑款式、色彩搭配外，还要针对功能性进行设计，因此瑜伽的活动幅度比较大，而且又是贴体的运动服装，所以在面料选择上讲求柔软、舒适、不拘束，具有高弹性。

6.2.1.5 服务属性

在"供远远大于求"的市场环境下，对于产品，消费者有无限的选择，此时，她们除了比较产品本身以外，还注重服务，有的甚至把产品和服务看成是一体。此时，有好的导购专业素养与销售技巧、愉悦的店铺形象、舒适的卖场环境，以及处理特殊诉求的能力，都成了她们感知品牌价值的关键。例如，很多消费者并不善于着装的搭配，而服装导购可以充分利用自己的专业知识指导顾客精细服饰搭配；店内摆放着沙发、书刊、服饰的画册，试衣间里备放着与服装相搭配的鞋子、穿衣镜、香水、梳子等女性在试衣时会使用的东西，还有糖果、饮水机等免费的配套服务等，这些都被称为服务。它可以使品牌获取溢价效应，也可以使品牌增值盈利。品牌公司只有注重服务，用心去为消费者提供优质完善的服务，才能使品牌的服务文化深入人心，也能提高品牌自身在顾客心目当中的信誉度、美誉度和知名度。同时，随着人们的消费方式从生产资料消费逐渐转为享受资料消费，导购素养、服务水准、卖场环境在消费者心中的比重越来越大，店铺软实力的重要性也在上升。因而，问卷从以下几个方面加以测量：导购专业性、导购态度与素养、服务细致性、售后保障、满足特殊需求的能力、处理投诉的能力、购物环境舒适性，比较分析不同群体在服务属性上的诉求差异。

调查所得结果，如图 6－5 所示：对于"售后保障""满足特殊需要的能力""处理投诉的能力""购物环境舒适"4 条线索，四类群体的感知度较为一致，无明显差异。但在"导购专业性""导购态度""服装细致性"3 条线索上，四类群体却存在明显差异。

（1）服务属性中的"满足特殊要求"较高，说明在实际消费行为中服装品牌能否提供特殊服务、满足特殊要求已经成为品牌服务好坏的重要标准。根据顾客要求修改服装的尺寸、开通定制服务、递送、雨天提供特殊服务……，只要是顾客根据个人需要提出的有针对性的要求均属于"满足特殊要求"范围，如 2018 年 H&M 在巴黎旗舰店中新增了服装修补、定制刺绣和衣物洗涤服务。其中，特别需要提及的是服装定制服务，越来越多的消费者注重"符合群体规范"，却又要"体现自我、彰显个性"，此时小批量、多批次的产品开发模式已经不能满足消费者的特殊要求，因此定制服务逐渐兴起。

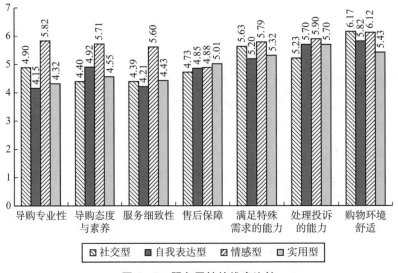

图 6 - 5　服务属性的线索比较

（2）"购物环境舒适"感知度评分总体较高，从调查显示 62.8% 的社交型和 65.9% 的情感型一般会去购物中心购买服装，而自我实现型和实用型群体把购物中心购物当作是第二渠道（电商平台位居第一）。说明，在实际生活中，在购物中心购物已经成为消费习惯。很多被访者表示："平时不是工作就是家庭，很少有自己的私人时间，在没有时间购物的情况下，会在网上买自己喜欢的，毕竟现在网上购物退换货都很方便"，当然，"服装的话讲求上身效果，一般会在周末或者节假日去购物中心，现在杭州购物中心基本综合性的，要买什么都很方便，而且环境也特别好"。舒适的购物环境主要体现在购物中心整体环境和服装品牌卖场环境两个方面。

（3）"售后保障"感知度评分较低，说明被调查普遍认为"售后保障"与服务属性的相关性较低，这可能与服装本身的特质有关。对于服装而言，售后主要涉及退换货和保养的问题，不存在保修一说，服装保养一般都可以依靠专门的干洗店来完成；而其他电子、电器类产品，在使用后会出现很多需要维修的问题。因此，她们对"售后保障"的关注度较低，一般无质量、尺码问题，她们不会考虑退换货，而且目前很多品牌的退换货便捷、有保障，如很多品牌提供了"实体店实行 30 天退换货""购物平台实行 7 天无理由退换货"等服务。

（4）情感型群体在"导购专业性""导购态度""服装细致性"3 条线索上的感知度评分均高于社交型、自我表达型、实用型群体；同时，情感型群体在其他 4 条线索上的表现也是略高于社交型、自我表达型、实用型群体。由此可知，情感型群体对服装属性上的各条线索都较为在意，从一定程度上反映了情感型群体对服装服务的要求较高。有个别消费者表示，"导购要求加微信的时候，我一般不会拒绝，而且对于服务态度好、专业性强的导购，我有时就喜欢挑她上班的时间去购买""我有选择恐惧症，专业的导购能给我有效的建议""我属于不太会搭配的那种，所以导购的业务能力对我而言很重要"。

6.2.2 审美价值的感知对比

审美价值，指服装品牌能在审美上能够满足消费主体的审美需要、引起主体审美感受的属性。服装作为人们追求美的直接手段，涵盖了对服装的材质、色彩、款式、结构、工艺、细节，以及品牌的形象、商标符号、包装、产品册、代言人、模特、零售终端、网站、推广等一系列外在形式。而服装品牌在审美上的体现主要表现为品牌体现出的气质、文化、个性等的整体形象，同时，根据前期研究，本书将品牌的审美价值分成产品设计和整体形象设计。

6.2.2.1 产品设计

对于品牌而言，服装产品开发设计往往是通过杂志、流行预测机构或是其他各种途径获得大量的流行资讯，之后对其进行分析，整理出不同的流行要素，如风格、品类、轮廓、面料、辅料、色彩、细节特征等，然后再结合品牌自身的 DNA，整理出有用的要素，最后设计出成形的服装。对于品牌服装而言，产品的设计属性实际上是服装品牌风格的具体化和实物化，因此，本书在分析以往文献和访谈的基础上，将产品设计属性的线索归纳为：风格、款式、材质（面料、辅料）、配饰、细节、色彩、图案，并对它们进行调查分析。

从图6-6可以看出：四个被调查群体在产品设计的7条线索上均存在差异性。提示，自我表达型、社交型在各线索（除了材质外）的评分均较高，而实用型对各线索的感知评分均较低。

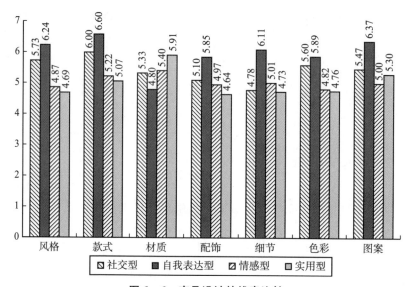

图6-6 产品设计的线索比较

（1）自我表达型群体在"风格""款式""配饰""细节""色彩""图案"上的感知评分分别为6.24、6.60、5.85、6.11、5.89、6.37，均高于其他三类群体，而在"材质"上的感知评分却为4.8，低于其他三类群体。同时，社交型群体在"风格""款式""配饰""色彩""图案"上的感知评分仅次于自我表达型。说明相对于情感型、实用型群体，自我表达型和社交型更注重服装在设计上的表达，对评分高的线索关注度也较高。被访者A表示"我喜欢穿得与众不同，所以比较在意服装的设计，特别是细节设计和图案设计"，还有些被访者表示"平时比较关注时尚资讯，特别是一些流行细节的变化"。

（2）在产品设计的表达上，实用型群体首先关注的是"材质"，其次才是"图案"和"款式"，这与在舒适度指标上的表达较为一致，实用型群体在"穿着舒适性""接触舒适性"上的感知评分也较高。说明面料是选择服装时首先考虑的因素，符合实用主义的思想。

6.2.2.2 品牌形象设计

品牌形象是一种有价值的无形资产，是公众对品牌的内涵及特征作出的概括和评价。消费者在对一个服装品牌由了解、感知，再到认知的内化过程中，往往会被一种具体化的形象所感染，如穿着该服装品牌的人所展示的实际效果以及该消费者对其品牌的评论。因此，明确的设计定位、突出的商品特质、丰富的品牌形象，对服装品牌的塑造和发展而言，都具有深远而重大的意义。结合访谈所得资料，将品牌形象的载体细分为品牌名、商标符号、产品形象、代言人形象、卖场形象、网站形象、店员形象、包装形象等8个方面。

对品牌形象设计8条线索进行调查，对比分析的结果如图6-7所示：代言人形象、产品形象、卖场形象、网站形象都能较好地体现品牌形象。其中，"代言人形象"所得评分均值相对较高，说明良好的代言人形象对品牌形象有显著的影响；"品牌名""商标符号"等分较低，说明与品牌整体形象设计的关联度较低；在"卖场形象""店员形象""包装形象"上四类群体存在明显差异。

（1）形象设计中的"代言人形象"：社交型、自我表达型、情感型群体对"代言人形象"的平均感知度分别为6.07、6.20、5.70，而实用型群体对"代言人形象"的平均感知度较低，为5.08，说明在实际决策中社交型、自我表达型、情感型群体会注重品牌代言人的选择以及代言人所传达的品牌气质。如"维多利亚的秘密"旗下的形象天使们都是以性感著称，恰到好处地体现了"维多利亚的秘密"的性感、神秘形象。这一结果既反映了该群体在实际行为中不理性的一面，名人效应会左右她们对品牌形象的态度（在她们眼中，明星已经成为时尚的标签，特别是对于她们喜欢的艺人更是如此），又反映了该群体理性的一面，代言人的着装形象从一定程度上展现了"我想成为什么的人"，消费者会在不经意间将"现实中自己的形象""理想中自己的形象"与"代言人的着装形象"进行比对，进而感知该品牌或者该品牌服装"是否适合我"。

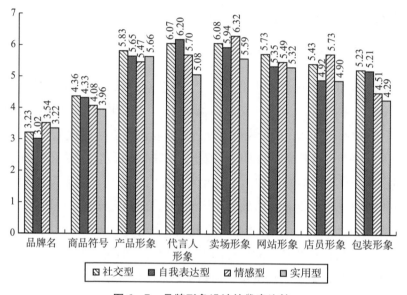

图 6-7　品牌形象设计的线索比较

（2）四类群体在"产品形象""网站形象" 3 条线索上的态度较为一致，而且普遍较高，说明从这 3 条线索上能较好地感知品牌整体形象。而对"品牌名"的感知度最低，"商标符号"次之。说明品牌名和 Logo 并不能很好地体现品牌整体形象，而产品、终端却是品牌整体形象最直观的体现；同时，说明现在的消费者较为理性，不会盲目地去追求，而是从较为理性的角度去感受品牌的气质。

（3）在"卖场形象""店员形象"线索上，情感型群体的感知度评分最好；同时，"店员形象"又是 8 条线索中，被情感型群体认为最能体现品牌整体形象设计的线索。说明相对于其他三类群体，情感型群体在品牌整体形象上更关注店员的形象。她们往往将"店员形象""卖场形象"和"品牌形象"联系在一起考虑，"导购衣品差或者形象不规范"或者"卖场形象差"

会直接会影响她们对品牌形象的评判。这可能是因为情感型群体相对于其他群体更为感性，在品牌选择时更容易受到终端视觉形象上的影响。

（4）在"包装形象"线索上，社交型、自我表达型群体对其的感知度高于情感型、实用型两个群体。情感型群体因为出于对某个服装品牌的偏爱和信任，往往表现出"我信任这个品牌，即使简易包装，也不会影响我对它的印象""现在流行轻包装的概念"；而实用型群体认为"只要产品好就行，包装倒是无所谓"；社交型和自我表达型群体觉得"包装的形象就代表了品牌的形象"，自然很在意。

（5）此外，相对其他 7 条线索，实用型群体对"产品形象"的感知度较高，对"卖场形象""网站形象"的感知度次之。说明实用型群体在感知品牌整体形象时更在意产品和终端的形象。但是相对其他群体，她们对品牌形象的各条线索在感知评价上都较弱。

6.2.3　象征性价值的感知对比

服装品牌所体现出的象征性价值对消费者的作用意义深远。当品牌表达的价值观、文化色彩，能为消费者与某一社会群体提供连结或区隔效用时，则称此品牌具有象征性价值。乌仁娜（2017）指出象征性价值是品牌中所凝练的价值观、时尚理念、审美情趣、个性文化、气质内涵、时尚品位、情感诉求等精神的综合体现。在象征性价值作用下，顾客选择品牌并非理性地注重其产品的真实特性与功能性，而是强调产品是否能为我塑造良好的社会形象，或是满足我的精神需求（曹映芬，2015）。本书在前期研究的基础上，将象征性价值分为了文化象征属性、自我展现属性、社会象征属性、情境属性。

6.2.3.1　文化象征属性

品牌文化是品牌主、购买者、使用者或向往者之间共同拥有的、与此品牌相关的"独特信念、价值观、仪式、规范和传统"的整合。它不是品牌的实体表现，而是品牌在长期经营中逐渐形成的文化积淀，是品牌的灵魂。它代表着品牌自身的经营观、价值观、审美观等观念形态，促使消费者对其在精神上产生认同与共鸣。在品牌文化的指引下，企业尝试用各种方法手段，将品牌文化融入被消费者感知的各个组成要素当中，如产品品质、陈列方式、搭配文化、价格结构、服务手段、时尚概念等，都能让消费者体验到品牌传达的内在魅力，从而在消费者心目中确立一个刻意塑造的、独特的品牌形象。

本书结合访谈梳理出的关键词，将文化象征属性的感知落脚于服装外观与风格、服务特色、品牌形象、时尚概念（如倡导的生活理念等）等4个方面。

依据统计结果可以得到（见图6-8）：四类群体对"服装外观与风格""服务特色""品牌形象"3条线索能否有效体现品牌的文化象征属性上的感知态度较为一致，从高到低分别为："服装外观与风格""品牌形象（如品牌个性、民族/产地特征等）""服务特色"。对于服装品牌而言，文化主要通过服装的款式、纹样、色彩、版型、民族元素，卖场的摆设和陈列，产品宣传，品牌形象等展现。而消费者注重某一服装品牌所体现的文化，往往是出于一定的情境需要或者是情感依恋。如去民族地区旅游的消费者，往往会选购一些具有当地特色的服饰；又如江南布衣，很多消费者就是喜欢江南布衣展现的娴静、安逸、休闲、无拘束的江南水乡风情和返璞归真的情怀。

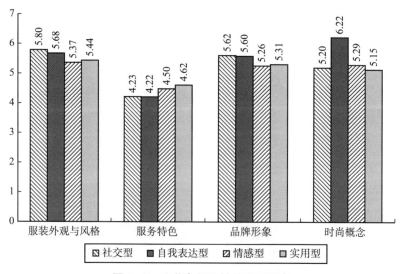

图6-8　文化象征属性的感知线索

又如，有些旗袍元素、汉服元素也深受追捧，访谈中也有很多人表示，自己在一些公众场合穿着旗袍，"我在高校负责外事工作，在一些接待外宾的场合我就会穿旗袍，当然我会选择有特点的旗袍，不是传统的那种""G20峰会的时候，我就穿了旗袍，比较能体现中华民族气质"。在日常观察中，也发现"80后"杭州知识女性对旗袍、汉服的接受度相对较高，在公众场合或者平日生活中，都可以看见她们穿着中国元素服装的身影，但大多是改良款。

在"时尚概念"这一线索中，四类群体的感知度评分均较高，其中，自我表达型群体的感知度评分是6.22，明显高出其他三类群体。同时，"时尚概念"又是自我表达型群体在4条线索中评分最高的。说明她们更会透过品牌的表象去感受真实的内涵，特别是自我表达型。来自日本的MUJI品牌，倡导"自然、简约、质朴、富质感"的生活理念，就深受很多追求返璞归真，但又强调品质感的群体的追捧。

6.2.3.2 自我展现属性

自我展现既是自我发展的需求，也是社会发展对于个人的要求，是一个人内在品质、涵养的外在反映。在外观管理中，"自我展现"指的是个体通过着装诠释"角色"，即在服装和品牌的选择上，符合个体在某一社会情境中的形象。现阶段，消费者对服装及品牌的选择标准不仅仅停留在款式、风格、品质与价格层面，更看中服装或品牌能否符合自己的"形象"，能否体现"自我"在社会上的地位。例如：一位职业是律师的女性，"在工作状态下用笔挺的西装表现庄重；在生活状态下，西装又会使她觉得束缚和古板"。在此处，本书将品牌自我展现属性的感知线索细分为款式与品质、品牌地位、品牌形象、时尚概念（如倡导的生活理念等）4个方面，并展开讨论。

从数据统计结果可以得到（见图6-9）：4条线索的感知评分都较高，说明四类群体均能通过这4条线索感知某一服装品牌提供的自我展现属性，虽然每条线索对自我展现属性有不同的贡献。自我实现是马斯洛需求理论中层次最高的需求，展现了民众追求地位、价值、自我的一种需求境界。而品牌地位是地位、能力的体现，品牌形象是自我的展示，品牌倡导的生活方式正是她们对理想生活状态的向往。

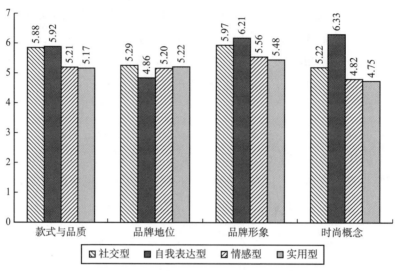

图6－9　自我展现属性的感知线索

但是自我表达型群体对"时尚概念"这一线索的感知度评分为6.33，显得格外突出。说明这类群体容易从品牌所倡导的生活方式上去考察这个品牌所体现的气质是否是适合自己，而不是仅仅从服装外观风格、品牌地位、品牌形象出发。

6.2.3.3　社会象征属性

外观管理虽然看上去是个人行为，但它实际上却是一定文化环境下，特定的情境中，"一整套行为在特定个人、特定事物上的具体表现"。凯瑟（Kaiser，1990）曾指出外观管理的功用，"不只在于替自我创造出某种视觉上的形象，它更能促使个体透过某种情境下的外观定义来了解自我"。在日常生活中，个体所选择的服装与装扮方式，取决于"希望别人如何看待自己"，因此，他们在追求个性的同时总是会把自己限定在一定的社会氛围中，希望在表达自我、个性的同时，仍旧隶属某个群体，表现出"希望被某种群体接受、认可的愿望"这就是所谓的社会象征属性。本书将社会象征属性的感知线索细分为服装款式与品质、服务能力、品牌地位、品牌形象、时尚概念（如倡导的生活理念等）、知名度等6个方面。

对于社会象征属性感知线索的数据统计结果显示，如图6-10所示。

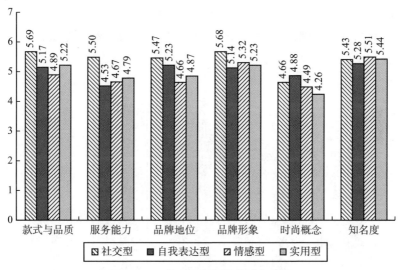

图6-10　社会象征属性的感知线索

（1）社交型群体在"款式与品质""服务能力""品牌地位""品牌形象"上的感知度均高于其他群体。其中，在"服务能力"这一线索上，社交型群体的感知评分明显高于其他三个群体。说明比起其他三个群体，社交型群体觉得"服务能力"能说明品牌的社会象征性，即服务能力越强的品牌，给她们带来的社会象征感就越强，更能体现她们的身份和地位。

（2）在其他5条线索上，四类群体的态度较一致，无明显差异。

6.2.3.4　情境属性

情境属性，是指在某些情况下，品牌服装能暂时提供较大的社会性或功能性价值（张兵，2010），如：婚礼上的婚纱、户外服、健身服等。在本研究中，可延伸理解为"视情境需要来选择合适的服装或者品牌"。在实际生活中，由于消费者感知价值是相对的，即使在同一情境下，不同消费者因个性因素的差异性对同样的产品和服务的感知不同；且同一消费者在不同情境下，对同一产品和服务的感知也存在不同的价值感知和衡量的标准。因此在情境中，她们往往会考虑周围的环境，将自己角色化。对情境属性的线索，本书将其细化为服装款式与品质、品牌地位、品牌形象、情境展示与陈列、时尚概念（如倡导的生活理念等）等5个方面。

图6-11是对四类群体展开调查得到的数据统计，结果显示如下。

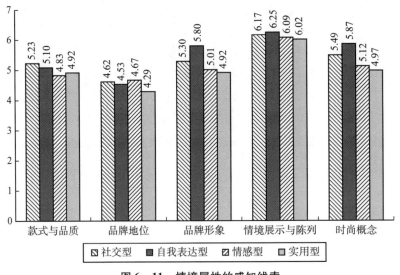

图6-11　情境属性的感知线索

（1）四类群体均认为，服装品牌的情境属性最能通过"情境展示与陈列"得以体现，而且四类群体的态度出奇一致。"情境式展示与陈列"是借助环境氛围的营造，给消费者讲述一段故事、提供一种生活场景，是一种有效的视觉传达形式，在实体店铺的橱窗展示和店内陈列中经常使用。如今，在各种购物平台上，各种电商在拍摄服装时往往会采用实景拍摄，相对于非实景拍摄，实景拍摄更有故事感。

（2）四类群体均认为，服装品牌的情境属性中"品牌地位"线索对情境属性的体现较弱，均值在4.5左右。"品牌地位"不像"情境展示与陈列"，能给人创造画面感、故事感，特别是在当今社会，消费者们倾向于用"简单、直接的读图方式"去感知事物。

（3）自我表达型群体对"品牌形象""情境展示与陈列""时尚概念"的感知均值高于其他三类群体，说明在自我表达型群体看来，这3条线索更能展现品牌情境属性。

6.2.4 情感价值的感知对比

现阶段，消费者需求呈现出多样性，他们购买、追求品牌产品可能源于产品的文化价值与自己精神追求的契合，也可能源于产品属性对自己生活的满足度，或者仅仅归因于对某一类品牌的偏好、信任或者出于某一特定情结。此处，根据前期对服装品牌价值感知的研究所得，将情感价值分为心理偏好、符合期望和品牌归属感三个方面。

6.2.4.1 心理偏好

品牌偏好，指消费者对某一品牌或者某一类品牌的喜好程度。在社会化进程中，每一个消费者都扮演着一个或者若干个角色，而服装作为实现角色身份构建的有效手段，在角色构建中都会经历：期待→获取→实践→接受四个阶段，在这个过程中消费者会以不同的方式不自然地建立起对品牌的偏好。通过以往文献梳理及本研究的访谈提炼，发现品牌产生偏好是出于服装与服务、品牌情结、品牌形象、品牌地位与规模、时尚概念（如倡导的生活理念等）、美誉度、自我契合度、社会认同度等8个方面，并对各个线索展开调查。

调查统计结果如图6-12所示，对于各条线索的评分后发现四类群体在各个指标上的感知度均存在差异，因此，此处依据群体分类对各线索展开讨论。

（1）社交型群体对各线索的感知度评分都较高，其中，"社会认同度"最高，"自我契合度""品牌形象"次之。说明社交型群体注重外界的看法和认同，同时也在意通过服装实现自我表达。在本次被调查中，所有群体都是经济独立，有体面的工作，她们需要和外界借助服装与外界进行沟通，各种工作、社交场合中她们会选择不同的服装装扮自己。被访者 C 为杭州服装企业高层管理人员，她表示"平时生活中穿衣服还是比较随意的，重点是舒服，有品质感；但是一些正规场合，我也会把自己打扮得正式、隆重，毕竟在时尚圈混，还是得注意点的"。

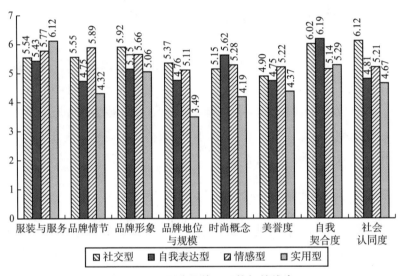

图 6 – 12　影响品牌心理偏好的线索

（2）自我表达型群体对品牌心理偏好各线索的感知度中，"自我契合度""时尚概念"比较注重，而对"品牌情结"表现得较弱。说明她们对着装有一套自己的想法，在品牌选择上比较有主见，对品牌的依赖性较低。被访者 D 为杭州高校教师，表示"服装本身就是一张名片。在消费前，会客观地去看这个品牌、这款服装是否适合我，喜欢时尚感强、显气质的品牌，特别是出席一些特殊场合时"。

（3）情感型群体对品牌心理偏好对应的所有线索感知度均值皆在 5 以上，说明该类型群体对心理偏好各条线索都较为敏感。其中，对"品牌形象"的感知度评分较高，"服装与服务"次之。表明情感型群体在情感上比其他群体更依赖品牌。但是，她们在感知喜欢品牌的同时，也表现出理性的一面，符合"80后"杭州知识女性的消费价值观。

（4）在品牌心理偏好对应的线索中，实用型群体在"服装与服务""自我契合度""品牌形象"3条线索上的感知度较高，在"品牌地位和规模"线索上的感知度较低，说明品牌服装、服务、形象会影响她们的偏好，但是品牌地位与规模她们倒不在意。

由此可以得到，被调查群体在品牌偏好上都较为理性，她们既追求品质又注重品牌，特别是品牌所展示的形象效果，她们讲求"品牌形象与自我形象的一致性"。特别是社交型、自我表达型对"自我契合度是否能体现自身偏好"给予了较大的认可，说明她们在一致觉得品牌与自我的一致性很重要，这可能是因为：一方面有较好的自我认知，能更准确地认识到"现实中的我是什么样的""我想成为什么样的人"，她们会将自己想要的形象与品牌进行比配，从而选择一个较为符合自身角色、身份、地位的品牌；另一方面她们有一定的社会地位，具备一定的经济能力，有能力购买自己称心的品牌，活出自己想要的态度，此时她们更加追求品牌是否能符合自己、凸显自我。

6.2.4.2 符合期望

符合期望是指企业提供的产品或服务能满足顾客需要。"是否符合顾客期望"是"预期价值与体验效果"比较的结果，消费者们据此来评估"品牌服装效果或服务水平"，在消费者决策中起着关键性的作用。依据访谈和文献梳理的结果，顾客对品牌是否符合期望的感知主要来源于消费体验，包括服装品质、着装效果、服务能力、卖场舒适性、售后可靠性等5个方面。

调查统计结果如图6-13所示。

（1）"着装效果"在消费者期望中的贡献率较大，很大一部分被访者表示，"时间允许的情况下，我更愿意在购物中心选购衣服，可以感受衣服穿在身上的效果"，她们认为"着装的效果也因人而异，所以试衣很重要"。目前已有个别品牌推出虚拟试衣镜和虚拟试衣网络平台项目，以增强网络购物的真实体验感。

但是，服装属于非标准化商品，讲求着装者与服装的真实性接触和着装体验，正如由调查得到的"穿着效果"是评价品牌是否符合期望的最关键要素。绝大多数的被访者都表示，"上身效果很重要"。被访者 D 提到，"在一些公开的场合我还是挺喜欢穿旗袍的，蔓楼兰版型好，适合我的体型，是我选购旗袍时的首选品牌"。

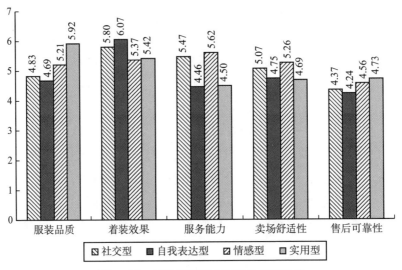

图 6 – 13　品牌是否符合期望的感知线索

（2）"服装品质"在消费者期望中的贡献率位居第二，这也说明了被调查者在服装品牌消费方面表现得理智，不会盲目推崇。实际的品牌感知中，消费者会有意识或者无意识地将"服装品质"与自身的期望进行比对。而品牌的"服装品质"虽然是服装所固有的特质，但是确是在实际的试用、使用中，消费者才能形成对服装品质的感知。

（3）在"服务能力"线索上，社交型、情感型群体比其他两类群体更能通过"服务能力"感受品牌是否符合期望。说明社交型、情感型群体注重品牌提供的服务。而对于服务能力的感知分析详见前文。

（4）对实用型群体而言，"服装品质"是感知品牌是否符合期望的关键，而"着装效果"次之，"服务能力"感知度最低，说明实用型群体看着服装品质和穿着效果，不太在乎品牌服务能力的好坏。

6.2.4.3 品牌归属

品牌归属感源于消费者的忠诚，正是由于消费者对品牌的忠诚和青睐，使他们对品牌产生了一定程度的归属感，在行为上体现为对品牌产品的反复购买（杨腾蛟，2018）。消费者的品牌归属感始于"与品牌的接触、体验、使用"，从而内化为"品牌态度"，表现出"对品牌的忠诚"。通常情况下，消费者品牌归属感的强弱受忠诚度的影响呈现正相关性，忠诚度较高，那么归属感强，反之则亦然。对于品牌归属感的线索，本书在访谈中将其提炼为品牌形象与风格、品牌文化、品牌服务（如 VIP 专属服务等）三方面。

统计结果如图 6-14 所示，对于品牌归属感的 3 条线索，四类群体的感知表现较为一致。

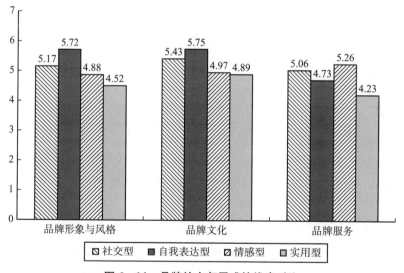

图 6-14　品牌给人归属感的线索对比

（1）与其他三个群体相比，自我表达型在"品牌形象与风格""品牌文化"上的感知较为突出，说明自我表达型在品牌归属感上较为敏感。

（2）情感型群体觉得"品牌服务"最能体现品牌给人的归属感。如有的品牌会在终端门店开辟一个独立空间，供客户休息，将店铺的中心区域划出来作为休息区，给消费者亲和、舒适感。特别是在一些童装品牌区域，会专门为儿童开设玩具区，一方面起到吸引家长的作用，另一方面是为了给家长腾出自由选择的时间。还有的服装品牌，如哥弟、ONLY 等品牌，它们会定期通过公众号、小程序进行信息推送，用于新款服装的发布，还有一些折扣优惠活动。有的销售也会加买家微信，适时地与消费者进行互动，增进情感上的交流。这些举措，都很容易使情感型群体与品牌产生互动，从而形成归属感。

6.2.5　认知价值的感知对比

服饰是女性追求"美"的象征，根据前期访谈了解到，消费者会在服装流行中不停地寻找"符合自我和社会标准"的美感。在其潜意识中，追求个性是对自身"内涵、修养、气质"的诠释，期望成为对时尚和流行自觉的人。因此，本书将认知价值分为时尚属性和独特属性。

6.2.5.1　时尚属性

在当下，"时尚"不仅限于服装，它已经演变成了一种追求真善美的意识（吴聪，2013）。因此，所谓时尚，可以是装饰，可以是文化，可以是生活方式，也可以是一种诠释。对于服装品牌而言，时尚感是指"品牌的整体设计倾向"。它是一个无法量化的感性指标，可将其粗略地用感知程度表示，主要体现在服装款式、上新速度、服务、品牌形象、宣传与推广、所倡导的时尚生活理念等方面。

调研统计的结果如图 6-15 所示，"服装款式""上新速度""宣传与推广""品牌形象""所倡导的时尚生活理念"这几条线索很大程度上影响她们对品牌时尚感的感知。

（1）"服装款式"时尚、"品牌形象"新颖，感知评分较高。调查中显示，很多人会选择"快时尚品牌"。对于快时尚品牌而言，它们的精髓就在一个"快"字上。紧随时尚的脚步，提供消费者当季新潮的服饰，是快时尚品牌快速成长壮大的根本，也是它们深受消费者喜爱的原因之一。

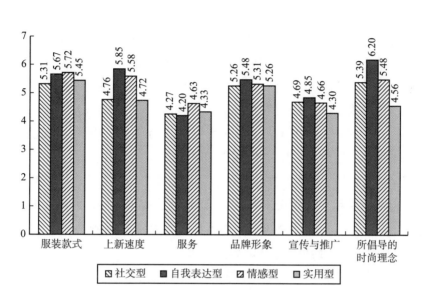

图 6-15 时尚感的感知线索对比

同时，还有被访者表示"从店铺门口经过，总会有种新鲜不同的体验，橱窗内的模特总是不断更换最新款式的服装，而且造型各异，时尚前卫的搭配总能吸引我的注意，不由自主地想进去看看"。

（2）"服务"线索的感知度水平较低，反映了消费者不容易把"时尚的服务"与品牌时尚相连。

（3）"上新速度"线索上自我表达型和情感型的评分较高，说明她们觉得"上新的速度"直接影响品牌的时尚感。这也说明她们乐于追求新奇事物，希望在更短的时间内可以看到更多不一样的产品上线。"看见橱窗里展示的新品，很容易被吸引""我家旁边就是大型商场，所以饭后经常会去逛下，服装更新快或者换下搭配，都会激发我进去逛一逛的欲望""喜欢的网红店铺都会收藏，有些更新慢或者很久才上新一次的店，让人觉得乏味"。在很多电商平台上，都会有店铺上新数据的统计，便于消费者有针对性地查看新款。

（4）在"所倡导的时尚生活理念"线索上，自我表达型群体的感知评分高于其他三类群体，而且是 6 条线索中感知评分最好的，说明对于自我展现型群体而言，是否能传达其自身生活理念特别重要。社交型、情感型对"所倡导的时尚生活理念"的评分均值也在 5 以上，即说明了在实际决策中自我表达型、社交型、情感型女性注重品牌所映射出的"时尚的生活态度"。在她们看来，品牌所展现的生活方式是否符合潮流、是否展现时尚，在很大程度上影响了服装品牌呈现出的时尚感。如之禾品牌，倡导"天人合一"的生活态度，以"展示天然之美，演绎职场风范"为理念，设计"舒适、环保、通勤"的服饰，迎合了不少"80 后"知识女性，她们在工作中希望表现精干，但又追求舒适。同时，在当下社会，她们在工作、生活、社交都表现出强烈的追求自我和"外观交流"，此时比起服装的实用性，她们会更在意服装展现的品位与适合的社交场合。而实用型女性觉得品牌"服装款式"时尚、"品牌形象"时尚更能体现品牌的时尚感。

可见，在"上新速度""所倡导的时尚生活理念"2 条线索上，四类群体的感知表现出明显的差异。

6.2.5.2 独特属性

品牌独特性是指某一品牌所具有的"与众不同的气质"。品牌的独特性属性，不单是建立美感、时尚和差异化的视觉标识，更是将消费者各种体验信息作为驱动，创建兼具创新性、共鸣性和感知力的品牌识别体系，最有效迅速地吸引消费者并获得正确的品牌认知。消费者对于品牌独特性的感知主要从以下几个方面展开，服装独特、服务独特、整体形象独特、宣传与推广独特、有民族或产地特色、限量发售等 6 个方面。

调查结果如图 6－16 所示，四个群体对独特感属性上的各条线索感知度较为统一。其中"服装"独特感知度最高，"有民族或产地特色""整体形象"次之，说明品牌服装、品牌形象和带有民族或当地特色的设计元素，是体现品牌独特性主要的线索。如江南布衣、Artka 等品牌在服装纹样设计、色彩搭配上带有浓重的民族气息，能让她们感受到品牌的独特性。

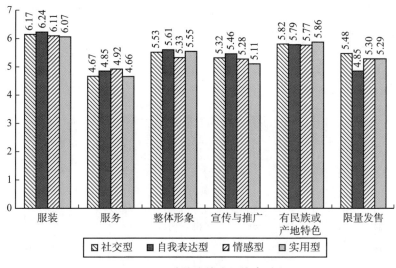

图 6 - 16　独特感的感知线索对比

6.2.6　支付成本的感知对比

以往学者的研究已经表明"在决策时，相对于总成本，消费者往往更注重支付成本，会选择支付成本最少的方案来代替总成本最低的方案"。即在实际决策中，虽然价格、购买便利性、风险都是必须考虑的成本，但更多时候，消费者对价格最敏感。根据访谈资料提炼，本书将感知支付成本的线索细分为价格合理、性价比高、产品不易打折、风险小（买到质量差或者非正品的概率低）、购买支付便利。

调查统计结果见图 6 - 17，如图显示：被调查群体认为该 5 条线索均不同程度显著影响感知支付成本。

（1）普遍认为"性价比高"是最能说明感知支付成本的一条线索，调查中有一些消费者明确表示自己的消费态度"东西越好越好，价格越便宜越好"。

（2）普遍觉得"购买支付便利"能体现支付成本。一方面，杭州是一个人口密集型城市，虽然各种市政交通配套都比较齐全，但是出行拥堵、停车不便都是目前存在的问题；另一方面，杭州是典型的互联网城市，购买支付便利已经成为日常，这也使得杭州知识女性对于购买支付便利性的这一线索的感知表现得敏感，"无现金"消费已经成为杭州人的一种生活方式，即使是菜场、路边小摊，她们都习惯于"扫一扫"付款。

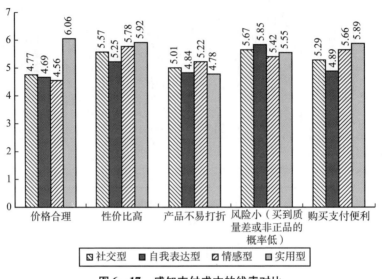

图6-17　感知支付成本的线索对比

（3）她们表示很在意购买到的品牌服装的保值性，访谈中也有很多人表示不愿意去购买经常打折的品牌，认为"价格打折就是对品牌价值的伤害"，即使是普通品牌的服装，她们也不愿意看到自己购买的服装，没穿几次就掉价了。

（4）从数据统计可以看出，在"价格合理"线索上实用型群体在与其他群体出现明显差异，她们对"价格合理"这条线索上的评价较高。当然这里的价格合理，并不意味着价格低廉，它是一个相对性的概念，即为"我认为该商品值这个价格"。因此，从这一组数据可以看出，相对于其他三类群体，实用型群体在价格上表现得更加理性。

6.2.7　使用成本的感知对比

对于品牌服装而言，使用成本包含了洗涤成本、保养成本、修补成本，但由于服装更新快，特别是女装，基本上很少有人会考虑服装的修补成本，因为服装还没损坏时就已经被淘汰了，所以本书对使用成本只考虑洗涤和保养的成本，问项设置为"洗可穿性强（如免烫）""洗涤方便、成本低""保养方便、成本低"。

"80后"杭州知识女性对感知支付成本的各条线索感知评价较高，均值都大于5，波动幅度较小，说明她们都比较在意打理是否方便和打理成本的高低。调查结果如图6－18所示。值得注意的是对于3条线索的感知度评分，实用群体显得最高，情感型群体次之，说明这两类群体对于服装的"保养便利、成本低"更在意。有被调查者在访谈中提到，"我的衣服都不需要打理，一般洗衣机洗完晾干就可以，所以在购买的时候会很自然地考虑方不方便打理""10年前我买过一条可可尼的4000多元的裙子，但是因为是桑蚕丝面料，打理起来不方便，所以基本没穿几次，挺浪费的""一般冬天的羽绒、呢大衣，还有些西装外套，我会考虑送干洗店，其他的最好是放洗衣机"。出现这种现象的原因，一是她们虽然有一定的经济能力，但是她们还是由于多少受到中国传统观念的影响，秉持了强调实用性的"节俭"作风；另外，这部分群体由于"工作"和"生活"的双重压力，她们不愿意花太多时间在家务上，所以很多家庭会由老人或者小时工来减轻家务负担。

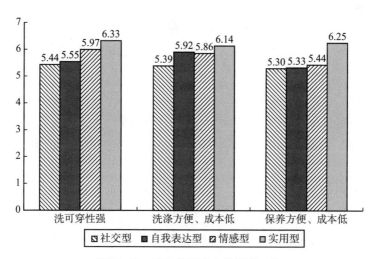

图6－18 感知使用成本的线索对比

6.3 四类群体服装品牌采纳的一致性

6.3.1 一致性的表现

依据感知度较一致的线索展开分析，发现社交型、自我表达型、情感型和实用型群体在服装品牌感知上存在以下共性：

在功能价值上：第一，她们普遍认为"面料""版型""做工""色牢度"能有效反映品牌品质的高低，"版型"最能体现品质，而"使用寿命"最不能体现品牌品质，说明她们在品质感中注重版型，不注重服装的使用寿命。第二，她们均认为舒适度主要体现在穿着舒适和接触舒适，而吸湿透气对舒适度的表现力较弱。第三，她们普遍认为"符合国家和行业标准""绿色环保"能体现服装的安全性；而保健功能与安全性的感知关联度相对较低。

在审美价值上：第一，她们对服装品牌的审美需求除了体现在服装形式（款式、色彩、质地、做工等）上以外，还体现在精神层面的美感，如穿着该品牌服装时感觉自身心情愉悦、并觉得这样的着装效果能够体现自己的社会地位，从而实现完美的自我。第二，她们均认为品牌形象设计上"产品、代言人、卖场、网站形象"均能很好地体现品牌形象，而"品牌名""商标符号"不能反映品牌形象的好坏。

在象征性价值上：她们对情境属性上的"情境展示与陈列"线索感知度较高，而"品牌地位"线索对情境属性的体现较弱，说明她们最能从"情境展示与陈列"中衡量服装品牌的情境属性，而且喜欢直观、故事感的视觉传达方式。

在情感价值上：她们在符合期望属性上对"售后可靠性"评分相对较低，说明她们普遍不在意售后是否可靠。

在认知价值上：第一，她们均普遍认为"服装款式"是最能体现时尚感、独特感的方式。第二，"着装效果"在消费者期望中的贡献率较大，说明她们把着装效果和符合期望直接挂钩。

在支付成本上：第一，她们普遍认为"性价比高"最能说明支付成本；第二，她们表示很在意品牌服装的保值性和购买风险。

在使用成本上：她们都比较在意打理是否方便和打理成本的高低。

同时，结合第4章的感知价值各维度的相对重要性，可以得到消费者服装品牌采纳具有以下四个特点：

（1）在品牌采纳上表现为"传统、理性"和"超前、感性"并存的消费特点。一方面，服装品牌决策中，表现出"注重感知支付成本"，"强调品牌的功能价值"的"传统、理性"。她们本着"非买不可才买，能少买就不多买"的态度，注重服装的性价比，也会关注降价、甩卖活动，还会货比三家。另一方面，她们愿意大胆地接受和尝试新的生活方式、消费模式也表现出"超前、感性"的一面。收入的增加、生活条件的改善，使她们由"踏入工作岗位、低收入、只能全心全意投入工作"的生存型群体转为"好好工作，享受生活"两者兼顾的享受型群体，开始强调、注重服装品牌的非功能性价值。正如很多被访者所描述的，愿意"购买溢价商品取悦自己"，甚至不惜"花明天的钱买今天的商品"，表现出"享受、感性"的一面。此时，她们对服装品牌的需求不仅仅出于"生理上的需要"，更多的是为了获取"心理上的满足"。

（2）在品牌采纳上表现出既满足"审美标准"，又满足"追逐流行与独特性"的特点。作为在社会上已经有一定身份地位的群体，在着装上，注重社会身份的构建，但是出于"求美、求异"的需求，她们希望能"美出自己的风格"。特别是在"重视自我，追求个性"生活理念的驱动下，小众品牌、原创品牌、设计师品牌备受喜欢。此外，她们也愿意为打上"限量""独家"头衔的商品买单。

（3）在品牌感知上关注"品牌服装的情境化展示"，采纳上表现为在意"特定情境中的自我表达"。在物质主义、自我实现思想的作用下，她们对品牌所蕴含的象征性需求不断增强。在她们看来，品牌已经不再是"纯粹的概念"，而是"内涵丰富的符号"，此时，她们已经不满足于品牌产品的质量，而是希望借由品牌外化自己的内涵、展现自己的地位。简单地说，作为有经济能力、有消费觉悟的群体，对服装品牌消费不仅是消费服装，而是在消费品牌所蕴含的文化、内涵与品牌所映射的形象。选择合适的品牌，穿着与特定场合相匹配的服装、妆容，已经成为诸多消费者考虑的因素。访谈中，大部分被访者都提到"我会依据情境挑选适合的服装"，也认为品牌主提供的"着装搭配与情境展示"能帮助她们作出决策。被访者 G 表示"即使已经是两个娃的宝妈，出门也要让自己美美的，像是一些特殊节日，也会应景地装扮一番"，而且特别在意"服装是不是能展现自己，即使在怀孕的时候也不能放纵自己变得邋遢"。

（4）在品牌采纳上表现为"不盲目追求品牌"，注重"有态度的消费"的特点。调查结果显示，被调查群体对服装品牌情感价值的重要性程度不明确，即整体上没有表现出对某一特定品牌的情感依赖，而且在实际访谈中也发现，许多人虽然没有表现出对某特定品牌忠诚，但是明显地表现为对同一类品牌的采纳倾向。

6.3.2　一致性存在的原因

根据社交型、自我表达型、情感型、实用型群体对服装品牌采纳的一致性情况，分析一致性存在的原因，具体如下：

（1）随着生活水平的提升，消费者感知能力也随之提高，在服装品质属性上普遍表现出重视"面料、版型、做工、色牢度"的产品态度。一方面，杭州作为中国发展史上一个重要城市，具有浓郁而丰厚的文化底蕴，杭州人民在消费观念与生活方式上普遍体现出"雅致""高品质"的都市慢生活气息。而生活在杭州的"80 后"知识女性深受"品质生活"的熏陶和影响，表现出对服装的高品质需求。另一方面，她们作为在社会上有着较高知识水平的人群，对服装品质的认知水平较高，能有效识别服装的品质，并把"面料优良、版型效果强、做工精细、色牢度好"作为评判服装质感的依据。

（2）价值观对她们的消费行为有着举足轻重的影响，被调查群体正是在新旧价值观交替的环境下成长。因此，她们的思想受到"传统价值观"和"新兴价值观"的双重影响，在服装品牌采纳上表现出"传统"和"享受"

并存的特点。

（3）"快时尚"消费深入人心，使该群体普遍表现出不在意"产品使用寿命"的态度。在着装态度上，她们将服装作为一种表达、一种装饰，表现出心理层面的"对服饰时尚能量的快速消耗"。因此，她们并不在乎服装本身的使用寿命，而是在意消费"时尚"的快感。被访者 A 曾提到"每次换季都会上商城买一堆衣服，很多时候发现今年买的衣服其实和去年在款式、材质上其实差不多，但总感觉去年的是老款，今年的是新款"。在调查中发现，四类群体都是快时尚品牌（H&M、ZARA、UNIQLO、Forever21、GAP、MAN-GO、NEXT……）的忠实追随者。

（4）"简单、粗暴"的读图时代的到来，使得消费者对服装品牌形象的感知侧重于视觉，如品牌在"产品、代言人、卖场、网站"视觉传达上的形象表达比"品牌名、品牌符号"的表达更直接、更"吸睛"，因此，品牌传递的形象信息更容易被她们捕捉。

（5）有保障的售后已经成为服装品牌的"常态服务"。消费者对"售后保障"的关注度较低，并不是她们不关注售后，而是近年来很多服装品牌在售后服务上表现得细致和贴心，使得她们的品牌购物无后顾之忧，因此，她们在"符合期望"属性上表现出对"售后可靠性"评分较低。通常情况下，如无质量和尺码问题，她们一般也不会考虑退换货，而且目前很多品牌的退换货便捷、有保障，如很多品牌提供了"实体店实行 30 天退换货""购物平台实行 7 天无理由退换货"等。

（6）多元化的生活方式，使得消费者在品牌采纳时不得不考虑着装效果与着装情境。因此在服装品牌情境属性中，"情境展示与陈列"对价值感知起着举足轻重的作用。品牌主将服装展示融入一定的情境中，使她们不自觉地产生"情境联想"，随后思考"我的生活中也有这样的情境""我是不是缺这种风格的服装""我穿上这款服装后会怎么样"。从本质上看，"情境展示与陈列"事实上为消费者展示的是一种生活状态，映射了该品牌所表达的理念。

（7）身处"互联网＋"时代，造就了她们热爱新潮事物，敢于追逐时尚的特点。同时，她们居住的城市杭州是一个开放的、颇具互联网特色的城市。

便利的互联网渠道，提供了足够宽裕的选择空间，使她们足不出户就可以搜索到来自全球的各种时尚资讯，比对时尚元素，寻找到最满意的时尚。因此，在着装态度上，她们敢于尝试，而服装款式在表达时尚感和独特感上正是最直观的方式。

6.4 四类群体对服装品牌采纳的差异性

6.4.1 差异性的表现

依据感知度差异明显的线索展开分析，发现社交型、自我表达型、情感型和实用型群体在服装品牌采纳中存在的不同之处：

（1）社交型群体在品质属性的"包装"，社会象征属性的"款式与品质""服务能力""品牌地位""品牌形象"，心理偏好属性中的"品牌形象""社会认同度"上均高出其他群体。说明社交型群体在品牌的社会象征属性上较为敏感，除了注重品牌服装、服务、形象、地位所流露出的社会性，还强调品牌是否能得到社会的认可。这与聚类研究中对该群体的表述一致，体现了她们在品牌感知中追求"品牌形象、地位、认同度上的社会性暗示"。

（2）自我表达型群体在除了"材质"外的所有产品设计线索，品牌形象设计上的"代言人形象"，文化象征属性的"时尚概念"，自我展现属性的"时尚概念"，社会象征属性的"时尚概念"，情境属性中的"品牌形象""时尚概念"，心理偏好属性中的"时尚概念""自我契合度"，符合期望属性的"着装效果"，归属感属性的"品牌形象与风格"，"品牌文化"上均高出其他群体。而在可选性的"易于搭配"、服务属性的"导购专业性"上却低于其他群体。说明自我表达型群体对产品的外观、代言形象，以及品牌所传达的时尚理念较敏感，讲求着装效果、品牌风格和形象、品牌的文化内涵与自我的一致性。而对品牌服装的可搭配性、导购服务的专业性并不强调，说明她们比其他三类群体对着装更有自己的态度和见解。与聚类研究中对该群体的表述一致，体现了她们在品牌感知中追求"品牌的风格、形象、文化与自我表达的统一"。

（3）情感型群体在服务属性的"导购专业性""导购态度与素养""服务细致性""满足特殊需求的能力""处理投诉的能力"，品牌形象设计上的"卖场形象""店员形象"，心理偏好属性中的"品牌情结""美誉度"，符合期望属性的"服务能力""卖场舒适度"，归属感属性的"品牌服务"上均高出其他群体。却在品质属性的"功能性"上低于其他群体。说明情感型群体对服务比较敏感，注意卖场和店员的形象，对品牌有一定的情感依赖，与聚类研究中对该群体的表述一致，体现了她们在品牌价值感知中追求"服务、形象、情感依恋上的感性体验"。

（4）实用型群体在品质属性的"保形性、使用寿命、功能性"，舒适性、可选性、安全性的所有线索，产品设计的"材质"，心理偏好属性的"服装与服务"，符合期望属性的"服装品质"，感知支付成本的"价格合理、性价比高、购买支付便利"，感知使用成本的所有线索上均高出其他群体，却在品质属性的"配件"，服务属性的"环境舒适"，品牌形象设计的"代言人、卖场、网站、店员、包装形象"，社会象征属性的"时尚概念"，心理偏好属性的"品牌情结、品牌地位与规模、时尚概念、美誉度"上均低于其他群体。说明该群体在感知品牌价值的过程中主要依据品牌服装本身，并希望收益最大化，与聚类研究中对该群体的表述一致，体现了她们在品牌感知中追求"高品质、高收益的心理满足"。

6.4.2　差异性存在的原因

需求是消费者行动的出发点，也是品牌发展成功的关键。在需求动机的作用下，被调查群体对服装品牌价值的各个维度表现出不同的注重程度。社交型群体注重功能价值、象征性价值、认知价值与支付成本，其中她们对服装品牌价值的象征性需求显得尤为突出，特别是文化象征属性、社会象征属性和情境属性。相对于其他三类群体，自我表达型群体更注重服装品牌的认知价值、象征性价值中的自我表达属性。情感型群体注重功能价值、象征性价值、情感价值与支付成本，其中她们对服装品牌价值的情感需求格外明显。实用型群体特别注重服装品牌的功能价值与支付成本，表现出她们追求实用的特点。

此外，根据社交型、自我表达型、情感型与实用型四个群体的感知线索差异分析，上文已经总结出了各群体在服装品牌价值上表现出的差异性需求：社交型群体追求"品牌形象、地位、认同度上的社会性暗示"；自我表达型群体追求"品牌的风格、形象、文化与自我表达的统一"；情感型群体追求"服务、形象、情感依恋上的感性体验"；实用型群体追求"高品质、高收益的心理满足"。接下来，将从个体性格、消费态度、生活方式、所处"人际圈"、自我意识、社会角色六个方面对四类群体服装品牌采纳差异性的原因展开剖析。具体如下：

（1）个体性格的差异。性格是个人在面对客观事物的态度和行为方式中比较稳定的个性特征。不同的个体，在品牌感知中表现出的心理特征和价值取舍都是不一样的：有理性的，也有感性的；有外向的，也有内向的；有独立的，也有顺从的；有积极的，也有消极的。从四类群体的线索感知特点可以看出，社交型、自我表达型、实用型是偏理性的，而情感型是偏感性的。同时，自我表达型在服装品牌价值感知上表现得独立，从她们对"可搭配性""导购专业能力"感知度低来看，她们在服装品牌选择上有一定的个人主见，不需要品牌为其提供专业的意见；社交型、情感型均表现出顺从的一面，社交型希望借由服装得到社会认可，表现出一定的从众倾向；而情感型在情感上表现出对品牌的依赖。

（2）消费态度的差异。消费态度是通过人们可对事物的看法、评价、行为方式所流露出来的，是影响人们行为的内在因素。每个个体消费观念的形成是一个极其复杂的过程，受到个人性格特征、成长环境、生活方式、价值取向、社会经济环境等诸多因素影响。在消费态度上，社交型群体希望借助服装彰显自身的地位、经济能力，得到社会的认可；自我表达型群体则通过服装证明自身的文化修养和品位，传播个人消费的文化性、前卫性，最终表达自己的个性，在实际消费中很多小众品牌的消费者基本属于自我表达型；情感型群体对某一品牌或者某一类品牌表现出信任与忠诚，在行为中表现为经常关注、经常购买；实用型群体在服装选择中看重"务实、性价比"，消费上表现为喜欢购买平价却带点时尚的快时尚品牌，而不会关注设计感很强的小众品牌。被访者 E 为职业美食家，喜欢穿得舒适、便于活动，选择比较多的品牌有江南布衣、古木夕羊、ZARA、UNIQLO、Adidas 等，在访谈中她提到"每到换季都会买很多衣服，具体要问我买了什么品牌，我真还没注意，穿着舒服、适合我的风格就买了"。由此可见，被访者 E 既考虑服装的功能性，也考虑是否能表达自己，可以将其看作兼具"实用"和"自我表达"型。被访者 D 为高校行政岗教师，"喜欢特别、有气质的品牌，买得比较多的就是 MAX&Co、Max Mara、蔓楼兰、Ted Baker、Alice Oliver，衣柜里基本是这几个牌子的"，平日里"我也会依据场合来选择服装"。因此，可以将被访者 D 理解为兼具社交型和情感型。

（3）生活方式的差异。生活方式指"个体日常生活中表现出来的全部活动形式与行为特征"。不同个体由于所处阶层、价值观、意识形态、行为喜好等各方面的差异，其生活方式也表现各异。不同生活方式下的个体，她们的着装观念、品牌采纳不同。如被访者 G，主要从事海外摄影业务的管理，平日里很多业务都是网上处理，有大把的时间做自己想做的事情，最常选购的品牌有 H&M、ZARA、MANGO，还有一些网上的小众品牌，她表示"服装类不会买奢侈品，饰品类会买；同时，不会盲目跟随潮流，适合自己是最重要的；不同的场合我会选择不同的着装"。

（4）所处"人际圈"的差异。人际圈是依据人与人交互的紧密程度设定的人际关系范围。都说"物以类聚，人以群分"，可见有着共同话语、类似经历的人们，会因某一个原因而聚集在一起，形成一个团体。在这个团体里，每个隶属于团体的个体都会受团体氛围的影响，做出与团体内其他人类似的举动。同样，她们在对服装品牌价值的感知与评判时，也会受到来自团体的影响。同一"人际圈"的个体会在价值判断上表现出惊人的相似。正如被访者 S 所述，"我圈子里的朋友很多都是对时尚比较敏感的人，我们可以忍受不是大牌的，但一定是有特色的、有格调的，喜欢钱夫人家、小维定制、于MOMO、ZOWZOW……"。

（5）自我意识的差异。自我实现需求属于马斯洛需求层次中的最高层，属于成长性需要，是在基本需要得到满足之后对自我表达的需求。自我实现与自我意识密切相关。自我意识，是个人对自己的认知，包括生理、心理以及社会化的自己。不同的个体对自我的认识不同，即使同一个个体在不同的时间段，对自身的认识也会有差异。自我认知会影响消费者对自我的认知准确性，也会影响对品牌价值有用性的感知，从而影响她们的自我实现能力。当然，个体因为受到社会身份的限制，会权衡"着装规范"和"自我展示"之间的关系，最终表现出不同程度的自我展露。如自我表达型，在表6-1的聚类分析中，可以发现她们在"表达自我""表达生活态度"两个题项上的赋值最高，而其他群体在这两项问项上的赋值也较高，说明四类群体都有自我实现的需求，只是需求的程度不同。

（6）社会角色的差异。角色是一个抽象的概念，是存在于个体和群体之间的一套有意义的系统性规范。在社会网络中，它能把异质个体或者群体区分开来，是社会关系网中人及其所处位置的标志。而各种不同社会角色的确立，被看作是根据特定的社会环境构建而成的。现阶段，人们越发关注服装对自身社会角色的构建，以及服装所能传达的信息。此时，服装消费不仅满足了人们的生理需要，更多地诠释了其心理上的社会化需求。人们一方面通过服装实现自我，或是对个性化的追求，利用品牌与产品来实现自我形象的外化；另一方面力求借助服装品牌进行角色身份构建，维系和强化某种特定的社会身份，抑或是与某一群体进行区隔。

而身为"事业与家庭兼顾"的"80后"杭州知识女性，通常有着较为体面的工作，且收入较高，她们较为清晰地知道角色构建与服装之间的重要性。由于工作、生活的需要，她们通常会扮演的不仅仅是一种身份，而是多种身份。此时，她们会将自己的着装形象与场景、身份、地位、品位以及个性等因素挂钩，通过合理的着装进行身份构建，从而向众人传递关于角色的信息。因此，由于在社会中扮演角色的不同，她们会选择不同的服装来进行沟通。如被访者U是一位财富管理专家，她的日常着装就要给人可靠、正规的感觉，因此她经常会购买LILY、哥弟，属于社交型。又如，被访者B是一位时尚行业的企业家，平时喜欢买个性化的小众品牌（ZOWZOW、ASM ANNA、阿希哥、钱夫人、ALOHA ATUDIO），经常在淘宝购物，是一个自我表现极强的个体。

本 章 小 结

在质化研究得到的各指标对应感知线索的基础上，以价值需求动机不同进行群体细分，对不同群体在各线索上的感知及服装品牌采纳特点展开细致的讨论与对比分析。本章主要研究结果包括：

（1）依据价值需求动机不同，细分后得到社交型、自我表达型、情感型和实用型四种类型。

（2）四类群体在服装品牌采纳上表现出四个典型性特点："传统、理性"和"享受、感性"并存；既要满足"审美标准"，又要满足"追逐流行与独特性"的特点；关注"品牌服装的情境化展示"，在意"特定情境中的自我表达"；"不盲目追求品牌"，却注重"有态度的消费"的特点。

（3）四类群体在服装品牌采纳上存在一致性的原因：生活水平的提高、新旧价值观的影响，在品牌采纳上表现出有限的"感性"和注重品质；身处"互联网＋"时代，造就她们敢于追逐时尚；"简单、粗暴"的媒体环境，使她们获取信息更加充沛，获取方式更加直接，对关于服装品牌的视觉信息要求直观；"快时尚"消费理念的转变，以及认知水平的提升，改变了她们的品牌态度；有保障的售后已经成为服装品牌的"常态服务"，使她们品牌购物无后顾之忧，因此在服装品牌采纳时她们并不在意售后。

（4）四类群体在服装品牌采纳上表现出的差异性：社交型群体表现出追求"品牌形象、地位、认同度上的社会性暗示"的特点；自我表达型群体表现出追求"品牌的风格、形象、文化与自我表达的统一"的特点；情感型群体表现出追求"服务、形象、情感依恋上的感性体验"；实用型群体表现出追求"高品质、高收益的心理满足"。

（5）四类群体在服装品牌采纳上存在差异性的原因：除了由于价值需求动机不同引起的差异外，她们还受个人性格、消费态度、生活方式、所处"人际圈"、自我意识、社会角色6个方面的差异影响。

提高服装品牌采纳的构思

外观管理是有关个人外观的形象、决策与行动的过程，服饰作为人体外观的一个部分，也就是说每个人在选择服装的时候即从事着外观管理工作。看似简单的外观管理蕴含了丰富的自我表达形式，是人们外观需求交错权衡的结果。当然，不同的服装、不同的品牌，所能满足的需求也不尽相同。依据第4章对感知价值体系的量化分析、第5章对服装品牌采纳模型的实证分析，以及第6章对各群体服装品牌采纳的一致性与差异性分析，结果显示：①被调查者对品牌价值感知衡量时综合考虑了功能价值、审美价值、象征性价值、情感价值、认知价值、支付成本、使用成本7个要素。②不同个体对感知要素的注重程度表现出明显的差异性，总体上被调查群体在服装品牌消费上趋于理性，决策时会综合考虑各种因素，强调自我身份构建。服装品牌的选择会综合考虑产品、品牌形象、时尚感，品牌价格、消费体验和个人偏好，说明她们愿意支付高额费用购买觉得有价值的品牌服装，同时越来越多的人表示在意品牌消费体验。③消费者在品牌采纳时受到来自自我契合度、参照群体，以及品牌信任的不同程度作用；从模型Ⅲ的数据统计可以看出，该群体对服装品牌价值的感知和最终采纳态度的形成，是她们在权衡服装品牌感知价值后形成的结果。④由于受到生活环境、消费价值观念、社会角色、所处"交际圈"等各方面内外因素的影响，社交型、自我表达型、情感型、实用型群体对服装品牌的采纳态度表现出一定程度的一致性和差异性。

可见，在日常生活中服装品牌采纳态度的形成，除了与品牌所呈现的品牌文化、品牌形象以及品牌个性息息相关外，还源于外界环境和自身的因素（如环境、身份、角色、个人喜好等）。据此，本研究围绕相关研究结论，从感知价值、外源动因、内生动因三方面出发，提出提高消费者服装品牌采纳的构想，旨在为相关服装品牌企业提供有价值的决策依据。

7.1　从感知价值出发，提高服装品牌采纳

7.1.1　提高服装品牌性价比，重视功能价值

功能性价值是品牌的根基，也是企业取得成功的关键，只有保证品牌的功能性价值，才能使消费者对该品牌建立长久的信心，才能保证品牌的价值兑现，才能使品牌具备顽强的生命力和持续的成长力。研究结果显示，在服装品牌采纳时，消费者会综合考量感知价值 7 个维度的因素，对服装品牌价值作出权衡。虽然她们在服装消费时，有时表现得感性、冲动，但是整体而言，该群体还是较为理性，即注重品牌的功能价值与支付成本，而且这两项相对于其他 5 项感知要素而言，表现得尤为重要。当然，此处品牌所展现的功能价值并不仅仅是产品的质量，而是包括品质属性、舒适性、可选性、安全性、服务属性在内的品牌整体质量，是品牌能否得到市场认可的关键。

简言之，服装企业在进行品牌建设和提升时，必须注重品牌的功能价值。只有保证品牌功能价值、非功能价值的有机结合，才能有效地向市场展示它的卓越与非凡，塑造出良好的品牌形象，实现品牌价值的有效增值，最终正向提升消费者对该品牌的采纳态度。

7.1.2 提升服装品牌形象，打造审美价值

由研究结果可知，被调查者对服装品牌的审美价值感知主要源于服装设计层面和品牌整体形象设计层面。而且通过四类人群的感知对比，也发现她们均认为服装形式（服装外观、搭配等），着装效果带来的精神层面的美感（如愉悦感、满足感），以及品牌整体形象所展现出的美的形式（如代言人、终端形象等）都能很好地表现品牌的审美价值。因此，品牌在注重服装"符合审美""时尚""有特色"的同时，还应通过服装品牌整体形象的塑造，提高品牌的审美价值，从而促进消费者对服装品牌的采纳。对于品牌整体形象，"线上"可以利用借助虚拟社区、品牌官网、各类大型交易平台，"线下"可以通过实体店铺、品牌形象店，最终实现"线上线下同步"共同塑造品牌形象，多角度、全方位打造服装品牌的审美价值。

7.1.3 提高服装品牌识别度与价值感，创造象征性价值

对于消费者而言，品牌不只是产品的质量和价值，它更多地代表一种符号。简单地说，消费者购买品牌服装，除了获得使用价值以外，还为了获得与品牌对等的身价、品位、档次和自我满足感等象征性价值。比如同样的 T 恤，当被冠上 ZARA 之名时，ZARA 品牌的品牌文化、品牌内涵、品牌风格就会赋予商品精神化的意义，也带给顾客不一样的享受。由此可见，未来的市场实质上是品牌内隐价值的竞争，即在保证功能价值的同时，品牌呈现的象征性价值对于企业发展有着重要意义。同时，当一个品牌能够让消费者获得实用功能以外的心理满足感，使消费者认同并追逐附着在品牌上的价值时，才能实现品牌价值的有效兑现。

本研究从消费者角度审视品牌价值，发现消费者对品牌价值的感知主要从功能价值、审美价值、象征性价值、情感价值、认知价值、支付成本、使用成本 7 个方面出发。从第 4 章感知要素重要性评判中，也可以看出消费者除了理性地重视功能价值和支付成本外，还注重象征性价值。然而，现阶段，由于各服装企业工业化水平的提高、制作工艺的完善，品牌服装在品质上的差异逐渐缩小，除了开发设计上可以有所创新之外，产品同质化现象越发严重，此时，服装品牌企业更应该注重打造品牌非功能性价值的特色性。因此，服装品牌企业应该从文化象征属性、自我表现属性、社会象征属性、情境属性等多方面入手，全方位地提升品牌的象征性价值，最终提高消费者的采纳意愿。

7.1.4　增加服装品牌参与度与信任感，提高情感价值

研究中显示，被调查群体对某一服装品牌的情感价值注重程度并不高，但在访谈中却发现她们对某一类服装品牌有较高的偏好。而且，服装品牌的情感价值一定程度上影响她们对服装品牌的采纳态度，因此，品牌主可以通过提高消费者对品牌的情感依赖，从而达到提高服装品牌采纳意愿的目的。

一方面，增加品牌参与，可以帮助她们建立对品牌的情感依赖，提高采纳意愿。对品牌的情感依赖将有利于品牌留住老客户，也能帮助企业赢得新的客户。当消费者对某一品牌产生依赖以后，就会认可和信赖该品牌下的所有产品。例如，ZARA 每周更新的商品总能吸引同一个消费者多次购买，即使存在偶尔的质量问题，消费者也会对有着情感依赖的 ZARA 品牌多一分宽容和理解。因此，在带有情感依赖的品牌决策中，企业将会节省大量用于吸引顾客注意力的成本。可见，对绝大多数品牌而言，建立和维持现有顾客的情感依赖度比赢得一个新的顾客要重要得多。此外，增加消费者参与度，能够进一步吸引潜在客户，建立良好的情感依赖，从而促使消费者准确感知品牌价值。

另一方面，良好的消费者体验和使用经历，可以提高她们对品牌的认同度和依赖度，形成高价值感，而这种高价值感又将反作用于消费者，进一步

增进其情感依赖。生活中，经常会发现，在情感关联度极强的消费者群体里，市场信息的传播显得尤为快速，消费者口中的信息更加值得其他消费者信赖和推崇。尤其是公众人物对某一服装品牌的参与，足以影响周围的人对该品牌的认可，而这些人在很大程度上会对该品牌产生好感并会去尝试该品牌的商品。本质上使得品牌企业可以以零成本扩大潜在客户的数量和范围，提高产品的利润和销售额。再者，品牌的依赖度在一定程度上还会影响消费者对于该品牌商品的采纳意愿和购买数量。因此，增加消费者参与度、建立良好的品牌情感依赖、拥有强有力的忠诚顾客是服装品牌价值提升的重要表现。

7.1.5　提高服装品牌创新性，提升认知价值

创新对于企业而言是一笔宝贵的财富，它为品牌的发展提供了不竭的动力。当今社会，物质生活极大丰富，各类快时尚、超快时尚品牌不断涌现，消费者也很容易受到媒体氛围和时尚氛围的影响，表现出"热衷于追求潮流、时尚"的态度。此时，不断创新对于服装品牌来讲就显得格外重要。虽然服饰品牌需要一个持久不变的理念，但是品牌产品和形象却需要顺应审美潮流不断创新。服装品牌只有不断地更新表达方式和表达角度，才能给人"时尚感""独特感"，才能在后续的发展中持续吸引顾客。研究中发现，服装品牌的创新主要体现在产品或服务的创新、品牌整体形象的创新两个方面。

（1）产品和服务的创新。在持续创新中，服装的研发设计是其他创新的基础，如果服装本身毫无新意、面料应用缺少特色、色彩组合没有突破，就无法满足顾客求新求异的时尚消费心理。而服务创新是消费者最能直接感知到的，与消费者关系较为密切。消费者在使用新产品或享受新服务的过程中能直接感受到品牌的变化。

（2）整体品牌形象的创新。品牌名称、语言、标识、包装、店铺形象、销售人员形象、品牌形象代言人，这些都是能有效地感知品牌形象创新的方式。产品或服务的创新是形象创新的基础，否则品牌无法从根本上满足消费者不断变化的需求；而整体品牌形象的创新是产品和服务创新的延续，维持

顾客对品牌的新鲜感。在实践中，品牌主可以综合使用多种手段，通过产品形象、顾客感知方式和直觉情境的途径实现品牌形象更新。

总的来讲，在展现自我、凸显个性的消费观念影响下，在品牌采纳时，消费者自然要求品牌不断创新，品牌内涵不断丰富。因此，服装企业在品牌建设中，要准确把握客户群体的价值取向，在遵循品牌核心价值下，不断追求品牌形象、产品（服务）、广告以及销售渠道等多方面的不断创新，只有这样才能实实在在地实现创新带给品牌发展的好处，才能使品牌永葆生机和活力，不断创造出"吸睛点"以捕获消费者。

7.1.6 激发、引导和满足消费者心理需求，提高服装品牌采纳度

品牌能否长久发展，关键要看能否不断满足目标群体的需求。品牌发展的目标就是研发适销商品，不断满足消费者的需求，才能激发消费者的共鸣，提高消费者对品牌的采纳意愿。特别是在现阶段，随着生活水平的提高，消费者对于服装的需求不再仅仅是生活的必需品，而是一种生活上的享受和精神上的愉悦，甚至是一种高生活品质的代表方式。例如，从前消费者购买服装考虑最多的是服装质量的好坏、价格是否合理，而如今随着生活水平的提高，消费者除了理性消费外，也体现出感性的一面，她们会依据自己对品牌的喜好和认同，根据品牌定位去选择服装品牌，在象征性属性中她们还表现出对"品牌所倡导的生活方式"推崇。研究发现，被调查群体对服装品牌需求主要体现在以下几个方面：

（1）"求异、求美"需求。人们把服装作为自我表现的媒体，对服装的选择不仅是为了表达自己所扮演的社会角色，还与自我个性表达有关。"求异"即个性化需求，指的是个人借助于服饰满足自身"与他人不同、富于变化、富于差别性"而且传达"独特、持久的同一身份的我"的需求。在服装品牌消费中，个性化需求主要有：品牌所传达的文化、个性有别于其他品牌；品牌体现的社会形象与自我认同的形象具有较高的一致性。"求异"它并不代表格格不入，而是在一个大的方向中，与别人有着差异性。"求美"即审美需

求，作为一种精神需求，它"不仅是一种高级需求，还是一种人的天性、本能和基本的需求"，是"人类在寻求精神愉悦的意识指导下对追求精神享乐的一种特殊欲求，它是主体抒发情感、力求完美自我实现的一种最理想的方式"。消费者对服装品牌的审美需求除了体现在服装形式（款式、色彩、质地、做工等）上以外，还体现在"选择穿着该品牌服装时感觉自身心情愉悦、并觉得这样的着装效果能够体现自己的社会地位，从而实现完美的自我"。

（2）"社会认同"诉求。每个人在社会里都有一种身份，扮演一种角色或多重角色。因此，作为生命有机体的个人，人们对于服装的选择，一方面是来自于生理性的需要，另一方面是来自于社会性的需要。反过来，人们往往也会借助服装来表征自己所具有的社会地位和扮演角色，以获得社会的认可和接受。在日常生活中，被调查群体一方面为人妻为人母，扮演着相夫教子的角色；另一方面，她们活跃于职场，有着不低的职位及体面的收入，其中为数不少的人还拥有比较高的社会地位。但无论她们扮演的是哪种角色，这些角色如果想要扮演得好，就要更换相应的着装。穿着与社会角色相符的着装，能更容易进行彼此的沟通，建立更加融洽的关系。因此，为了使外观形象与社会规范或所扮演的角色一致，她们的穿着要符合社会认同的服装模式。这种社会认同的着装模式，促使她们表现出较为显著的"求同"心理特征，令得她们在外观管理、品牌消费心理等方面表现出符合大众认可标准的表现。这种"求同"的从众行为体现了她们对自尊和他尊的心理需求，也是马斯洛需求理论中的最高层次。

（3）"身份构建"的需求。身份是一个抽象的概念，是存在于个体和群体之间的一套有意义的系统性规范。现阶段，人们越发关注服装对自身的构建，以及服装所能传达的信息。此时，服装消费不仅满足了人们的生理需要，更多地诠释了其心理上的社会化需求。人们一方面通过服装实现自我，或是对个性化的追求，利用品牌与产品来实现自我形象的外化；另一方面力求借助服装品牌进行身份构建，维系和强化自己所认同的某种特定的社会身份，抑或是与某一群体进行区隔。而身为"事业与家庭兼顾"的这类群体，通常有着较为体面的工作，且收入较高，她们较为清晰地知道身份构建与服装之间的重要性。由于工作、生活的需要，她们的身份通常不是一种，而是多种。

此时，她们会将自己的着装形象与场景、身份、地位、品位以及个性等因素挂钩，通过合理的着装进行身份构建，从而向众人传递关于角色的信息。

（4）"自我实现"的需求。自我实现需求是指个体向上发展和充分运用自身才能、品质、能力倾向的需要。每个人都拥有一颗上进心，都想让自己变得更好。更何况是，受过高等教育的"80后"知识女性，她们有明确的人生目标，上进、不甘落后，提升自己，想方设法让自己趋于"理想"。对于服装的选择，正是她们希望展现"理想自我"的外在表现。同时，从调查中可以看出大多已经有较为稳定的经济收入来源，她们会理性地选择她们能够承受的服装，愿意为自己认为值得的服装花钱。

（5）"时尚生活"的需求。高品质感、精致、时尚的生活方式，是人们对生活的向往与趋势。在研究中，被调查者表现出了对品牌所"倡导的时尚生活概念"的关注，倾向于采纳那些她们与认同或者向往的生活方式相一致的服装品牌。因此，服装品牌企业可以从"生活理念"入手，针对目标消费群，以视觉刺激为主导，创造令人向往的生活场景代入感，以提升消费者的采纳意愿。

总而言之，现阶段，随着需求层次的不断提升，服装品牌消费特点是理性中凸显感性，表现出"求异、求美""求认同"，强调"身份构建"与"自我实现"，注重"品牌所提倡的时尚生活方式"。此时，服装企业应该明确目标群体的需求，有针对性地进行品牌价值建设和提升，不断丰富服装品牌内涵，恰到好处地做到激发需求、引导需求、满足需求，以提高她们对服装品牌的采纳意愿。

7.2 从外源动因出发，提高服装品牌采纳

7.2.1 充分利用媒体，营造服装品牌发展氛围

在当下的消费实践中，媒体已经成为链接品牌主与受众之间的桥梁，对

于塑造品牌形象，具有不可替代的效果和作用。品牌主通常会依据品牌个性、消费者对品牌的认同程度、产品生命周期等因素在不同阶段选择组合运用不同的信息传播载体，以保证传播的有效性。当然，凡是能传播信息的载体，都可被称作媒体。当下，传统媒体与数字化媒体联合，形成的对时尚资讯快速捕捉和广泛散播的能力、对消费者态度的影响能力都是前所未有的。例如，T台最新流行风格、流行色、名人的各种新潮装扮都能在第一时间被捕捉并加以传播，此时品牌主可以借助媒体"新的时尚"的造势传播，引起了消费者的兴趣、激发了更高层次的消费需求；如果品牌主能赢得一些明星模特、网红达人的拥护，即使是低成本的广告投入也能极大地增加自身在大众媒体的曝光率，坐收良好的口碑效益；品牌主还可以通过与新闻传播机构及新闻工作者建立良好关系，争取营造有利的舆论氛围，通过新闻媒体扩大自身影响力。总之，品牌主如果能结合自身特点，将公关、广告、促销等手段有机整合起来，合理运用大众媒体、自媒体、交互媒体等多元化媒体手段，必定能为品牌价值提升创造良好的社会氛围，从而影响消费者对品牌价值的感知与采纳态度。

7.2.2 借助参照群体交互圈，引导消费者品牌偏好

随着互联网的发展，参照群体作用日益凸显，参照人群也由最初的家人、朋友、邻居、同事、同学、实体小团体……，发展到互联网生活圈，如微信、微博、互动平台等。消费者借助网络搜寻、评论、交流品牌信息，查看、跟踪意见领袖、网红主播、知名艺人发布的关于时尚、潮流、品牌信息，是网络化社会的必然趋势。研究表明，感知价值各个维度受到来自参照群体的显著影响，同时她们对服装品牌的采纳态度也受参照群体的直接影响和间接影响。此时，服装品牌企业可以充分利用参照群体的交互圈，进行合理引导，使其向着有利于品牌的方向发展。

7.3 从内生动因出发，提高服装品牌采纳

7.3.1 加强消费者感知能力，使其准确感知服装品牌价值

品牌是一种识别系统，品牌的标志和差异可以帮助消费者选择自己满意的产品。特别是在商品同质化十分严重的今天，服装产品区分已经不是很明显，而品牌成了同类产品相互区分的重要标志。无论是 GAP 的自由休闲，还是 ZARA 的时尚流行，或者是 H&M 的物美价廉，还是 CHANEL 的奢华，消费者都会依据对品牌价值的感知来选择自己心仪的品牌产品。调查表明，消费者感知服装品牌价值时，比较注重服装的功能性、支付成本、品牌蕴含的社会性，以及时尚流行性、消费体验。因此，服装品牌企业可以通过顾客管理，在宣传品牌产品的同时，传授相关专业知识，提高顾客对品牌的感知能力，让其正确认识和对待使用中产生的成本和品牌的价值，缩短消费者感知价值、品牌真实价值和企业想要提供的价值三者之间的差距。此外，品牌主还可以通过搭建新的消费场景（如社交平台、直播、长短视频等），主动寻找目标群体，借助社交与娱乐内容拉近与顾客的距离，引导她们有效地感知品牌，引导对品牌态度不明确的顾客向着有利于企业的态度发展。

7.3.2 增加消费者品牌信任，建立对服装品牌的情感依赖

当今服装市场给了顾客越来越多的商品选择。比如购买一款时尚休闲 T 恤，有上千种品牌和样式可供消费者选择，然而最终的购买决策很难定夺。所以，在这些情况下，大多数顾客选择了依靠品牌来执行购买决策。可见，在一定层面上，品牌慰藉了顾客的心理，节约了顾客购买决策的时间，让顾客在购买该商品时信心满满。当然，消费者对品牌的信任是建立在质量和消费体验的基础之上的，没有好的质量和服务，品牌的道路就无法长远。

实际生活中，消费者对品牌价值的信任和认同，并不是凭空产生的，它是在长期的消费体验中形成的。这里的消费体验指的是消费者在与品牌接触或使用过程中对一系列与品牌相关事件的积累经历和印象，是品牌与消费者交流的一个直接有效的媒介。在体验过程中，消费者会就服装、品牌形象、包装、导购能力、购买环境等刺激物作出感知反应，从而对品牌产生一定的态度或者情感。当消费者在长期的消费体验中，对品牌产生极度信任时，品牌和消费者的关系就会经久稳定。即使面对更好、更优惠的品牌，忠诚顾客也不会立刻转向另一个品牌。忠诚顾客使品牌在面对挑战时有较大的弹性，这就使品牌在遇见强劲对手的时候有足够的时间去接受对手的挑战，也有更多的时间去修补自己的不足，从而为挽留忠诚客户赢得时间。所以，提高消费体验、促进品牌信任，对于企业而言是至关重要的。

虽然研究显示消费者对情感价值重要性的感知态度不明确，然而，通过对"基于感知价值的服装品牌采纳模型"的实证却证实了品牌信任对她们的服装品牌采纳态度有积极的促进作用。消费者对品牌的信任有利于品牌留住老客户，也能帮助企业赢得新的客户。当消费者对某一品牌产生依赖以后，很大程度上就会认可和信赖该品牌下的所有产品。同时，品牌的依赖度在一定程度上还会影响消费者对于该品牌商品的购买数量和购买意愿。因此，增加消费者参与度，建立良好的品牌情感关联，拥有强有力的忠诚顾客是提升服装品牌价值的重要表现，也是提高品牌采纳意愿的重要手段。

7.3.3　提升消费者实感体验，助其找到最契合的服装品牌

在研究中发现，品牌与自我一致性很大程度上影响消费者对服装品牌价值的感知，继而影响她们的采纳态度。因此，服装品牌在实际操作中应该提高消费者的实感体验，让她们更全面地感知"品牌与自我是否契合"，特别是着装的效果体验。因此，在互联网、信息化的时代，品牌企业可以充分利用信息、科技，打造别具一格的用户体验，如：利用虚拟试衣镜，将衣服的3D画面与消费者影像相重合，达到虚拟试衣的效果，服务于庞大的线下消费群体；客户线上消费时，可以建立最符合客户形象的模特（甚至还能让她们

上传自己的脸部照片与虚拟模特合成），利用"虚拟试衣"有效提高顾客体验，给人更为真实的试衣效果；还可以结合虚拟试衣和虚拟现实技术，应用计算机生成三维动态视景和实体行为的系统仿真，为用户提供多场景、交互式的着装环境，使用户沉浸到该环境中产生更实感的着装体验，以提高消费者对品牌价值的感知与采纳意愿。

综上所述，从消费者感知角度出发，打造品牌价值，提升他们的品牌采纳态度，已经成为服装企业竞争的关键，也是市场竞争的趋势。特别是在服装同质化明显、品牌角逐激烈的大环境下，消费者感知到的品牌价值，很大程度上影响着她们的品牌采纳方向，决定着企业未来的命运。因此，服装企业要坚定不移地提升消费者对服装品牌的感知价值，与时俱进地发展品牌创新，将品质作为基点，服务作为保障，多角度全方位地打造品牌形象，重点构建具有高识别度、符合目标群体需求的品牌附加值。

本 章 小 结

本章主要分析了如何从感知价值、外源动因、内生动因出发，提高服装品牌采纳。具体建议如下：

（1）在感知价值层面，分别利用"提高服装品牌性价比""提升服装品牌整体形象""创造具有识别度和价值感的品牌""增加消费者参与度和信任感""全面持续创新""不断激发、引导和满足消费者对服装品牌的心理需求"等手段，从功能性价值、象征性价值、情感价值、认知价值、消费者心理需求等方面出发，提升服装品牌采纳中的"感知利得"，降低"感知利失"。

（2）在外源动因层面，充分利用媒体、借助群体交互圈，营造有利于服装品牌发展的氛围，引导和转变消费者对某一服装品牌的态度。

（3）在内生动因层面，首先，加强消费群体的感知能力，使其准确感知服装品牌价值；其次，增加品牌信任，促成她们对某一服装品牌产生情感上依赖；再次，注重用户实感体验，帮助消费者找到最契合的服装品牌。

结论与展望

本书的重点是研究服装品牌采纳的动因及特点。通过以上几个章节的论述，详细分析了该群体在服装品牌采纳中感知价值的构成、对各线索的感知度，以及"动因—感知价值—品牌采纳"三者之间的关系。为了进一步明确本研究的观点，了解服装品牌采纳，本章对全书的论证及结果进行宏观的总结。并且，反思了本研究存在的局限性，提出了未来需要突破的研究方向。

8.1 主要研究结论

本研究以感知价值理论、服装社会心理学和消费行为学等相关理论作为主要理论依据，围绕"基于感知价值的服装品牌采纳"这一主题，研究消费者在服装品牌采纳中对品牌价值感知"利得"和"利失"的权衡，以及各变量作用下的互动关系和采纳特点。研究中，采用了质化分析、实证研究相结合的方法，以"动因—感知价值—品牌采纳"为主线，实证了服装品牌感知体系、"基于感知价值的采纳模型"，通过社交型、自我表达型、情感型、实用型群体对各线索的感知度评分来分析服装品牌采纳特点和形成原因，为服装品牌价值构建提供理论依据。

本研究得到的主要结论如下：

1. 从服装品牌感知价值体系得到的结论。

（1）服装品牌采纳中的感知价值体系可以细致地划分为 5 个层级，由 1 个目标（服装品牌感知价值）、2 个系统（感知收益和感知付出）、7 个维度结构（功能价值、审美价值、象征性价值、情感价值、认知价值、支付成本、使用成本）、21 个指标和 38 个对应题项构成。

（2）消费者对服装品牌的采纳态度趋于理性，决策时会综合考虑以下因素：功能价值、审美价值、象征性价值、情感价值、认知价值、支付成本和使用成本。其中，支付成本（93.57%）和功能价值（92.07%）相对重要性突出，说明消费者对服装品牌的消费态度较为理性，注重付出成本和功能价值。

（3）消费者在服装品牌采纳时普遍"求美"，同时，表现出对"时尚性""独特性"的渴望。审美价值的相对重要性为 82.38%，说明人们对品牌整体美感的追求；而认知价值包含了时尚性和独特性两个方面，相对重要性程度为 81.86%，反映出人们对潮流的追逐、对新鲜事物的渴望。

（4）消费者在服装品牌采纳时强调品牌所承载的象征性价值。象征性价值的相对重要性为 80.23%，其中包含了文化象征属性、自我展示属性、社会象征属性、情境属性在内，说明消费者在追求外在美观的同时，还兼顾品牌所承载的符号化内涵。

（5）在服装品牌采纳时，被调查群体对品牌的情感价值态度不明确。相对于其他价值维度，对服装品牌情感价值有 99.19% 的人持无所谓的态度。说明她们对某一特定品牌的依赖和忠诚度较低，但在访谈中却发现她们对某一类品牌具有明显偏好。

（6）在服装品牌采纳时，消费者很少考虑服装的使用成本。调查显示，感知使用成本是感知结构体系中被重视程度最低的，相对重要性程度为35.94%，说明她们在对服装品牌感知时，使用成本很容易被忽视。

（7）在服装品牌采纳时，个人特征（年龄、文化、收入）与感知价值各维度存在不同程度的相关性。

2. 从基于感知价值的服装品牌采纳模型实证得到的结论。

（1）感知价值是"感知利得"和"感知利失"的结果，价值感知权衡的结果影响服装品牌的采纳。研究显示：感知价值各维度对服装品牌采纳有影响，但影响效用存在差异，影响效用从大到小依次为：支付成本＞功能价值＞审美价值＞认知价值＞象征性价值＞情感价值＞使用成本。其中，支付成本的效应较大，使用成本的效应最小；同时研究发现，感知收益对服装品牌采纳形成的影响是正向的；而感知付出对服装品牌采纳形成的影响是负面的。

（2）在参照群体"信息性"作用下，形成对品牌"积极或消极"的初始印象；在"功利性"和"价值表达性"作用下，表现出"求同"的从众心理，这些都影响她们对服装品牌的感知价值与采纳。同时，参照群体对服装品牌感知价值各维度的影响存在差异，影响效用从大到小依次为：审美价值＞情感价值＞支付成本＞功能价值、认知价值＞象征性价值＞使用成本。其中，参照群体对审美价值的感知影响最大，对使用成本的感知影响最小；参照群体对感知价值各维度的作用是正向的，而对感知付出（支付成本和使用成本）的影响是负向的，即参照群体提供的正面评价越高，对服装品牌的感知付出越低。

（3）品牌信任主要源于"品牌主形象""消费者与品牌的关系度"和"消费体验"三个方面。同时，品牌信任对服装品牌感知价值各维度的影响存在差异，影响效用从大到小依次为：情感价值＞功能价值＞象征性价值＞审美价值＞支付成本＞认知价值。其中，品牌信任对情感价值的感知影响最大，对认知价值的感知影响最小，对使用成本无显著影响；品牌信任对所有维度的影响是正向的，而对支付成本的影响是负面的，即品牌信任越高，感知到的支付成本就越低。

（4）在品牌采纳时，消费者会综合考虑"社会身份的构建""内在自我的表达"和"自我对美的追求"，倾向于"自我契合度高的品牌"。特别是，出席一些公众场合，她们会有意识或者潜意识地将自己的着装形象与场景、身份、地位、品位以及个性等相挂钩。实证结果显示：自我契合度对服装品牌价值各维度有显著影响，但存在差异，影响效用从大到小依次为：象征性价值＞审美价值＞情感价值＞认知价值＞功能价值和支付成本。其中自我契合度对象征性价值的感知影响最大，对功能价值和支付成本的感知影响最小，对使用成本无显著影响。同时，自我契合度对感知收益的影响是正向的；对支付成本的影响是负面的，即品牌与自我契合度越高，感知到的支付成本相对而言就越低。

（5）参照群体、自我概念、品牌信任对服装品牌采纳有直接影响，但影响效应存在差异，总影响效用从大到小依次为：自我契合度＞参照群体＞品牌信任。同时，它们对服装品牌采纳均呈现出正向显著关系，即正面信息、高信任度、高契合度会对服装品牌采纳起到积极的促进作用。

3. 从感知比较，得到四类群体服装品牌采纳一致性结论。

由于在调查中四类群体均为"80后"杭州知识女性，有着相似的成长和生活环境，所处的社会、经济、文化、时尚背景也较为一致，使她们的消费态度、价值取向、品牌需求等方面都表现出一定程度的相似性。在服装品牌采纳时，她们表现出四个典型性特点：

（1）服装品牌采纳时表现出"传统、理性"和"享受、感性"并存的特点，既会"货比三家，寻找心仪产品"，也会"购买溢价商品取悦自己"。

（2）在服装品牌采纳时，表现出既追求"符合审美标准"，又"追逐流行与独特性"，表现出在"注重社会身份的构建"与追求"独特的自我"之间的权衡。

（3）在服装品牌感知上，关注"品牌服装的情境化展示"；在品牌采纳上，表现为在意"特定情境中的自我表达"，会依据情境挑选适合的服装。

（4）在服装品牌采纳时，"不盲目追求品牌"，注重"有态度的消费"。消费者虽然没有表现出对某一特定品牌的忠诚度，但是，明显地表现出对同一类品牌的采纳倾向。

4. 从感知比较中，得到四类群体服装品牌采纳差异性结论。

从不同类型群体对各线索感知度比较中发现，社交型、自我表达型、情感型和实用型群体，由于受不同的个人性格、消费态度、生活方式、所处"人际圈"、自我意识、社会角色等的影响，使她们对服装品牌的采纳表现出不同程度的差异：

（1）社交型群体：对服装品牌"品质""服务"，以及"提供的社会价值""价格"的关注度较高。与其他三类群体相比，她们在品牌的社会象征属性上表现得较为敏感，除了注重品牌服装、服务、形象、地位所流露出的社会性，还强调品牌是否能得到社会的认可。

（2）自我表达型群体：对服装品牌"品质""舒适""美观""表达、展现生活态度与自我""独特性"的关注度较高。与其他三类群体相比，她们对产品的外观、代言形象，以及品牌所传达的时尚理念较敏感，讲求着装效果、品牌风格和形象、品牌的文化内涵与自我的一致性。

（3）情感型群体：对服装品牌"品质""舒适""品类""服务""自我展示""价格"的关注度较高，同时，还认为"品牌能使我愉悦，且让人放心，有归属感"。与其他三类群体相比，她们对服务比较敏感，注重卖场和店员的形象，对品牌有一定的情感依赖，追求"服务、形象、情感依恋上的感性体验"。

（4）实用型群体：对服装品牌的"功能性价值""性价比""便利性"的关注度较高。与其他三类群体相比，她们在感知品牌价值的过程中主要依据品牌服装本身，并希望收益最大化，追求"高品质、高收益的心理满足"。

8.2 研究展望

8.2.1 研究局限

虽然本书在理论推演和实证研究过程中力求符合科学规范，并获得了一些有价值和创新性的研究结论，对深入掌握服装品牌感知价值和采纳研究起到了一定的积极意义，但由于笔者自身学术能力和客观条件的限制，使得研究工作还存在诸多不足，主要体现在：一方面，由样本导致的实验结果偏差。本研究的样本量虽然已经超过有效样本量，但是由于每个样本个体在相关知识储备、感知能力上存在差异，较难通过相关实验设计进行控制与规避，使得实验结果难免存在一定的偏差。另一方面，缺乏对调节变量的实证分析。在采用质化研究后，得到的各关键性因素都与感知价值存在明显的关系，但考虑到研究实际需要和数据处理的可行性，在"基于感知价值的品牌采纳模型"实证时，人为地忽略了氛围和个体感知能力的调节作用，也就是说本研究缺乏对调节变量的实证分析。

8.2.2　未来延伸方向

感知价值作为一个新兴的研究热点，吸引了国内外学者的广泛关注，但是，关于服装品牌感知价值的研究目前尚未形成完善的理论体系，国内对于此类问题的研究更是零散，缺乏系统。在未来的研究中，可以从不同的人群、不同的研究视角，采用更多元化的研究方法，对消费感知价值的内涵、形成和规律进行更加深入的研究：

（1）本研究对服装品牌感知价值的研究是横断面研究，因此无法探寻消费者在时间序列里的动态变化规律，未来可以尝试从一个纵向框架中去构建服装品牌感知价值模型，探寻时间序列中的变化规律。

（2）对于感知价值的影响动因是多维度的，本书只针对质化研究得到的较为典型的关系展开实证，缺乏对调节变量和其他动因变量的探讨，在后期的研究中可以展开进一步的论证。

（3）由于本研究只针对"80后"杭州女性群体展开调查研究，后期还可以针对其他群体进行延伸性研究，或者对多个群体进行比较性研究，使得到的感知价值理论更加系统、全面。

附录 1 访谈提纲

访谈提纲 1——针对专业人员

致参与者：

由于本人撰写毕业论文的需要，恳请您在百忙之中抽出宝贵的时间来完成这份深度访谈！本次调查的所有信息都将单纯用于研究消费者对服装品牌价值感知的研究，没有任何商业目的，保证不会泄露您的任何隐私或个人信息。感谢您的支持与配合！

服装品牌价值感知访谈提纲——针对专业人员

访谈基本信息					
访谈时间		访谈地点		访谈方式	
受访者信息					
受访人		工作性质			
访谈内容					

1. 简要介绍访谈的目的。
2. 提问互动内容：
（1）您觉得哪些服装品牌价值要素是杭州"80后"知识女性比较注重的？
（2）请您谈谈她们对服装品牌价值的感知会受哪些因素影响呢？
（3）您对市场上的服装品牌的大体印象怎么样？
（4）您认为市场上成功的服装品牌它应该具备什么样的特质？
（5）您觉得"80后"杭州知识女性群体，在服装品牌价值选择上存在什么样的偏好？
（6）您觉得怎么做才能更好地宣传、展示和销售品牌服装？

访谈提纲 2——针对研究主体人群

致参与者：

由于本人撰写毕业论文的需要，恳请您在百忙之中抽出宝贵的时间来完成这份深度访谈！本次调查的所有信息都将单纯用于研究消费者对服装品牌价值感知的研究，没有任何商业目的，保证不会泄露您的任何隐私或个人信息。为了保证调查结果的准确性，请您认真如实作答！

服装品牌价值感知访谈提纲——针对消费者

访谈基本信息					
访谈时间		访谈地点		访谈方式	
受访者信息					
年龄		学历		月收入	
职业		单件均价（元）		在杭州生活年限	
访谈内容					

1. 简要介绍访谈的目的。
2. 提问互动内容：
（1）您经常购买哪些服装品牌？（包括网红品牌、小众设计师品牌等）
（2）您通常是通过什么渠道购买品牌服装？（为什么）
（3）您购买服装的主要原因？那您为什么选择有品牌的服装？
（4）哪些品牌特质最能吸引您选择或者购买？
（您熟悉的服装品牌，它一般具备哪些特质？）
（5）您对目前市场上服装品牌的大体印象怎么样？
（6）您认为目前比较成功的服装品牌它应该具备什么样的特质？
（7）您一般是通过什么方式获取服装品牌信息？
（8）您觉得怎么做才能更好地宣传、展示和销售品牌服装？
（9）选择服装品牌时，除了考虑品牌的因素，您还会考虑哪些因素呢？（您的选择会受哪些因素的影响？知识女性或者是职业女性身份对您的服装品牌选择有什么影响吗？）

附录 2　调查问卷

您好！本研究正在调查消费者对服装品牌价值感知的情况，需要大量数据资料，麻烦您如实回答以下问题，将选项标红或打√即可。本次调查属非商业性质，其调查结果仅用于学术研究，对于您的回答我们会完全保密，衷心感谢您的支持！

第一部分　个人基本信息和服装消费情况

1. 出生年份（这对本次调查很重要）：_____

2. 在杭州的居住地：

□非主城区　　□主城区（上城、下城、西湖、拱墅、江干、滨江、萧山、余杭）

3. 在杭州工作（或者生活）已经：

□3～5 年　□5～8 年　□8 年以上

4. 学历：□专科　□本科　□研究生

5. 职业：

□普通职员　　　　□公务员或事业单位人员　　　□中高层管理者

□私营业主　　　　□其他（_____）

6. 我的月收入：

□8000 元以下　□8001～12000 元　□12001～20000 元

□20000 元以上

7. 您月平均购买服装的频次：

□2 次及以下　　□3～5 次　　□5 次以上

8. 您购买服装平均单件金额（元）：

□200 元以下　□200～500 元　□501～1000 元　□1001～2000 元

□2000 元以上

9. 您购买服装的主要方式（多选）：

□电商平台　　□临街店铺　　□购物中心　　　□服装批发市场

□折扣店　　　□买手店　　　□定制店　　　　□古着店

10. 在您购买的服装中，品牌服装所占比例：

☐25% 以下　　☐25% ~ 50%　　☐51% ~ 75%　　☐75% 以上

11. 购买服装品牌的类型，如：

☐LV、PRADA 等的奢侈品

☐MaxMara、MaxCo 等的轻奢品

☐EP、哥弟、太平鸟等的大众品牌

☐H&M、GAP、UNIQLO、ZARA 等的快时尚品牌

☐古木夕阳、江南布衣、三彩、浪漫一身等的杭派品牌

☐ZOWZOW、钱夫人家、于 MOMO 等的网红品牌

☐其他（＿＿＿＿＿）

12. 一般购买品牌服装的时段（可多选）：

☐新品上市　　☐优惠活动　　☐节假日　　☐随意

☐其他（＿＿＿＿＿）

13. 您购买品牌服装的主要原因（可多选）：

☐赠送礼品　　☐追求潮流　　☐一时冲动　　☐工作需求

☐其他（＿＿＿＿＿）

14. 在购买某品牌前，您如何主要通过哪种途径获得在线口碑信息：

☐品牌官网　　　　☐大型购物平台　　☐各类搜索引擎

☐经验分享型 App 平台（如小红书）　　☐交互平台（如微博、微信等）

第二部分　请根据您选择服装品牌时实际消费情况，
就以下方面的问题给予评价

我选择某品牌服装，是因为：	完全不同意—————→很同意						
FV1：服装质量优良、稳定	1	2	3	4	5	6	7
FV2：品牌整体具有品质感	1	2	3	4	5	6	7
FV3：产品实用性强	1	2	3	4	5	6	7
FV4：服装穿着舒适	1	2	3	4	5	6	7
FV5：品类色系齐全，可选性强	1	2	3	4	5	6	7
FV6：符合相关标准（技术、绿色环保、安全等包装）	1	2	3	4	5	6	7

续表

我选择某品牌服装，是因为：	完全不同意————————→很同意						
FV7：能提供专业、有效的服务	1	2	3	4	5	6	7
FV8：能提供舒适、配套齐全的购物环境	1	2	3	4	5	6	7
AV1：款式（外观、版型、工艺等）美观	1	2	3	4	5	6	7
AV2：能提供我所喜欢的样式	1	2	3	4	5	6	7
AV3：服装、配饰、包装等精美，有品位	1	2	3	4	5	6	7
AV4：品牌形象展示具有吸引力	1	2	3	4	5	6	7
SV1：能传达特定的文化内涵	1	2	3	4	5	6	7
SV2：能表达一定的生活态度	1	2	3	4	5	6	7
SV3：能展现自我	1	2	3	4	5	6	7
SV4：能够帮我树立良好的个人形象	1	2	3	4	5	6	7
SV5：具有较高的社会知名度和美誉度	1	2	3	4	5	6	7
SV6：让我得到周围更多人的认同	1	2	3	4	5	6	7
SV7：使我有优越感（剔除）	1	2	3	4	5	6	7
SV8：满足特殊场合需要（如职场、聚会等）（剔除）	1	2	3	4	5	6	7
SV9：让我在社交场合中感到不自信（反向问项）	1	2	3	4	5	6	7
SV10：作为礼品赠送亲友，让我觉得体面（剔除）	1	2	3	4	5	6	7
EV1：喜欢购买品牌服装	1	2	3	4	5	6	7
EV2：购买或穿着品牌服装让我心情愉悦	1	2	3	4	5	6	7
EV3：品牌的产品和承诺让人放心	1	2	3	4	5	6	7
EV4：产品/服务符合我的预期期望	1	2	3	4	5	6	7
EV5：品牌工作人员服务能力符合我的预期（剔除）	1	2	3	4	5	6	7
EV6：品牌能够提供满足我期望的个性化服务（剔除）	1	2	3	4	5	6	7
EV7：使用效果符合我期望	1	2	3	4	5	6	7
EV8：着装形象符合我的期望（剔除）	1	2	3	4	5	6	7
EV9：能提供的特殊服务，让我有归属感（如VIP特权）	1	2	3	4	5	6	7
EV10：习惯于购买品牌的服装	1	2	3	4	5	6	7
EV1a：品牌整体设计新颖	1	2	3	4	5	6	7
EV2a：品牌整体设计时尚	1	2	3	4	5	6	7
EV3a：上新速度快	1	2	3	4	5	6	7
EV4a：品牌气质独特	1	2	3	4	5	6	7
EV5a：品牌服装不易撞衫	1	2	3	4	5	6	7
PC1：产品/服务提供了与价格相符的价值	1	2	3	4	5	6	7
PC2：产品不容易降价/打折	1	2	3	4	5	6	7

我选择某品牌服装，是因为：	完全不同意————→很同意						
PC3：购买到质量差或者非正品的可能性	1	2	3	4	5	6	7
PC4：购买、支付便利	1	2	3	4	5	6	7
PC5：洗可穿性（如无须熨烫等打理）	1	2	3	4	5	6	7
PC6：洗涤的便利性	1	2	3	4	5	6	7
PC7：保养的便利性	1	2	3	4	5	6	7

第三部分　请根据您选择服装品牌时实际消费情况，就以下方面的问题给予评价

我选择某品牌服装时，通常会这么做	完全不同意————→很同意						
RG1：会经常观察别人购买和使用的情况	1	2	3	4	5	6	7
RG2：如果不熟悉某品牌，我会向别人了解相关信息	1	2	3	4	5	6	7
RG3：会咨询别人的意见，以便做出更好的选择	1	2	3	4	5	6	7
RG4：我通常在购买前，会从别人那里搜索相关信息	1	2	3	4	5	6	7
RG5：有些时候我购买一件衣服，仅仅是因为朋友说好	1	2	3	4	5	6	7
RG6：购买所在群体认同的服装品牌，能够获得归属感	1	2	3	4	5	6	7
RG7：如果我喜欢某人，会选择她们所使用的服装品牌	1	2	3	4	5	6	7
RG8：通常会选择别人认可的服装或品牌	1	2	3	4	5	6	7
RG9：我希望购买的服装和品牌会给人留下好的印象	1	2	3	4	5	6	7
BT1：我认为该品牌产品充分考虑了顾客需求	1	2	3	4	5	6	7
BT2：我认为该品牌能够兑现其服务承诺	1	2	3	4	5	6	7
BT3：该品牌能够充分满足我的期望	1	2	3	4	5	6	7
BT4：该品牌能够使我在购买中感到没有风险	1	2	3	4	5	6	7
BT5：该品牌会以一定方式补偿其产品出现的问题	1	2	3	4	5	6	7
SC1：我认为该品牌和理想中的我很接近	1	2	3	4	5	6	7
SC2：该品牌，能够让我展示理想的自己	1	2	3	4	5	6	7
SC3：该品牌呈现出的特质与我的特质很接近	1	2	3	4	5	6	7
SC4：该品牌特质呈现了我应该展现给别人的品位	1	2	3	4	5	6	7
SC5：在别人眼中，该品牌形象与我的形象很接近	1	2	3	4	5	6	7
SC6：在别人眼中，这个品牌很符合我的风格品位	1	2	3	4	5	6	7
BA1：我想购买并拥有该品牌服装	1	2	3	4	5	6	7
BA2：需要购买服装时，我会首先考虑该品牌	1	2	3	4	5	6	7
BA3：我会向他人（如亲友）推荐、分享该服装品牌	1	2	3	4	5	6	7

第四部分　请对以下各分项的感知重要性程度（即各分项对主项的作用效果）进行评分

主项	分项评价	很不重要						很重要
		1	2	3	4	5	6	7
品质属性	面料	1	2	3	4	5	6	7
	配件	1	2	3	4	5	6	7
	版型	1	2	3	4	5	6	7
	细节	1	2	3	4	5	6	7
	包装	1	2	3	4	5	6	7
	色牢度（如不易掉色）	1	2	3	4	5	6	7
	保形性	1	2	3	4	5	6	7
	使用寿命	1	2	3	4	5	6	7
	功用性（如满足健身需求）	1	2	3	4	5	6	7
舒适性	穿着舒适度	1	2	3	4	5	6	7
	接触舒适度	1	2	3	4	5	6	7
	吸湿透气	1	2	3	4	5	6	7
可选性	品类齐全	1	2	3	4	5	6	7
	款式多样	1	2	3	4	5	6	7
	齐色齐码	1	2	3	4	5	6	7
	易于搭配	1	2	3	4	5	6	7
安全性	保健功能	1	2	3	4	5	6	7
	符合国家、行业标准	1	2	3	4	5	6	7
	服装绿色环保	1	2	3	4	5	6	7
服务属性	导购专业性	1	2	3	4	5	6	7
	导购态度与素养	1	2	3	4	5	6	7
	服务细致性	1	2	3	4	5	6	7
	售后保障	1	2	3	4	5	6	7
	满足特殊需求的能力	1	2	3	4	5	6	7
	处理投诉的能力	1	2	3	4	5	6	7
	购物环境舒适	1	2	3	4	5	6	7

主项	分项评价	很不重要						很重要
		1	2	3	4	5	6	7
产品设计属性	风格	1	2	3	4	5	6	7
	款式	1	2	3	4	5	6	7
	材质（如面料、辅料）	1	2	3	4	5	6	7
	配饰	1	2	3	4	5	6	7
	细节	1	2	3	4	5	6	7
	色彩	1	2	3	4	5	6	7
	图案	1	2	3	4	5	6	7
品牌形象设计属性	品牌名	1	2	3	4	5	6	7
	商标符号	1	2	3	4	5	6	7
	产品形象	1	2	3	4	5	6	7
	代言人形象	1	2	3	4	5	6	7
	卖场形象	1	2	3	4	5	6	7
	网站形象	1	2	3	4	5	6	7
	店员形象	1	2	3	4	5	6	7
	包装形象	1	2	3	4	5	6	7
文化象征属性	服装款式与品质	1	2	3	4	5	6	7
	服务特色	1	2	3	4	5	6	7
	品牌形象（如品牌个性、民族/产地特征）	1	2	3	4	5	6	7
	时尚概念（如倡导的生活态度）	1	2	3	4	5	6	7
情境属性（特定场合需求）	服装款式与品质	1	2	3	4	5	6	7
	品牌地位	1	2	3	4	5	6	7
	品牌形象	1	2	3	4	5	6	7
	情境展示与陈列	1	2	3	4	5	6	7
	时尚概念	1	2	3	4	5	6	7

续表

主项	分项评价	很不重要 1	2	3	4	5	6	很重要 7
自我展现属性	服装外观与品质	1	2	3	4	5	6	7
	品牌地位	1	2	3	4	5	6	7
	品牌形象	1	2	3	4	5	6	7
社会象征属性	服装款式与品质	1	2	3	4	5	6	7
	服务能力	1	2	3	4	5	6	7
	品牌地位	1	2	3	4	5	6	7
	品牌形象	1	2	3	4	5	6	7
	时尚概念	1	2	3	4	5	6	7
	知名度	1	2	3	4	5	6	7
时尚感	服装款式	1	2	3	4	5	6	7
	上新速度	1	2	3	4	5	6	7
	服务	1	2	3	4	5	6	7
	品牌形象	1	2	3	4	5	6	7
	宣传推广手段	1	2	3	4	5	6	7
	倡导时尚的生活理念	1	2	3	4	5	6	7
独特感	服装	1	2	3	4	5	6	7
	服务	1	2	3	4	5	6	7
	整体形象	1	2	3	4	5	6	7
	宣传与推广独特	1	2	3	4	5	6	7
	有民族或产地特色	1	2	3	4	5	6	7
	限量发售	1	2	3	4	5	6	7
使用成本属性	洗可穿性强（如免烫）	1	2	3	4	5	6	7
	洗涤方便、成本低	1	2	3	4	5	6	7
	保养方便、成本低	1	2	3	4	5	6	7

主项	分项评价	很不重要 1	2	3	4	5	6	很重要 7
心理偏好属性	服装与服务	1	2	3	4	5	6	7
	品牌情结	1	2	3	4	5	6	7
	品牌形象	1	2	3	4	5	6	7
	品牌地位与规模	1	2	3	4	5	6	7
	时尚概念	1	2	3	4	5	6	7
	美誉度	1	2	3	4	5	6	7
	知名度	1	2	3	4	5	6	7
	自我契合度	1	2	3	4	5	6	7
	社会认同度	1	2	3	4	5	6	7
符合期望属性	服装品质	1	2	3	4	5	6	7
	着装效果	1	2	3	4	5	6	7
	服务能力	1	2	3	4	5	6	7
	卖场舒适性	1	2	3	4	5	6	7
	售后可靠性	1	2	3	4	5	6	7
	满足定制或特殊需求	1	2	3	4	5	6	7
品牌归属感	品牌形象与风格	1	2	3	4	5	6	7
	品牌文化	1	2	3	4	5	6	7
	品牌服务（如VIP专属）	1	2	3	4	5	6	7
支付成本属性	价格合理	1	2	3	4	5	6	7
	性价比高	1	2	3	4	5	6	7
	不易打折	1	2	3	4	5	6	7
	风险小（买到质量差、非正品的概率低）	1	2	3	4	5	6	7
	购买支付便利	1	2	3	4	5	6	7

参 考 文 献

[1] 白长虹. 西方的顾客价值感知研究及其实践启示 [J]. 南开管理评论, 2001 (2): 51-55.

[2] 白慧春. 基于品牌感知价值的消费者 Lenovo 品牌选择实证研究 [D]. 武汉: 武汉理工大学, 2013.

[3] 卞向阳. 时尚产业与城市文明 [M]. 上海: 东华大学出版社, 2010.

[4] 曹映芬. 中国城市消费者购买决策中的消费价值研究: 基于日用品消费的实证分析 [D]. 北京: 北京大学, 2005.

[5] 陈家瑶, 刘克, 宋亦平. 参照群体对消费者感知价值和购买意愿的影响 [J]. 上海管理科学, 2006, 28 (3): 25-30.

[6] 陈靓. 基于游客感知价值的红色旅游景区氛围研究: 以韶山为例 [D]. 湘潭: 湘潭大学, 2014.

[7] 陈岩英, 谢朝武. 基于氛围管理的历史文化名城的旅游开发研究 [J]. 未来与发展, 2010 (7): 61-64.

[8] 董大海, 权小妍. 顾客价值动态性及其对竞争优势的影响 [J]. 预测, 2004 (2): 11-15, 42.

[9] 董海军. 社会调查与统计 [M]. 武汉: 武汉大学出版社, 2009.

[10] 范秀成. 罗海成基于顾客感知价值的服务企业竞争力探析 [J]. 南开管理评论, 2003 (6): 41-45.

[11] 方法林, 宋益丹. 旅游特色景观下的江南古镇文化氛围构筑研究 [J]. 中国商贸, 2010 (20): 178-179.

[12] 顾庆良. 时尚产业导论 [M]. 上海: 格致出版社, 2010.

[13] 郝媛媛. 在线评论对消费者感知与购买行为影响的实证研究 [D]. 哈尔滨: 哈尔滨工业大学, 2010.

[14] 侯杰泰, 温忠麟, 成子娟. 结构方程模型及其应用 [M]. 北京: 教育科学出版社, 2004.

[15] 侯威. 产品属性对快时尚服装品牌顾客感知价值的影响研究 [D]. 北京: 北京服装学院, 2018.

[16] 华炜, 易俊. 复合展示元素, 营造场所精神: 永安国家地质博物馆展示空间的氛围设计 [J]. 新建筑, 2010 (3): 132 – 135.

[17] 黄蓉. 外部线索视角下服装顾客感知价值的变量模型研究 [D]. 武汉: 武汉纺织大学, 2013.

[18] 江明华, 董伟民. 价格促销频率对品牌资产的影响研究 [J]. 管理世界, 2003 (7): 144 – 146.

[19] 金玉芳. 消费者品牌信任研究 [D]. 大连: 大连理工大学, 2005.

[20] 李海, 胡蓉. 品牌可信度对消费者品牌选择偏好的影响研究 [J]. 商场现代化, 2007 (31): 37 – 38.

[21] 李浩, 朱伟明. O2O 服装定制品牌顾客感知价值的差异研究 [J]. 丝绸, 2015 (11): 36 – 41.

[22] 刘合友, 冷明月. 顾客感知价值导向的服务企业核心竞争力的构建 [J]. 黑龙江对外经贸, 2006 (9): 68 – 69, 74.

[23] 刘华军. 品牌效用函数及消费者品牌选择行为分析 [J]. 山东财政学院学报, 2006, 84 (4): 71 – 74.

[24] 刘怀伟. 商务市场中顾客关系的持续机制研究 [D]. 杭州: 浙江大学, 2003.

[25] 刘文波. 基于顾客参与的顾客感知价值研究 [D]. 武汉: 华中科技大学, 2008.

[26] 龙晓翔. E 世代消费者价值观及其品牌选择行为的实证研究 [D]. 长沙: 中南大学, 2009.

[27] 马庆国. 管理统计: 数据获取、统计原理与 SPSS 工具与应用研究 [M]. 北京: 科学出版社, 2002.

[28] 孟虎，时昱，杨以雄，等. 微信时尚传播与大学生服装消费感知探析 [J]. 丝绸，2017（9）：46－53.

[29] 潘广锋. 网站特征对互联网品牌忠诚的影响机理研究 [D]. 济南：山东大学，2013.

[30] 饶婷婷. 顾客体验对 B2C 服装品牌感知价值的影响研究 [D]. 北京：北京服装学院，2012.

[31] 沙莲香. 北京人文环境与城市文化氛围 [J]. 北京社会科学，2004（1）：127－134.

[32] 申明. 论大学文化氛围感应与营造 [J]. 江苏高教，2008（4）：92－95.

[33] 沈蕾，杜芹平，于君英，等. 中国市场服装品牌价值研究一：大陆板块全景图 [M]. 北京：清华大学出版社，2010.

[34] 宋雪雁. 用户信息采纳行为模型构建及应用研究 [D]. 长春：吉林大学，2010：25.

[35] 孙虹. 中国大学生休闲服消费价值体系研究 [D]. 上海：东华大学，2008.

[36] 孙田雨，邵丹，李玉灵，等. 基于微商城的服装视觉营销感知线索探析 [J]. 北京服装学院学报（自然科学版），2018（9）：77－86.

[37] 铁翠香. 基于信任和感知价值的网络口碑效应研究 [D]. 武汉：华中科技大学，2012.

[38] 王崇，李一军，叶强. 互联网环境下基于消费者感知价值的购买决策研究 [J]. 预测，2007（3）：21－2.

[39] 王庆华. 感知价值与参照群体对新生代农民工职业培训支付意愿的影响研究：基于感知风险的调节作用 [D]. 长春：吉林大学，2013.

[40] 王业静. 产品消费价值对消费者国际品牌选择影响的实证研究 [D]. 长沙：中南大学，2007.

[41] 魏爽. 当代中国知识中产消费特征及其影响因素研究 [D]. 武汉：华中科技大学，2012.

[42] 乌仁娜. 文化遗产保护语境下的北京老字号品牌文化发展策略研究 [D]. 北京：北京印刷学院，2017.

［43］吴碧波. 女装品牌价值提升的设计策略研究［D］. 杭州：中国美术学院，2011.

［44］吴聪. 休闲时代的服装时尚文化解读［J］. 纺织导报，2013（3）：90，92.

［45］吴菁馨. 消费者对绿色服装感知价值维度的研究［D］. 北京：北京服装学院，2012.

［46］伍威·弗里克. 质性研究导引［M］. 孙进，译. 重庆：重庆大学出版社，2011.

［47］邢烨丹. 浅论中国服饰文化的传承与发展［J］. 太原城市职业技术学院学报，2013（6）：67－68.

［48］杨大筠. 模式的革命［M］. 北京：中国纺织出版社，2009.

［49］杨江娜，汤发良. 中档女性服装顾客感知价值实证分析［J］. 中国市场，2009，19：115－117.

［50］杨腾蛟. 基于消费者感知的企业品牌权益对品牌忠诚的作用研究［D］. 杭州：浙江大学，2008.

［51］杨晓燕，周鼓瑾. 绿色价值：顾客感知价值的新维度［J］. 中国工业经济，2006（7）：110－116.

［52］杨笑冰. 服装产品顾客价值和功能的分析及其提升途径探析［J］. 价值工程，2009（4）：76－79.

［53］姚倩. 不同产品涉入度水平下价格及卖家信誉对消费者在线购买决策的影响研究［D］. 杭州：浙江大学，2015.

［54］尹盛焕. 中国消费者对韩国产品选择的研究［D］. 北京：清华大学，2005.

［55］余明阳，韩红星. 品牌学概论［M］. 广州：华南理工大学出版社，2008.

［56］袁登华，罗嗣明，李游. 品牌信任结构及其测量研究［J］. 心理学探新，2007（3）：81－86.

［57］曾敏，陈永秀. 企业品牌战略选择模型研究［J］. 商业时代，2008（1）：25－26.

［58］曾艳红. 服饰：文化的一种载体及传播媒介［J］. 丝绸，2013（1）：

58 – 61.

［59］张兵．花卉顾客感知价值研究 ［D］．昆明：云南财经大学，2010.

［60］张虹．从杭州女装服饰形象与消费文化管窥中国现代女性服饰形象塑造 ［J］．中国科技信息，2012 （15）：133 – 134.

［61］张涛．节事消费者感知价值的维度及其作用机制研究 ［D］．杭州：浙江大学，2007.

［62］张席淼．论中华民族传统服饰文化的审美特质 ［J］．宁波大学学报 （人文科学版），2009 （5）：136 – 140.

［63］赵平，吕逸华．服装心理学概论 ［M］．北京：中国纺织出版社，2003.

［64］赵文斌．服装定制的顾客价值构成要素研究 ［D］．杭州：浙江工商大学，2008.

［65］郑晶晶，季晓芬．消费者对服装陈列的视觉感知 ［J］．纺织学报，2016 （3）:160 – 165.

［66］朱丽叶·M. 科宾，安塞尔姆·L. 施特劳斯．质性研究的基础：形成扎根理论的程序与方法 ［M］.3 版．朱光明，译．重庆：重庆大学出版社，2015.

［67］朱瑜．基于生活方式的"80 后"消费行为特征研究 ［D］．成都：西南财经大学，2008.

［68］Aaker D A, Keller K L. Consumer Evaluation of Brand Extensions ［J］. Journal of Marketing, 1990 （54）：27 – 41.

［69］Aaker D A. Managing Brand Equity：Capitalizing on the Value of a Brand Name ［M］. New York：Free Press, 1991.

［70］Aaker J L. Dimensions of Brand Personality ［J］. Journal of Marketing Research, 1997, 34 （3）：347 – 356.

［71］Alba J W, Hutchinson J W. Dimensions of Consumer Expertise ［J］. Journal of Consumer Research, 1987, 13 （4）：411 – 454.

［72］Alexandru M, Degeratu A R. Consumer Choice Behavior in Online and Traditional Supermarkets：The Effects of Brand Name, Price, and Other Search Attributes ［J］. Interactional Journal of Research in Marketing, 2000,

17 （1）：55 –78.

[73] Anderson J C, Jain C, Chintaguntel P K. Customer Value Assessment in Business Markets [J]. Journal of B2B Marketing, 1993, 1 (1)：3 –30.

[74] Arora R, Stoner C. The Effect of Perceived Service Quality and Name Familiarity on the Service Selection Decision [J]. Journal of Services Marketing, 1996, 10 (1)：22 –34.

[75] Aurier P, de Lanauze G S. Impacts of In-store Manufacturer Brand Expression on Perceived Value, Relationship Quality and Attitudinal Loyalty [J]. International Journal of Retail and Distribution Management, 2011, 39 (11)：810 –835.

[76] Baker J, Grewal D, Parasuraman A. The Influence of Store Environment on Quality Inferences and StoreImage [J]. Journal of Academy of Marketing Science, 1994, 22 (4)：328 –339.

[77] Bearden W O, Etzel M J. Reference Group Influence on Product and Brand Purchase Decisions [J]. Journal of Consumer Research, 1982, 9 (2)：183 –192.

[78] Bearden W O, Netemeyer R G, Teel J E. Measurement of Consumer Susceptibility to Interpersonal Influence [J]. Journal of Consumer Research, 1989, 15 (4)：473 –481.

[79] Bentler P M. Comparative Fit Indexes in Structural Models [J]. Psychological Bulletin, 1990, 107 (2)：238 –246.

[80] Bhardwaj V, Kumar A, Kim Y K. Brand Analyses of U. S. Global and Local Brands in India：The Case of Levi's [J]. Journal of Global Marketing, 2010, 23 (1)：80 –94.

[81] Bhardwaj V, Park H, Kim Y K. The Effect of Indian Consumers' Life Satisfaction on Brand Behavior Toward a U. S. Global Brand [J]. Journal of International Consumer Marketing, 2011, 23 (2)：105 –116.

[82] Bhattacharya R, Devinney T M, Pillutla M M. A Formal Model of Trust Based on Outcomes [J]. The Academy of Management Review, 1984, 23

(30)： 459 –472.

[83] Bian X Y, Zhang Y L, Yu Z Y. The Construction of Apparel Brand Value Perception Based on Grounded Theory A Case Study of the Intellectual 80's Women in Hangzhou [J]. Asian Social Science, 2018 (9)： 83 –90.

[84] Blackston M. A Brand with an Attitude： A Suitable Case for the Treatment [J]. Journal of the Market Research Society, 1992, 34 (3)： 231 –241.

[85] Bollen K A, Ting K. A Tetrad Test for Causal Indicators [J]. Psychological Methods, 2000 (5)： 3 –22.

[86] Boyatzis R E, Goleman D, Rhee K. Clustering Competence in Emotional Intelligence： Insights from the Emotional Competence Inventory (ECI) [J]. Handbook of Emotional Intelligence, 2000, 99 (6)： 343 –362.

[87] Cacioppo J T, Petty R E, Feinstein J A, Jarvis W B G. Dispositional Differences in Cognitive Motivation： The Life and Times of Individuals Varying in Need for Cognition [J]. Psychological Bulletin, 1996, 119 (2)： 197 –199.

[88] Charmaz K. Constructing Grounded Theory： A Practical Guide through QualitativeAnalysis [M]. London： Sage Publications, 2006.

[89] Chaudhuri A, Ligas M. Consequences of Value in Retail Markets [J]. Journal of Retailing, 2009, 85 (3)： 406 –419.

[90] Chen Z, Dubinsky A J. A Conceptual Model of Perceived Customer Value in E-commerce： A Preliminary Investigation [J]. Psychology and Marketing, 2003, 20 (4)： 323 –347.

[91] Delgado-Ballester E, Munuera-Aleman J L, Yague-Guillen M J. Development and Validation of a Brand Trust Scale [J]. International Journal of Market Research, 2003, 45 (1)： 1 –18.

[92] Delgado-Ballester E, Munuera-Alemán J L. Brand Trust in The Context of Consumer Loyalty [J]. European Journal of marketing, 2001, 35 (11/12)： 1238 –1258.

[93] Drucher P. The Practice of Management [M]. New York： Harper and Row

Publishers, 1954.

[94] Duman T. A Model of Perceived Value for Leisure Travel Products [D]. Pennsylvania: The Pennsylvania State University, 2002.

[95] Elliot R, Wattanasuwan K. Brands as Symbolic Resources for the Construction of Identity [J]. International Journal of Advertising, 1998, 17 (2): 131 – 144.

[96] Enrique B J, Isabel S M, Javier S. Tourism Image, Evaluation Variables and after Purchase Behavior: Inter-relationships [J]. Tourism Management, 2001, 22 (2): 607 – 616.

[97] Erdem T, Swait J, Louviere J. The Impact of Brand Credibility on Consumer Price Sensitivity [J]. International journal of Research in Marketing, 2002, 19 (1): 1 – 19.

[98] Escalas J E, Bettman J R. Self-construal, Reference Groups, and Brand Meaning [J]. Journal of Consumer Research, 2005, 32 (3): 378 – 389.

[99] Esmaeilpour F. The Role of Functional and Symbolic Brand Associations on Brand Loyalty: A Study on Luxury Brands [J]. Journal of Fashion Marketing and Management, 2015, 19 (4): 467 – 484.

[100] Fennell G, Allenby G M, Yang S, Yaney E. The Effectiveness of Demographic and Psychographic Variables for Explaining Brand and Product Use [J]. Quantitative Marketing and Economics, 2003, 1 (2): 223 – 244.

[101] Fishbein M, Ajzen I. Belief, Attitude, Intention, and Behavior: An Introduction to Theory and Research [J]. Philosophy and Rhetoric, 1977, 10 (2): 177 – 188.

[102] Flint D J, Woodruff R B, Gardial S F. Exploring the Phenomenon of Customers, Desired Value Change Business-to-Business Context [J]. Journal of Marketing, 2002, 66 (4): 102 – 117.

[103] Ford J K, Ellis G M. Transients: Mammal-Hunting Killer Whales of British Columbia, Washington, and Southeastern Alaska [M]. Vancouver: UBC Press, 1999.

[104] Garbarino E, Johnson M. The Different Roles of Satisfaction, Trust, and Commitment in Customer Relationships [J]. Journal of Marketing, 1999, 63 (4): 70 –87.

[105] Glaser B G, Strauss A L. Time for Dying [M]. New York: Routledge, 2017.

[106] Glaser B, Strauss A. The Discovery of Grounded Theory: Strategies for Qualitative Research [M]. New York: Aldine De Gmyter, 1967.

[107] Grewal D, Monroe K B, Krishnan R. The Effects of Price-comparison Advertising on Buyers' Perceptions of Acquisition Value, Transaction Value and Behavioral Intentions [J]. Journal of Marketing, 1998, 62 (2): 46 –59.

[108] Gronroos C. Value-driven Relational Marketing: from Products to Resources and Competences [J]. Journal of Marketing Management, 1997, 13 (5): 407 –419.

[109] Heung V C S, Gu T. Influence of Restaurant Atmospherics on Patron Satisfaction and Behavioral Intentions [J]. International Journal of Hospitality Management, 2012, 31 (4): 1167 –1177.

[110] Hoebel E A. Anthropology: The Study of Man [M]. New York: McGraw-Hill Book Company, 1966.

[111] Howard J A. Consumer Behavior in Marketing Strategy [M]. Englewood Cliffs: Prentice Hall, 1989.

[112] Howard J A, Sheth J N. The Theory of Buyer Behavior [M]. New York: John Wiley & Son, 1969.

[113] Hsieh J K, Hsieh Y C, Chiu H C, Yang Y R. Customer Response to Web Site Atmospherics: Task-relevant Cues, Situational Involvement and PAD [J]. Journal of Interactive Marketing, 2014, 28 (3): 225 –236.

[114] Jaehee J, Eunyoung S. Consumer-based Brand Equity: Comparisons among Americans and South Koreans in the USA and South Koreans in Korea [J]. Journal of Fashion Marketing and Management, 2008 (12): 24 –35.

[115] Jean B. La Société de Consummation [M]. Paris: Ediions Denoël, 1970.

[116] Keller K L, Aaker D A. The Effects of Sequential Introduction of Brand

Extensions [J]. Journal of Marketing Research, 1992, 29 (1): 35 –50.

[117] Keller K L. Conceptualizing Measuring and Managing Customer-Based Brand Equity [J]. Journal of Marketing, 1993, 57 (1): 1 –22.

[118] Kent B M, William B D, Dhruv G. Effects of Price, Brand, and Store Information on Buyers' Product Evaluations [J]. Journal of Marketing Research, 1991, 28 (8): 307 –319.

[119] Kim E Y, Knight D K, Pelton L E. Modeling Brand Equity of a U. S. Apparel Brand as Perceived by Generation Y Consumers in the Emerging Korean Market [J]. Clothing and Textiles Research Journal, 2009, 27 (4): 247 –258.

[120] Kim H S. Consumer Profiles of Apparel Product Involvement and Values [J]. Journal of Fashion Marketing and Management: An International Journal, 2005, 9 (2): 207 –220.

[121] Kim J, Damhorst M L. Effects of Level of Internet Retailer's Service Quality on Perceived Apparel Quality, Perceived Service Quality, Perceived Value, Satisfaction, and Behavioral Intentions Toward an Internet Retailer [J]. Clothing & Textiles Research Journal, 2010, 28 (1): 56 –73.

[122] Knight D K, Kim E Y. Japanese Consumers' Need for Uniqueness: Effects on Brand Perceptions and Purchase Intention [J]. Journal of Fashion Marketing and Management, 2007, 11 (2): 270 –280.

[123] Kotler P. Marketing Management: Analysis, Planning, and Control (6th Ed) [M]. Englewood Cliffs, and N J: Prentice-Hall, 1984.

[124] Krishnan H S. Characteristics of Memory Associations: A Consumer-based Brand Equity Perspective [J]. International Journal of Research in Marketing, 1996 (13): 389 –405.

[125] Kwon H H, Trail G, James J D. The Mediating Role of Perceived Value: Team Identification and Purchase Intention of Team-Licensed Apparel [J]. Journal of Sport Management, 2007, 21 (4): 540 –554.

[126] Lassar W, Mittal B, Sharma A. Measuring Customer-based Brand Equity

[J]. Journal of Consumer Marketing, 1995 (4): 11 – 19.

[127] Lau C T, Lee S H. Consumers' Trust in a Brand and the Link to Brand Loyalty [J]. Journal of Market Focused Management, 1999 (4): 341 – 370.

[128] Leblanc N. Structural Equation Modeling: Model Equivalency and Respecifecation [J]. Education Journal, 1999, 23 (1): 147 – 162.

[129] Levy S J. Symbols for sale [J]. Harvard Business Review, 1959 (37): 117 – 124.

[130] Marilyn J H. The Second Skin: An Interdisciplinary Study of Clothing [M]. Boston: Houghton Mifflin Company, 1975.

[131] Mascarenhas O A J, Higby M A. Peer, Parent, and Media Influences in Teen Apparel Shopping [J]. Journal of the Academy of Marketing Science, 1993, 21 (1): 53 – 58.

[132] McAllister D J. Affect and Cognition-Based Trust as Foundations for Interpersonal Cooperation in Organizations [J]. Academy of Management Journal, 1995, 38 (1): 24 – 59.

[133] Mittal P, Aggarwal S. Consumer Perception towards Branded Garments: A Study of Jaipur [J]. International Journal of Research in Finance & Marketing, 2012 (2): 556 – 570.

[134] Monroe S, Kent, Krishman R. The Effect of Price-comparison Advertising on Buyers' Perceptions of Acquisition Value, Transaction Value, and Behavioral Intention [J]. Journal of Marketing, 1985, 62 (2): 46 – 59.

[135] Morris B, Holbrook M B. Special Session Summary: Customer Value—A Framework for Analysis and Research [J]. Advances in Consumer Research, 1996, 23: 138 – 140.

[136] Netemeyer R G, Krishnan B, Pullig C, Wang G. Developing and Validating Measures of Facets of Customer-Based Brand Equity [J]. Journal of Business Research, 2004, 57 (2): 209 – 224.

[137] Pandit N R. The Creation of Theory: A Recent Application of The Grounded Theory Method [J]. The Qualitative Report, 1996, 2 (4): 1 – 15.

[138] Parasuraman A, Grewal D. The Impact of Technology on the Quality-value-loyalty Chain: A Research Agenda [J]. Journal of the Academy of Marketing Science, 2000, 28 (1): 168 – 174.

[139] Parasuraman A. Reflections on Gaining Competitive Advantage through Customer Value [J]. Journal of the Academy of Marketing Scienee, 2000, 25 (2): 154 – 161.

[140] Parasuraman A, Zeithaml V A, Leonard L B. Seroquel: A Multiple-item Scale for Measuring Consumer Perceptions of Service Quality [J]. Journal of Retailing, 1988 (64): 12 – 40.

[141] Park C W, Jaworski B J, Maclnnis D J. Strategic Brand Concept-image Management [J]. Journal of Marketing, 1986, 50 (4): 135 – 145.

[142] Park C W, Lessig V P. Students and Housewives: Differences in Susceptibility to Reference Group Influence [J]. Journal of Consumer Research, 1977, 4 (2): 102 – 110.

[143] Pavlou P A. Consumer Acceptance of Electronic Commerce-integrating Trust and Risk with the Technology Acceptance Model [J]. International Journal of Electronic Commerce, 2003, 7 (3): 69 – 103.

[144] Peter J P, Tarpey S. A Comparative Analysis of Three Consumer Decision Strategies [J]. Journal of Consumer Research, 1975, 2 (1): 29 – 37.

[145] Peterson R A. The Price Perceived Quality Qelationship: Experimental Evidence [J]. Journal of Marketing Research, 1970, 11 (4): 525 – 528.

[146] Petrick J F. Development of a Multi-Dimensional Seale for Measuring the Perceived Value of a Service [J]. Journal of Leisure Research, 2002, 34 (2): 119 – 134.

[147] Philip K, Gary A. Principles of Marketing [M]. New York: Pearson Education, 2001.

[148] Poncin I, Mimoun M S B. The Impact of "E-Atmospherics" on Physical Stores [J]. Journal of Retailing and Consumer Services, 2014, 21 (5): 851 – 859.

[149] Roehm M L, Sternthal B. The Moderating Effect of Knowledge and Re-

sources on the Persuasive Impact of Analogies [J]. Journal of Consumer Research, 2001, 28 (2): 257 – 272.

[150] Rosenberg M. Conceiving the Self [M]. New York: Basic Books, 1979.

[151] Ross I. An Information Processing Theory of Consumer Choice [M]. MA: Addison-Wesley Publishing Co. , 1979: 124 – 126

[152] Sheth J, Newman B, Gross B. Consumption Values and Market Choices: Theory and Applications [M]. Cincinnati: South-Western, 1991.

[153] Sheth J N, Newman B L, Gross B. L. Why We Buy What We Buy: A Theory of Consumption Values [J]. Journal of Business Research, 1991, 22 (2): 159 – 164.

[154] Sinha I, DeSarbo W S. An Integrated Approach toward the Spatial Modeling of Perceived Customer Value [J]. Journal of Marketing Research, 1998, 35 (2): 236 – 249.

[155] Sin L Y M, Yau O H M. Female Role Orientation and Consumption Values: Some Evidence from Mainland China [J]. Journal of International Consumer Marketing, 2001, 13 (2): 49 – 75.

[156] Sirgy M J, Grewal D, Mangleburg T F. Assessing the Predictive Validity of Two Methods of Measuring Self-image Congruence [J]. Journal of the Academy of Marketing Science, 1997, 25 (3): 229 – 241.

[157] Sirgy M J. Self-concept in Consumer Behavior: A Critical Review [J]. Journal of Consumer Research, 1982, 9 (3): 287 – 300.

[158] Sirgy M J, Su C. Destination Image, Self-congruity, and Travel Behavior: Toward an Integrative Model [J]. Journal of Travel Research, 2000, 38 (4): 340 – 352.

[159] Sirohi N, Mclayghlin E, Wwittink D. A Model of Consumer Perceptions and Store Loyalty Intentions for a Supermarket Retailer [J]. Journal of Retailing, 1997, 4 (2): 223 – 245.

[160] Sontag M S, Schlater J D. Proximity of Clothing to Self: Evolution of a Concept [J]. Clothing and Textiles Research Journal, 1982, 1 (1): 1 – 8.

［161］Sujan M. Consumer Knowledge: Effects on Evaluation Strategies Mediating Consumer Judgments ［J］. Journal of Consumer Research, 1985, 12 (1): 31 – 46.

［162］Susan B K. The Social Psychology of Clothing ［M］. New York: Fairchild Publication, 1990.

［163］Sweeney C J, Soutar N G. Customer Perceived Value: The Development to a Multiple Item Scale ［J］. Journal of Retailing, 2001, 77 (2): 203 – 220.

［164］Tauber E M. Why Do People Shop ［J］. Marketing Management, 1995, 4 (2): 58.

［165］Teoman D. A Model of Perceived Valve for Leisure Travel Products, Unpolished Doctoral Dissertation ［D］. Pennsylvania: The Pennsylvania State Universality, 2002.

［166］Tong X, Hawley J M. Creating Brand Equity in the Chinese Clothing Market: The Effete of Selected Marketing Activities on Brand Equity Dimensions ［J］. Journal of Fashion Marketing and Management, 2009 (13): 566 – 581.

［167］Troy J S, Michael J S. Consumer Cost Differences for Traditional and Internet Markets ［J］. Internet Research, 1999, 9 (2): 82 – 92.

［168］Varki S, Colgate M. The Role of Price Perceptions in an Integrated Model of Behavioral Intentions ［J］. Journal of Service Research, 2001, 3 (2): 232 – 240.

［169］Webster C, Faircloth J B. The Role of Hispanic Ethnic Identification on Reference Group Influence ［J］. Advances in Consumer Research, 1994, 21 (1): 458 – 463.

［170］Westbrook R A, Black W C. A Motivation-based Shopper Typology ［J］. Journal of Retailing, 1985, 61 (1): 78 – 103.

［171］Wofford J C. An Examination on the Cognitive Processes Used to Handle Employee Job Problems ［J］. Academy of Management Journal, 1994, 37 (1): 180 – 192

［172］Wong F Y, Low K E. Factors Influencing Customer Satisfaction and Loyalty to Internationally Branded Clothes [J]. Pertanika Journal of Social Science and Humanities, 2013, 21: 257 – 268.

[173] Woodruff R B. Customer Value: The Next Source for Competitive Advantage [J]. Journal of the Academy of Marketing Science, 1997, 25 (2): 139 – 153.

[174] Woodside A G. Relation of Price to Perception of Quality of New Products [J]. Journal of Applied Psychology, 1974, 59 (1): 116.

[175] Wu C-C, Hsing S-S. Less is More: How Scarcity Influences Consumers' Value Perceptions and Purchase Intents through Mediating Variables [J]. Journal of American Academy of Business, 2006, 9 (2): 125 – 132.

[176] Xiao G. The Chinese Consumers' Changing Value System, Consumption Value and Modern Consumption Behavior [D]. Alabama: Auburn University, 2005.

[177] Zeithaml V A, Parasuraman A, Malhotra A. A Conceptual Framework for Understanding E-Service Quality: Implications for Future Research and Managerial Practice [M]. Cambridge, MA: Marketing Science Institute, 2000.

[178] Zhang Y L, Bian X Y, Cao A J, Yu Z Y. The Influence of Self-Concept on Perceived Value in Apparel Brand Adoption Behavior-Based on Research Data from Hangzhou, China [J]. Asian Social Science, 2018 (7): 47 – 52.

[179] Zhang Y L, Bian X Y, Yu Z Y. Research on the Differences of Apparel Brand Value Perception of the Intellectual 80's Women A Case Study of Hangzhou. Asian Social Science, 2018 (8): 54 – 60.